Claudia Hienerth

Kennzahlenmodell zur Erfolgsbewertung des E-Commerce

GABLER RESEARCH

Claudia Hienerth

Kennzahlenmodell zur Erfolgsbewertung des E-Commerce

Analyse am Beispiel eines
Mehrkanaleinzelhändlers

Mit einem Geleitwort von Prof. Dr. Hans Robert Hansen

RESEARCH

Bibliografische Information der Deutschen Nationalbibliothek
Die Deutsche Nationalbibliothek verzeichnet diese Publikation in der
Deutschen Nationalbibliografie; detaillierte bibliografische Daten sind im Internet über
<http://dnb.d-nb.de> abrufbar.

Dissertation Wirtschaftsuniversität Wien, 2007

1. Auflage 2010

Alle Rechte vorbehalten
© Gabler | GWV Fachverlage GmbH, Wiesbaden 2010

Lektorat: Ute Wrasmann | Jutta Hinrichsen

Gabler ist Teil der Fachverlagsgruppe Springer Science+Business Media.
www.gabler.de

Das Werk einschließlich aller seiner Teile ist urheberrechtlich geschützt. Jede Verwertung außerhalb der engen Grenzen des Urheberrechtsgesetzes ist ohne Zustimmung des Verlags unzulässig und strafbar. Das gilt insbesondere für Vervielfältigungen, Übersetzungen, Mikroverfilmungen und die Einspeicherung und Verarbeitung in elektronischen Systemen.

Die Wiedergabe von Gebrauchsnamen, Handelsnamen, Warenbezeichnungen usw. in diesem Werk berechtigt auch ohne besondere Kennzeichnung nicht zu der Annahme, dass solche Namen im Sinne der Warenzeichen- und Markenschutz-Gesetzgebung als frei zu betrachten wären und daher von jedermann benutzt werden dürften.

Umschlaggestaltung: KünkelLopka Medienentwicklung, Heidelberg
Gedruckt auf säurefreiem und chlorfrei gebleichtem Papier
Printed in Germany

ISBN 978-3-8349-2102-4

Geleitwort

Mit der zunehmenden Bedeutung des E-Commerce wird dessen Erfolgsmessung für Unternehmen immer wichtiger. Der innovative Charakter und die laufende Weiterentwicklung der Informations- und Kommunikationstechnologie und ihrer Anwendungen stellen dabei in zweifacher Hinsicht eine Herausforderung dar. Einerseits sind die Strategie und die Verantwortlichkeiten für die E-Commerce-Aktivitäten oft nicht oder nur unzureichend festgelegt; somit ist eine Erfolgsmessung schwierig. Andererseits fehlt vor allem in mittelständischen Unternehmen vielfach das fachliche Know-how (E-Controlling), um die E-Commerce-Aktivitäten unternehmenszielkonform zu gestalten und zu entwickeln. Gleichzeitig entstehen neue Kommunikationsinstrumente, wie zum Beispiel RSS-Feeds und Podcasts, die im Rahmen des Web-Auftritts eingesetzt werden können und damit die Erfolgsbewertung der E-Commerce-Aktivitäten erschweren. Darüber hinaus drängt sich die Frage auf, inwieweit mit den bisherigen Kennzahlen und Kennzahlensystemen der Erfolg von E-Commerce-Aktivitäten gemessen werden kann.

Die vorliegende Arbeit beschäftigt sich mit der Erfolgsmessung von E-Commerce-Aktivitäten bei Mehrkanaleinzelhändlern und verbindet damit die Bereiche Controlling und Wirtschaftsinformatik. Frau Hienerth entwickelt ein umfassendes Kennzahlenmodell zum Absatzkanalvergleich unter spezieller Berücksichtigung des Internet-Vertriebs. Es basiert auf dem am stationären Handel orientierten Vertriebscontrollingsystem von Palloks, das um IT- bzw. E-Commerce-spezifische Kennzahlen erweitert und an die spezifische E-Commerce-Bedingungslage angepasst wird. Die insgesamt über hundert detailliert beschriebenen Einzelkennzahlen werden in Kennzahlengruppen zur Strukturanalyse (Vertriebsstruktur, Markt- und Kundenstruktur), zur Wirtschaftlichkeit und zur Lageanalyse im E-Commerce eingeteilt. Für jede einzelne Kennzahl werden die Formel (Zusammensetzung der Ausgangswerte), die Einheit(en), die Bedeutung und weiterführende Quellen erläutert.

Der Neuigkeitswert des Kennzahlenmodells liegt zum einem in der genauen Beschreibung von Kennzahlen zur Erfolgsmessung des Online-Vertriebs und damit in der klaren Gestaltungsempfehlung für Unternehmen. Zum anderen werden anhand des Kennzahlenmodells Vergleichsmöglichkeiten zum stationären Handel aufgezeigt, um die Steuerung eines Mehrkanalvertriebssystems unter Berücksichtigung von Synergie- und Kannibalisierungseffekten zu ermöglichen.

Zur Entwicklung des Kennzahlenmodells hat die Verfasserin eine Online-Delphi-Studie unter Expert/inn/en aus dem Bereich E-Commerce im deutschsprachigen Raum durchgeführt. Diese Vorgangsweise ist aus wissenschaftstheoretischer Sicht und im Hinblick auf eine betriebliche Anwendung sinnvoll gewählt. In diesem Zusammenhang zeichnet die Dissertation eine umfassende Beschreibung des Untersuchungsdesigns aus, welche als Anleitung für andere wissenschaftliche Arbeiten dienen kann.

Besonders wertvoll sind die systematische Darstellung und die umfassenden Erklärungen der verschiedenen Metriken zur Erfolgsbewertung der E-Commerce-Aktivitäten von Unternehmen. Die Verfasserin erläutert in diesem Zusammenhang die Anwendungsmöglichkeiten und Grenzen der jeweiligen Kennzahlen für die betriebliche Führung.

Als Betreuer der Dissertation sehe ich die Verwendungsmöglichkeiten des Buches sehr breit gefächert und wünsche diesem einen großen Kreis an Leser/inne/n in Wissenschaft und Praxis.

Hans Robert Hansen

Inhaltsverzeichnis

Geleitwort V

Abbildungsverzeichnis XV

Abkürzungsverzeichnis XIX

1	**Einleitung**	1
1.1	Problemstellung	1
1.2	Stand der Forschung	2
1.2.1	Modelle zur Erfolgsbewertung von E-Commerce	2
1.2.1.1	Leistungsbewertung des E-Commerce-Systems	2
1.2.1.2	Sicherheit und Kundenvertrauen in das E-Commerce-System .	2
1.2.1.3	Benutzerfreundlichkeit	3
1.2.1.4	Kundenzufriedenheit	3
1.2.1.5	Modifikationen der Balanced Scorecard und des Return on Investment	4
1.2.1.6	Wertorientierte Steuerungsansätze	4
1.2.1.7	Weitere Theorieansätze	5
1.2.2	Web-Metriken und deren Bedeutung zur Erfolgsbewertung von E-Commerce	5
1.2.2.1	Web-Metriken	5
1.2.2.2	Vorteile von Web-Metriken gegenüber traditionellen Kennzahlen	5
1.2.2.3	Problembereiche bei der Verwendung von Web-Metriken	6
1.2.3	Zusammenfassende Betrachtungen zum Stand der Forschung im E-Commerce	7
1.3	Forschungsfrage und Forschungsziel	8
1.4	Forschungsmethoden	8
1.5	Abgrenzung des Untersuchungsgegenstandes	9
1.6	Aufbau der Arbeit	10
2	**Bedeutung des E-Commerce bei einem Mehrkanaleinzelhändler**	13
2.1	Elektronischer Einzelhandel und Mehrkanaleinzelhandel ...	13
2.2	Erscheinungsformen des Mehrkanaleinzelhandels	14
2.2.1	Clicks-and-Mortar-Einzelhändler	14
2.2.2	Clicks-and-Sheets-Einzelhändler	14
2.2.3	Clicks, Bricks-and-Sheets-Einzelhändler	15

2.2.4	Unternehmenszusammenschlüsse zwischen Einzelhandelsunternehmen	16
2.2.5	Ursprünglich reine Internet-Händler mit stationären Einzelhandelsgeschäften	16
2.2.6	Stationäre Einzelhändler mit Warenvertrieb über fremde Web-Shops	16
2.3	Ziele der Erweiterung des Vertriebssystems um den Online-Vertrieb	17
2.3.1	Erhöhung der Kundenzufriedenheit	17
2.3.2	Verbesserung der Kundenbindung	17
2.3.3	Neukundengewinnung	18
2.3.4	Markterweiterung	19
2.3.4.1	Produktmarkterweiterung	19
2.3.4.2	Geographische Markterweiterung	19
2.3.5	Profilierung gegenüber der Konkurrenz	19
2.3.6	Effizienz- und Effektivitätssteigerung durch die Realisierung von Synergieeffekten	20
2.3.6.1	Infrastrukturelle Synergieeffekte	20
2.3.6.2	Ressourcenbedingte Synergieeffekte	21
2.3.6.3	Cross-Selling-Effekte	21
2.3.6.4	Messmöglichkeiten von Synergieeffekten zwischen dem Online-Vertrieb und dem stationären Einzelhandel	22
2.3.7	Erhöhung der Kontaktpunkte zum Kunden	23
2.3.8	Implementierung von wertsteigernden Zusatz- und Serviceleistungen	23
2.3.9	Risikoausgleich	23
2.4	Risiken der Erweiterung des Vertriebssystems um den Online-Vertrieb	24
2.4.1	Verwirrung der Kunden	24
2.4.2	Kanalkonflikte	24
2.4.2.1	Ursachen und Erscheinungsformen von Kanalkonflikten	25
2.4.2.2	Konsequenzen und Auswirkungen von innerbetrieblichen Kanalkonflikten	25
2.4.2.3	Studienergebnisse und betriebliche Strategien zur internen Kanalkannibalisierung	26
2.4.2.4	Messmöglichkeiten von Kannibalisierungseffekten zwischen dem Online-Vertrieb und dem stationären Einzelhandel	28
2.4.3	Suboptimierungen	28
2.4.4	Komplexitätssteigerung und Kontrollverlust	29
2.4.5	Ressourcenverknappung	29
2.4.6	Intensivierung des Wettbewerbs	30
2.4.7	Imageschäden	30
2.5	Mehrkanalvertriebsmanagement	31
2.5.1	Planungsfunktion	31
2.5.2	Organisationsfunktion	32

2.5.3	Kontrollfunktion	32
2.5.4	Herausforderungen bei der Erfolgsbewertung von E-Commerce bei einem Mehrkanaleinzelhändler	33
3	**Kennzahlen und Kennzahlensysteme im E-Commerce**	**35**
3.1	Der betriebliche Erfolg des Online-Vertriebs und dessen Verankerung in Kennzahlen und Kennzahlensystemen	35
3.2	Betriebswirtschaftliche Kennzahlen	36
3.2.1	Kennzahlenbegriff	36
3.2.2	Funktionen von betriebswirtschaftlichen Kennzahlen	37
3.2.2.1	Operationalisierungsfunktion	37
3.2.2.2	Anregungsfunktion	37
3.2.2.3	Priorisierungs- und Vorgabefunktion	37
3.2.2.4	Kommunikations- und Steuerungsfunktion	37
3.2.2.5	Kontrollfunktion	37
3.3	Betriebliche Kennzahlensysteme	39
3.3.1	Beziehungen zwischen den Kennzahlen	39
3.3.1.1	Logische Beziehungen	40
3.3.1.2	Empirische Beziehungen	40
3.3.1.3	Hierarchische Beziehungen	40
3.3.1.4	Definition des zugrunde gelegten Kennzahlensystembegriffs	40
3.3.2	Gestaltungsmöglichkeiten von Kennzahlensystemen	41
3.3.3	Zusammenhang zwischen der betrieblichen Realität und dem Kennzahlensystem	43
3.4	Entwicklung von Kennzahlensystemen	43
3.4.1	Logische Herleitung	44
3.4.2	Empirisch-theoretische Fundierung	44
3.4.3	Empirisch-induktive Gewinnung	44
3.4.4	Modellgestützte Ableitung	45
3.5	Bedeutung des innerbetrieblichen Vertriebskanalvergleichs bei Mehrkanaleinzelhändlern	46
3.5.1	Ziele und Aufgaben des innerbetrieblichen Vertriebskanalvergleichs	46
3.5.2	Verkaufsprozess im stationären Einzelhandel	47
3.5.2.1	Informationsphase im stationären Einzelhandel	47
3.5.2.2	Vereinbarungsphase im stationären Einzelhandel	48
3.5.2.3	Abwicklungsphase im stationären Einzelhandel	48
3.5.3	Einsatzfaktoren im stationären Einzelhandel	48
3.5.3.1	Personalkosten im stationären Einzelhandel	48
3.5.3.2	Waren- und Raumkosten im stationären Einzelhandel	49
3.5.4	Verkaufsprozess im Web-Shop	49
3.5.4.1	Informationsphase im E-Commerce	49
3.5.4.2	Vereinbarungsphase im E-Commerce	49
3.5.4.3	Abwicklungsphase im E-Commerce	50

3.5.5	Einsatzfaktoren im E-Commerce	51
3.5.5.1	Personalkosten im E-Commerce	51
3.5.5.2	Raumkosten im E-Commerce	51
3.5.5.3	IT-Kosten im E-Commerce	52
3.5.5.4	Abwicklungskosten im E-Commerce	53
3.5.5.4.1	Auftrags- und Zahlungskosten	53
3.5.5.4.2	Warenauslieferungskosten	53
3.5.6	Probleme bei der innerbetrieblichen Vertriebskanalanalyse zwischen dem Online-Vertrieb und den stationären Ladengeschäften	54
4	**Kennzahlen zur Erfolgsbestimmung von E-Commerce bei einem Mehrkanaleinzelhändler**	**57**
4.1	Begründung der Wahl des Kennzahlenbezugsrahmens	57
4.2	Kennzahlen zur Strukturanalyse im E-Commerce	59
4.2.1	Kennzahlen zur Beschreibung der Vertriebsstruktur im E-Commerce	59
4.2.1.1	Kennzahlen zur Beschreibung der Vertriebskostenstruktur im E-Commerce	59
4.2.1.2	Kennzahlen zur Beschreibung der Umsatz- und Auftragsstruktur im E-Commerce	62
4.2.1.3	Kennzahlen zur Beschreibung der Rabattstruktur im E-Commerce	65
4.2.2	Kennzahlen zur Beschreibung der Markt- und Kundenstruktur im E-Commerce	67
4.2.2.1	Kennzahlen zur Beschreibung der Markt- und Konkurrenzstruktur im E-Commerce	67
4.2.2.2	Kennzahlen zur Beschreibung der Kundenstruktur im E-Commerce	78
4.3	Kennzahlen zur Analyse der Wirtschaftlichkeit im E-Commerce	82
4.3.1	Kennzahlen zur Erfolgsmessung der Vertriebsaktivitäten im E-Commerce	83
4.3.2	Kennzahlen zur Effizienzmessung der Vertriebsorganisation im E-Commerce	89
4.3.2.1	Kennzahlen zur Leistungsmessung des Informationssystems im E-Commerce	89
4.3.2.2	Kennzahlen zur Leistungsmessung des Abwicklungs- und Logistiksystems im E-Commerce	93
4.3.3	Kennzahlen zur Erfolgsbestimmung der Leistungsträger im E-Commerce	98
4.4	Kennzahlen zur Lageanalyse im E-Commerce	106
4.5	Theoretisches Ausgangsmodell	113
5	**Ergebnisse der Online-Delphi-Studie und Modellableitung**	**115**
5.1	Definition und Merkmale der Delphi-Methode	115
5.2	Anwendungsmöglichkeiten und Klassifikationsmöglichkeiten der Delphi-Methode	116

5.3	Vorgangsweise und Aufgabenbereiche der Monitorgruppe bei einer klassischen Delphi-Methode	117
5.4	Vorgehensweise der vorliegenden Online-Delphi-Studie	119
5.4.1	Auswahl und Zusammensetzung der Expertengruppe der Online-Delphi-Studie	119
5.4.2	Zeitlicher Ablauf der Online-Delphi-Studie	120
5.5	Ergebnisse der ersten Online-Delphi-Runde	122
5.5.1	Untersuchungsziele und Vorgangsweise der ersten Online-Delphi-Runde	122
5.5.2	Wichtigkeit der Kennzahlen zur Beschreibung der Vertriebsstruktur	122
5.5.2.1	Wichtigkeit der Kennzahlen zur Beschreibung der Vertriebskostenstruktur	122
5.5.2.2	Wichtigkeit der Kennzahlen zur Beschreibung der Umsatz- und Auftragsstruktur	123
5.5.2.3	Wichtigkeit der Kennzahlen zur Beschreibung der Rabattstruktur	124
5.5.3	Wichtigkeit der Kennzahlen zur Messung der Markt- und Kundenstruktur	125
5.5.3.1	Wichtigkeit der Kennzahlen zur Messung der Markt- und Konkurrenzstruktur	125
5.5.3.2	Wichtigkeit der Kennzahlen zur Messung der Kundenstruktur	127
5.5.4	Wichtigkeit der Kennzahlen zur Analyse der Wirtschaftlichkeit	128
5.5.4.1	Wichtigkeit der Kennzahlen zur Erfolgsmessung der Vertriebsaktivitäten	128
5.5.4.2	Wichtigkeit der Kennzahlen zur Leistungsmessung des Informationssystems des Web-Shops	129
5.5.4.3	Wichtigkeit der Kennzahlen zur Leistungsmessung des Abwicklungs- und Logistiksystems	130
5.5.4.4	Wichtigkeit der Kennzahlen zur Messung des Leistungsbeitrags der einzelnen Erfolgsträger	131
5.5.5	Wichtigkeit der Kennzahlen zur Bewertung der zukünftigen Entwicklung des Web-Shops	132
5.5.6	Kennzahlenübersicht zur Erfolgsmessung von E-Commerce aus der ersten Delphi-Runde	133
5.5.7	Messung von Kannibalisierungseffekten zwischen dem Web-Shop und dem stationären Einzelhandel	138
5.5.7.1	Wichtigkeit der Messung von Kannibalisierungseffekten	138
5.5.7.2	Kennzahlen zur Messung von Kannibalisierungseffekten	139
5.5.8	Messung von Synergieeffekten zwischen dem Web-Shop und dem stationären Einzelhandel	139
5.5.8.1	Wichtigkeit der Messung von Synergieeffekten	139
5.5.8.2	Kennzahlen zur Messung von Synergieeffekten	140
5.6	Ergebnisse der zweiten Online-Delphi-Runde	140
5.6.1	Untersuchungsziele und Vorgangsweise der zweiten Online-Delphi-Runde	140

5.6.2	Rangreihung der wichtigsten Kennzahlen zur Beschreibung der Vertriebsstruktur	141
5.6.2.1	Rangreihung der wichtigsten Kennzahlen zur Beschreibung der Vertriebskostenstruktur	141
5.6.2.2	Fehlende Kennzahlen in der Rangreihung der Vertriebskostenstruktur	142
5.6.2.3	Rangreihung der wichtigsten Kennzahlen zur Beschreibung der Umsatz- und Auftragsstruktur und der Rabattstruktur	142
5.6.2.4	Fehlende Kennzahlen in der Rangreihung der Umsatz- und Auftragsstruktur und der Rabattstruktur	143
5.6.3	Rangreihung der wichtigsten Kennzahlen zur Beschreibung der Markt- und Kundenstruktur	144
5.6.3.1	Rangreihung der wichtigsten Kennzahlen zur Beschreibung der Markt- und Konkurrenzstruktur	144
5.6.3.2	Fehlende Kennzahlen in der Rangreihung der Markt- und Konkurrenzstruktur	145
5.6.3.3	Rangreihung der wichtigsten Kennzahlen zur Beschreibung der Kundenstruktur	146
5.6.3.4	Fehlende Kennzahlen in der Rangreihung der Kundenstruktur	146
5.6.4	Rangreihung der wichtigsten Kennzahlen zur Analyse der Wirtschaftlichkeit	147
5.6.4.1	Rangreihung der wichtigsten Kennzahlen zur Erfolgsbestimmung der Vertriebsaktivitäten	147
5.6.4.2	Fehlende Kennzahlen in der Rangreihung der Vertriebsaktivitäten ..	148
5.6.4.3	Rangreihung der wichtigsten Kennzahlen zur Leistungsbestimmung des Informationssystems	148
5.6.4.4	Fehlende Kennzahlen in der Rangreihung des Informationssystems .	149
5.6.4.5	Rangreihung der wichtigsten Kennzahlen zur Erfolgsbestimmung des Abwicklungs- und Logistiksystems	150
5.6.4.6	Fehlende Kennzahlen in der Rangreihung des Abwicklungs- und Logistiksystems	150
5.6.4.7	Rangreihung der wichtigsten Kennzahlen zur Leistungsmessung des Erfolgsbeitrages der einzelnen Leistungsträger	151
5.6.4.8	Fehlende Kennzahlen in der Rangreihung der Erfolgsträger	152
5.6.5	Rangreihung der wichtigsten Kennzahlen der Lageanalyse	152
5.6.5.1	Rangreihung der wichtigsten Kennzahlen zur Beurteilung der zukünftigen Entwicklung des Web-Shops	152
5.6.5.2	Fehlende Kennzahlen in der Rangreihung der zukünftigen Entwicklung	154
5.6.6	Wichtigkeit der Kennzahlen zur Messung von Kannibalisierungseffekten zwischen dem Web-Shop und dem stationären Einzelhandel	154
5.6.7	Wichtigkeit der Kennzahlen zur Messung von Synergieeffekten zwischen dem Web-Shop und dem stationären Einzelhandel	155

5.7	Kennzahlenmodell zur Erfolgsmessung von E-Commerce bei einem Mehrkanaleinzelhändler	157
5.8	Vergleichsmöglichkeiten zum stationären Einzelhandel anhand des integrierten Handelcontrollingmodells von *Becker / Winkelmann*	161
6	**Conclusio**	165
Literatur- und Quellenverzeichnis		169

Abbildungsverzeichnis

Abbildung 1: Erfolgsmodelle zur Bewertung von E-Commerce 4
Abbildung 2: Aufbau der Arbeit 12
Abbildung 3: Die erfolgreichsten Web-Shops deutschlandweit 2005 15
Abbildung 4: Mehrkanalkennzahlen für Web-Shops und stationäre Filialen .. 27
Abbildung 5: Ziele und Risiken der Erweiterung des Vertriebssystems um einen Web-Shop aus Sicht eines Einzelhändlers 31
Abbildung 6: Anforderungen an ein Kennzahlensystem zur Erfolgsbewertung von E-Commerce 33
Abbildung 7: Systematisierungsmöglichkeiten von betrieblichen Kennzahlen 38
Abbildung 8: Beziehungen zwischen den Kennzahlen 39
Abbildung 9: Gestaltungsmöglichkeiten von Kennzahlensystemen 42
Abbildung 10: Abbildung des Realsystems durch ein Kennzahlensystem 43
Abbildung 11: Forschungsansätze und -methoden zur Entwicklung von Kennzahlensystemen 46
Abbildung 12: Verkaufsprozess im stationären Einzelhandel 47
Abbildung 13: Verkaufsprozess im E-Commerce 51
Abbildung 14: Unterschiede zwischen dem Online-Vertrieb und dem stationären Einzelhandel 55
Abbildung 15: Kennzahlen zur Vertriebskostenstruktur im E-Commerce 60
Abbildung 16: Kennzahlen zur Umsatz- und Auftragsstruktur im E-Commerce 63
Abbildung 17: Kennzahlen zur Beschreibung der Rabattstruktur im E-Commerce 66
Abbildung 18: Kennzahlen zur Beschreibung der Markt- und Konkurrenzstruktur im E-Commerce 68
Abbildung 19: Kennzahlen zur Beschreibung der Kundenstruktur 79
Abbildung 20: Kennzahlen zur Erfolgsmessung der Vertriebsaktivitäten im E-Commmerce 84
Abbildung 21: Kennzahlen zur Beschreibung der Effizienz des Informationssystems 91
Abbildung 22: Kennzahlen zur Beschreibung der Effizienz des Abwicklungs- und Logistiksystems 94
Abbildung 23: Kennzahlen zur Beschreibung der Erfolgsträger 100
Abbildung 24: Kennzahlen zur Beschreibung der Lageanalyse im E-Commerce 107
Abbildung 25: Theoretisches Ausgangsmodell der vorliegenden Forschungsarbeit 114
Abbildung 26: Ablauf einer Standard-Delphi-Befragung 118
Abbildung 27: Anzahl und Zusammensetzung der Expertengruppe an der Online-Delphi-Studie 120
Abbildung 28: Zeitlicher Ablauf der Online-Delphi-Studie 121

Abbildung 29: Wichtigkeit der Kennzahlen zur Bewertung
der Vertriebskostenstruktur, erste Delphi-Runde 123
Abbildung 30: Wichtigkeit der Kennzahlen zur Bewertung der Umsatz- und
Auftragsstruktur, erste Delphi-Runde 124
Abbildung 31: Wichtigkeit der Kennzahlen zur Bewertung der Rabattstruktur,
erste Delphi-Runde 125
Abbildung 32: Wichtigkeit der Kennzahlen zur Bewertung der Markt- und
Konkurrenzstruktur, erste Delphi-Runde 126
Abbildung 33: Wichtigkeit der Kennzahlen zur Bewertung der Kundenstruktur,
erste Delphi-Runde 127
Abbildung 34: Wichtigkeit der Kennzahlen zur Erfolgsbewertung
der Vertriebsaktivitäten, erste Delphi-Runde 128
Abbildung 35: Wichtigkeit der Kennzahlen zur Leistungsmessung
des Informationssystems, erste Delphi-Runde 129
Abbildung 36: Wichtigkeit der Kennzahlen zur Leistungsmessung
des Abwicklungs- und Logistiksystems, erste Delphi-Runde .. 130
Abbildung 37: Wichtigkeit der Kennzahlen zur Messung der Erfolgsträger,
erste Delphi-Runde 131
Abbildung 38: Wichtigkeit der Kennzahlen zur Messung der zukünftigen
Entwicklung, erste Delphi-Runde 133
Abbildung 39: Alle Kennzahlen zur Erfolgsbewertung von E-Commerce
geordnet nach dem größten Mittelwert, erste Delphi-Runde ... 134
Abbildung 40: Alle Kennzahlen zur Erfolgsbewertung von E-Commerce
geordnet nach der größten Standardabweichung,
erste Delphi-Runde 136
Abbildung 41: Wichtigkeit der Messung von Kannibalisierungseffekten
zwischen dem Web-Shop und dem stationären Einzelhandel .. 139
Abbildung 42: Wichtigkeit der Messung von Synergieeffekten zwischen dem
Web-Shop und dem stationären Einzelhandel 139
Abbildung 43: Rangreihung der wichtigsten Kennzahlen zur Beschreibung
der Vertriebskostenstruktur, zweite Delphi-Runde 141
Abbildung 44: Weitere Kennzahlen zur Beschreibung der
Vertriebskostenstruktur, zweite Delphi-Runde 142
Abbildung 45: Rangreihung der wichtigsten Kennzahlen zur Beschreibung
der Umsatz- und Auftragsstruktur und der Rabattstruktur,
zweite Delphi-Runde 143
Abbildung 46: Weitere Kennzahlen zur Beschreibung der Umsatz- und
Auftragsstruktur und der Rabattstruktur, zweite Delphi-Runde . 143
Abbildung 47: Rangreihung der wichtigsten Kennzahlen zur Beschreibung
der Markt- und Konkurrenzstruktur, zweite Delphi-Runde 144
Abbildung 48: Weitere Kennzahlen zur Beschreibung der Markt- und
Konkurrenzstruktur, zweite Delphi-Runde 145
Abbildung 49: Rangreihung der wichtigsten Kennzahlen zur Beschreibung
der Kundenstruktur, zweite Delphi-Runde 146

Abbildung 50: Weitere Kennzahlen zur Beschreibung der Kundenstruktur, zweite Delphi-Runde 147
Abbildung 51: Rangreihung der wichtigsten Kennzahlen zur Erfolgsmessung der Vertriebsaktivitäten, zweite Delphi-Runde 147
Abbildung 52: Weitere Kennzahlen zur Erfolgsmessung der Vertriebsaktivitäten, zweite Delphi-Runde 148
Abbildung 53: Rangreihung der wichtigsten Kennzahlen zur Leistungsmessung des Informationssystems, zweite Delphi-Runde 149
Abbildung 54: Weitere Kennzahlen zur Leistungsmessung des Informationssystems, zweite Delphi-Runde 149
Abbildung 55: Rangreihung der wichtigsten Kennzahlen zur Leistungsmessung des Abwicklungs- und Logistiksystems, zweite Delphi-Runde . 150
Abbildung 56: Weitere Kennzahlen zur Leistungsmessung des Abwicklungs- und Logistiksystems, zweite Delphi-Runde 151
Abbildung 57: Rangreihung der wichtigsten Kennzahlen zur Leistungsmessung des Erfolgsbeitrages der einzelnen Leistungsträger, zweite Delphi-Runde 151
Abbildung 58: Weitere Kennzahlen zur Leistungsmessung des Erfolgsbeitrages der Leistungsträger, zweite Delphi-Runde 152
Abbildung 59: Rangreihung der wichtigsten Kennzahlen zur Messung der zukünftigen Entwicklung, zweite Delphi-Runde 153
Abbildung 60: Weitere Kennzahlen zur Bewertung der zukünftigen Entwicklung, zweite Delphi-Runde 154
Abbildung 61: Wichtigkeit der Kennzahlen zur Messung von Kannibalisierungseffekten zwischen dem Web-Shop und dem stationären Einzelhandel, zweite Delphi-Runde 155
Abbildung 62: Wichtigkeit der Kennzahlen zur Messung von Synergieeffekten zwischen dem Web-Shop und dem stationären Einzelhandel, zweite Delphi-Runde 156
Abbildung 63: Kennzahlen zur Erfolgsmessung von E-Commerce bei einem Mehrkanaleinzelhändler in tabellarischer Form 157
Abbildung 64: Kennzahlenmodell zur Erfolgsmessung des Online-Vertriebs bei einem Mehrkanaleinzelhändler 160
Abbildung 65: Kennzahlenvergleich zwischen dem Web-Shop und dem stationären Einzelhandel 162

Abkürzungsverzeichnis

Ø	durchschnittlich
Aufl.	Auflage
bearb.	bearbeitet(e)
BSC	Balanced Scorecard
bzw.	beziehungsweise
CRM	Customer Relationship Management
d. h.	das heißt
e-	electronic oder elektronisch
e. V.	eingetragener Verein
ECC	E-Commerce-Center
EP	Electronic Partners
erg.	ergänzt(e)
erw.	erweitert(e)
et al.	et alteri, und andere
etc.	et cetera
ev.	eventuell
f.	und folgende (Seite)
ff.	und folgende (Seiten)
FfH	Forschungsstelle für den Handel
ggf.	gegebenenfalls
Hrsg.	Herausgeber
HTML	Hypertext Markup Language
IfH	Institut für Handelsforschung
inkl.	inklusive
IP	Internet Protocol
ISP	Internet Service Provider
IT	Informationstechnologie
KMU	kleine und mittlere Unternehmen
Mio.	Million(en)
Nr.	Nummer
PC	Personalcomputer
POS	Point of Sale
Ref	Referenz
ROI	Return on Investment
S.	Seite
sog.	so genannt(e)
u. a.	unter anderem
überarb.	überarbeitet(e)
Url	Uniform Resource Locator
usw.	und so weiter
vgl.	vergleiche
z. B.	zum Beispiel

1 Einleitung

1.1 Problemstellung

Die Entwicklung des Internets von einem Informationsmedium zu einem Vertriebskanal sowie der Zusammenbruch der New Economy im Jahr 2000 haben zu einer verstärkten Forderung nach der Erfolgsbewertung des Online-Vertriebs geführt. Der Online-Vertrieb ist ein multifunktionaler Vertriebs- und Kommunikationskanal (vgl. *Zwass* 2003, S. 22; *Zhu* 2004, S. 169; *Hoffmann / Zilch* 2000, S. 133; *Wall* 2002, S. 387; *Wirtz / Kleinecken* 2000, S. 629), der einen Großteil der klassischen Handelsfunktionen fast vollständig ersetzen kann (vgl. *Hansen* 1997; *Fritz* 2002). Diese Funktionsvielfalt macht E-Commerce zu einem schwer bewertbaren Absatzkanal, dessen Erfolgskomponenten wesentlich von der Sichtweise und dem Einsatzbereich des Anwenders abhängen. Besonders Mehrkanaleinzelhändler, die ihren Endkunden sowohl stationäre Ladengeschäfte als auch einen Web-Shop anbieten, sehen sich bei der Bewertung des Erfolgs von E-Commerce zwei Problembereichen gegenüber.

Ein Problembereich resultiert aus dem Mangel an Kennzahlensystemen zur Erfolgsbewertung von E-Commerce aus Sicht eines Mehrkanaleinzelhändlers. Dieser Mangel beruht einerseits weitgehend darauf, dass sich die Geschäftsprozesse, die Erfolgsfaktoren und die Wertigkeit der Einsatzfaktoren im Online-Vertrieb gegenüber bisherigen Vertriebskanälen verändert haben (vgl. *Hansen* 1997; *Picot* 1991; *Gosh* 1998). Somit erscheint ein Rückgriff auf bestehende Kennzahlensysteme nur eingeschränkt möglich (vgl. *Schäffer / Weber* 2001, S. 10). Andererseits liegt in der wissenschaftlichen und praktischen Literatur eine Vielzahl an Einzelkennzahlen zur Erfolgsmessung von E-Commerce vor. Diese Einzelkennzahlen sind bisher noch nicht aus Sicht eines Mehrkanaleinzelhändlers in einem Kennzahlensystem zusammengeführt und durch die betriebliche Praxis validiert worden (vgl. *Teltzrow et al.* 2004; *Weischedel et al.* 2005).

Der andere Problembereich ist eng mit dem Mangel an Kennzahlensystemen zur Erfolgsbewertung von E-Commerce verbunden. Die Bewertung des betrieblichen Erfolgs beruht wesentlich auf einem Vergleich von Kennzahlen sowohl im Zeitablauf als auch im Vergleich mit anderen Vertriebskanälen (vgl. *Schnettler* 1961, S. 28ff.). Die bisher in der wissenschaftlichen Literatur vorliegenden Kennzahlmodelle zur Erfolgsbewertung des Online-Vertriebs zeigen kaum Vergleichsmöglichkeiten zu anderen Vertriebskanälen, im speziellen zum stationären Einzelhandel, auf (vgl. *Teltzrow et al.* 2004). Erschwerend kommt dazu, dass Vergleichswerte im Online-Vertrieb fehlen. Eine Gegenüberstellung beider Vertriebskanäle ist jedoch für die Ableitung von Unternehmensstrategien in einem Mehrkanaleinzelhandelsunternehmen von großer Bedeutung (vgl. *Scholl* 2002, S. 2). In diesem Zusammenhang ist die regelmäßige Analyse und Bewertung von Synergie- und Kannibalisierungseffekten zwischen dem Online-Vertrieb und dem stationären Einzelhandel innerhalb des

Unternehmens erforderlich (vgl. *Dingeldein / Brenner* 2002, S. 68; *Baal / Hudetz* 2006, S. 14).

1.2 Stand der Forschung

1.2.1 Modelle zur Erfolgsbewertung von E-Commerce

Der Forschungsbereich der Erfolgsbewertung von E-Commerce befindet sich noch in der Anfangsphase. In der Literatur existieren bereits Modelle die den Erfolg des E-Commerce analysieren bzw. das „Phänomen" E-Commerce beschreiben (vgl. *Straub et al.* 2002; *Hess* 2001, S. 92). Viele dieser Modelle sind jedoch mehr als theoretische Konstrukte[1] zu bezeichnen und gehen von unterschiedlichen Theorienansätzen oder Betrachtungsschwerpunkten, wie z. B. die Website, aus (vgl. *Schäffer et al.* 2002, S. 355).

1.2.1.1 Leistungsbewertung des E-Commerce-Systems

Ein Teil dieser Erfolgsmodelle hat seinen Ursprung in der Leistungsbewertung von Informationssystemen (vgl. *Wilke* 2002, S. 277). Diese Modelle konzentrieren sich daher im Wesentlichen auf die Operationalisierung der Leistungskomponenten eines E-Commerce-Systems[2], wie beispielsweise die Ausfallzeiten oder Downloadzeiten des Servers (vgl. *Molla / Licker* 2001; *Zhu / Kraemer* 2002; *Delone / McLean* 2004).

Ein wesentliches Ziel dieser Modelle besteht darin, die realisierten Effektivitäts- und Effizienzsteigerungen durch den Einsatz des E-Commerce-Systems zur Leistungssteigerung im Unternehmen nachzuvollziehen und zu messen. Der Nachweis des Wertbeitrages eines E-Commerce-Systems zur Leistungssteigerung des Unternehmens ist zu Argumentationszwecken bei betrieblichen Investitionen gegenüber verschiedenen Anspruchsgruppen von großer Bedeutung (vgl. *Zhu* 2004).

1.2.1.2 Sicherheit und Kundenvertrauen in das E-Commerce-System

Eng mit der Leistungsfähigkeit eines E-Commerce-Systems ist die Sicherheit[3] des E-Commerce-Systems verbunden. Die Benutzung einer E-Commerce-Anwendung durch den Kunden wird entscheidend durch seine Sicherheitsbedenken und sein wahrgenommenes Sicherheitsempfinden bestimmt (vgl. *Bansal et al.* 2004, S. 291;

---

[1] Ein theoretisches Konstrukt ist „an abstract entity which represents the true nonobservable state or nature of a phenomenon." (*Bagozzi / Fornell* 1982, S. 24).

[2] Im Sinne eines IT-Systems.

[3] Unter Sicherheit wird im E-Commerce einerseits der Schutz von Informationen gegenüber ungewollten Datenein- und -abflüssen und andererseits der Schutz der Privatsphäre vor ungewollten E-Mails, Diebstahl, Telefonanrufen und der Weitergabe von Daten an Dritte verstanden (vgl. *Molla / Licker* 2001, S. 138).

Hansen 1996, S. 147; *Scott* 2001, S. 654f.). Aus diesen Gründen gilt der Erfolgsfaktor Sicherheit im E-Commerce im Hinblick auf das Kundenvertrauen als besonders erfolgsbeeinflussend und bedarf daher einer regelmäßigen innerbetrieblichen Analyse. In der Literatur existieren bereits einige Modelle, die den Aspekt der Sicherheit eines E-Commerce-Systems analysieren (vgl. *Tan / Thoen* 2001; *Lee / Turban* 2001). Diese Modelle werden oftmals in einem direkten Zusammenhang mit der Messung des Kundenvertrauens im E-Commerce betrachtet. Aus diesem Grund werden in der Literatur zur Erfolgsmessung von Sicherheit des E-Commerce-Systems auch direkte Kundenbefragungen vorgeschlagen (vgl. *Molla / Licker* 2001, S. 138ff.).

1.2.1.3 Benutzerfreundlichkeit

Ein dritter Teil setzt sich mit der Erfolgsbewertung des E-Commerce unter dem Gesichtspunkt der Benutzerfreundlichkeit des E-Commerce-Systems auseinander. Diese Modelle bewerten den Erfolg einer Website nach dem Layout, der Navigation, dem Unterhaltungswert und der Inhaltsqualität, und versuchen, daraus auf die Kunden- bzw. Besucherzufriedenheit zu schließen (vgl. *Palmer* 2002, S. 164).

Den zentralen Forschungsansatz dieser Modelle bildet die Informationssystemtheorie und die damit verbundenen Theorien und Hypothesen. Mit der Erfolgsmessung der Website-Gestaltung beschäftigen sich eine Vielzahl an Autoren wie zum Beispiel *Loiacono et al.* 2002; *Donthu* 2001; *Liu / Arnett* 2000; *Agarwal / Venkatesh* 2002; *Palmer* 2002, *Feng et al.* 2004. Obwohl die Anzahl der Publikationen in diesem Bereich sehr groß ist, beschränken sich diese oftmals auf die gleichen Kennzahlen, wie beispielsweise die Anzahl toter Links. In diesem Zusammenhang weisen *Delone / McLean* (vgl. 2004, S. 36) darauf hin, dass im Bereich der Inhaltsqualität ein besonderer Forschungsbedarf besteht.

1.2.1.4 Kundenzufriedenheit

Ein großer Teil der vorliegenden Erfolgsmodelle beschäftigt sich mit der Kundenzufriedenheit im E-Commerce. Die Zufriedenheit der Kunden mit dem Web-Shop beeinflusst entscheidend die Kundenbindung und bildet die Grundlage für die weiterführende Verwendung durch den Kunden (vgl. *Wilke* 2002, S. 288; *Zeithaml et al.* 2002). Die Kundenzufriedenheit stellt im E-Commerce oft die zentrale Ergebnisgröße eines komplexen Prozesses bzw. Konstruktes dar (Zufriedenheit mit der Website, Sicherheit, Zufriedenheit mit dem Angebot und die Zufriedenheit mit der Auftragsabwicklung) (vgl. *Zeithaml et al.* 2002; *Szymanski / Hise* 2000; *Anderson / Srinivasan* 2003; *McKinney et al.* 2002; *Chang et al.* 2004).

In der Literatur liegt bereits eine Vielzahl an Konstrukten und Kennzahlen zur Messung der Kundenzufriedenheit im E-Commerce vor. In diesem Zusammenhang ist auffällig, dass keine Einigkeit darüber besteht, welches die Einflussfaktoren der Servicequalität im E-Commerce und welches die Einflussfaktoren der Kundenzufriedenheit sind. Daher hat sich bisher noch kein allgemein anerkanntes Modell zur Bestimmung der Kundenzufriedenheit im E-Commerce durchgesetzt (vgl. *Zeithaml et al.* 2002).

1.2.1.5 Modifikationen der Balanced Scorecard und des Return on Investment

Ein weiterer Teil der bereits vorliegenden Erfolgsmodelle basiert auf Modifikationen bewährter Kennzahlensysteme wie beispielsweise der Balanced Scorecard oder dem Return on Investment. Diese Modifikationen betrachten E-Commerce in unterschiedlichen Zusammenhängen und für unterschiedliche Geschäftsmodelle (vgl. *Wilke* 2002; *Gebrich* 2001; *Agrawal et al.* 2001; *Hukemann* 2004).

1.2.1.6 Wertorientierte Steuerungsansätze

Ein anderer Teil der bestehenden Modelle bezieht sich auf den wertorientierten Steuerungsansatz. Nach dem Einbruch der New Economy im Jahr 2000 ist die Forderung nach der Sicherung von Kapitalvermögen von Unternehmen neu entstanden (vgl. *Steiner / Schneider* 2001). Folglich sind einige Modelle zur Bewertung von E-Commerce mit diesem Ansatz entwickelt worden. Diese Modelle haben auf Grund ihrer eindeutigen mathematischen Nachvollziehbarkeit und ihrer Shareholdervalue-

Ursprung des Erfolgsmodells	Erfolgsmodell
Leistungsfähigkeit und Wertbeitrag des Informationssystems	Molla / Licker 2001; Zhu / Kraemer 2002; Palmer 2002; Delone / McLean 2004; Zhu 2004
Sicherheit / Kundenvertrauen	Tan / Thoen 2001; Lee / Turban 2001; McKnight et al. 2002; Chen / Dhillon 2003
Benutzerfreundlichkeit	Liu / Arnett 2000; Donthu 2001; Loiacono et al. 2002; Agarwal / Venkatesh 2002; Palmer 2002; Kim et al. 2002; Feng et al. 2004
Kundenzufriedenheit	Szymanski / Hise 2000; Zeithaml et al. 2002; Dotan 2002; Ahlert et al. 2002; Francis / White 2002; Boyd 2002; McKinney et al. 2002; Chang et al. 2002; Devaraj et al. 2002; Shankar et al. 2003; Anderson / Srinivasan 2003
Balanced Scorecard / Return on Investment	Gebrich 2001; Agrawal et al. 2001; Müller 2001; Wilke 2002; Saiz et al. 2002; Plant et al. 2003; Hukemann 2004
Wertorientierte Steuerungsansätze	Stelter et al. 2000; Wirtz 2001, Subramani / Walden 2001; Dehning et al. 2004
Weitere Theorieansätze	Berger & Partner 1999; Rangone / Balocco 2000; Stelter et al. 2000; Kracklauer et al. 2001; Heine 2001; Wirtz 2001; Marr / Neely 2001; Barua et al. 2001; Torkzadeh / Dhillon 2002; Wheeler 2002; Zhuang / Lederer 2003; Saeed et al. 2003a; Straub et al. 2004

Abbildung 1: Erfolgsmodelle zur Bewertung von E-Commerce

Orientierung Bedeutung erlangt. Beispielhaft für wertorientierte Steuerungsansätze können der Custonomics-Ansatz, der Workonomics-Ansatz, der Multiples-Ansatz oder der Realoptionen-Ansatz genannt werden (vgl. *Stelter et al.* 2000; *Wirtz* 2001; *Subramani / Walden* 2001; *Dehning et al.* 2004).

1.2.1.7 Weitere Theorieansätze

Darüber hinaus liegen in der Literatur auch Erfolgsmodelle vor, die sich von bestehenden Theorieansätzen gelöst und sich auf andere als die oben beschriebenen Forschungsansätze beziehen. Als Beispiele für neuere Theorieansätze zur Messung von E-Commerce können das Modell von *Berger & Partner* 1999, das Modell von *Rangone / Balocco* 2000, das Modell von *Kracklauer et al.* 2001, das Modell von *Barua et al.* 2001, das Modell von *Wheeler* 2002 und das Modell von *Straub et al.* 2004 angeführt werden.

Die nebenstehende Abbildung 1 fasst die beschriebenen Modellansätze zur Erfolgsmessung des E-Commerce thematisch zusammen.

1.2.2 *Web-Metriken und deren Bedeutung zur Erfolgsbewertung von E-Commerce*

1.2.2.1 Web-Metriken

Viele Kennzahlen zur Erfolgsbestimmung von E-Commerce beruhen auf den so genannten Web-Metriken[4], wie z. B. Verweildauer, Web-Seiten-Aufrufe, Anzahl der Besucher etc. Unter Web-Metriken werden Kennzahlen verstanden, die auf Basis der Website und den damit verbundenen Informationstechnologien gewonnen werden (vgl. *Sterne* 2002; *Kerkhofs et al.* 2001).[5] Viele dieser Kennzahlen lassen sich entweder direkt aus dem Logfile[6] des Web-Servers ablesen oder können mittels Web Mining ermittelt werden.

1.2.2.2 Vorteile von Web-Metriken gegenüber traditionellen Kennzahlen

Die Web-Metriken haben in der Literatur und in der betrieblichen Praxis bereits einen bedeutenden Stellenwert zur Erfolgsbewertung von E-Commerce eingenommen (vgl. *Küting* 2000, S. 603; *Marr / Neely* 2001, S. 193; *Link / Schmidt* 2001, S. 73; *Schwarze / Schwarze* 2002, S. 239; *Bhat et al.* 2002, S. 98ff.; *Palmer* 2002, *Weische-*

---

[4] Auch e-Metriken genannt (vgl. *Weischedel et al.* 2005, S. 113).

[5] Eine genaue Beschreibung der einzelnen Web-Metriken erfolgt in Kapitel 4.

[6] Ein Logfile ist eine automatisch erstellte Datei, die alle Anfragen an einen Web-Server chronologisch protokolliert. Prinzipiell wird differenziert in Common Logfile Format oder Extended Logfile Format (vgl. *Hukemann* 2004, S. 75). Das Common Logfile Format enthält die IP-Adresse oder den Domain-Namen des Nutzers, die Identifizierung des Client-Rechners, Datum und Uhrzeit der Anfrage, die angeforderte Datei, das verwendete Übertragungsprotokoll, den dreistelligen Übertragungsstatuscode und das Übertragungsvolumen in Byte (vgl. *Schwickert / Wendt* 2000, S. 9).

del et al. 2005; *Nikolaeva* 2005). Dieser Stellenwert begründet sich im Vergleich zu den traditionellen Kennzahlen auf der automatischen Generierung und der Echtzeit-Verfügbarkeit vieler Web-Metriken (vgl. *Weischedel et al.* 2005, S. 114). Darüber hinaus können mit Hilfe der Web-Metriken Aussagen zum Kundenverhalten, zur Kundenstruktur, zur Marktstruktur, zu Kundenbedürfnissen, zur Erfolgskontrolle von Marketingmaßnahmen sowie zur Benutzerfreundlichkeit des Web-Shops, getroffen werden. Besonders die Beobachtung einzelner Kunden und die daraus resultierende Möglichkeit des kundenindividuellen Marketings stellt einen großen Vorteil der Web-Metriken dar (vgl. *Bensberg / Weiß* 1999; *Wiedmann / Buxel* 2003). *Weischedel et al.* (vgl. 2005, S. 113; 123) weisen in diesem Zusammenhang darauf hin, dass mittels der Web-Metriken erstmalig der Kaufentscheidungsprozess des Kunden transparent gemacht werden kann. Auf dieser Transparenz begründet sich laut *Weischedel et al.* (vgl. 2005, S.113; 123) auch die strategische Bedeutung der Web-Metriken für die Unternehmensführung.

1.2.2.3 Problembereiche bei der Verwendung von Web-Metriken

Ein wesentlicher Problembereich bei der Verwendung von Web-Metriken beruht auf technischen Schwierigkeiten. Der Einsatz von Cache-Servern, Cookie-Blockern oder dynamischen IP-Adressen erschwert die Datenaufzeichnung und -speicherung sowie die Identifikation der Website-Besucher.[7] Diese technischen Schwierigkeiten führen zu Abweichungen der Messergebnisse und schränken die Aussagekraft der Web-Metriken ein (vgl. *Schida et al.* 2000, S. 252f.; *Link / Schmidt* 2001; S. 74f.).

Die Definitionsvielfalt der einzelnen Web-Metriken und der daraus resultierende Mangel an Standarddefinitionen und Klassifikationen sind ebenfalls ein Nachteile der Web-Metriken (vgl. *Trautwein / Vorstius* 2001, S. 63). Beispielsweise wird die Kennzahl Besuche (Visits) in den Unternehmen unterschiedlich definiert und demzufolge unterschiedlich gemessen. Am folgenden Beispiel soll die Begriffsvielfalt veranschaulicht werden. So definiert *Netcount* (vgl. *Novak / Hoffman* 1996) einen Besucher als „An uniquely identifiable person. An accurate count of users is not possible without some form of registration or authentication". *Interse* (vgl. *Novak / Hoffman* 1996) hingegen versteht unter einem Besucher „anyone who visits the site at least once". Dieses unterschiedliche Begriffsverständnis schränkt die Verwendung der Web-Metriken für überbetriebliche Vergleiche ein und macht die Ableitung von Zielgrößen schwierig. Zur Behebung dieser Definitionsinkongruenzen bemühen sich bereits verschiedene Instanzen wie beispielsweise das Audit Bureau of Verification Services oder die Informationsgemeinschaft zur Feststellung der Verbreitung von Werbeträgern e.V. Ziel dieser Bemühungen besteht in der Entwicklung und Durchsetzung von einheitlichen Begriffs- und Messstandards im Internet (vgl. *NetGenesis* 2000, S. 15; *Novak / Hoffman* 1996, S. 2).

Ein weiterer Nachteil der Web-Metriken resultiert aus der eingeschränkten Aussagekraft der Web-Metriken in Bezug auf den Gesamterfolg des Online-Vertriebs

---

[7] Zur Erläuterung der technischen Schwierigkeiten bei der Erhebung der Web-Kennzahlen siehe *Weischedel et al.* 2005; *Hukemann* 2004; *Skiera / Spann* 2000; *Wilke* 2002.

(vgl. *Erben / Wallasch* 2001, S. 261; *Brettel / Heinemann* 2001, S. 21). So kann beispielsweise anhand der Web-Metriken weder die Finanzierung noch die Liquidität des Web-Shops festgestellt werden (vgl. *Fröhling / Oehler* 2002, S. 179f.; *Brettel / Heinemann* 2001, S. 21). Die Sicherstellung der betrieblichen Liquidität und die Gewährleistung einer stabilen Finanzierungsstruktur sind jedoch unternehmerische Grundvoraussetzungen (vgl. *Vollmuth* 1999, S. 9). Aus diesem Grund sollten die Web-Kennzahlen nicht isoliert, sondern in Verbindung mit traditionellen und qualitativen Kennzahlen betrachtet werden (vgl. *Kerkhofs et al.* 2001, S. 5; *Weischedel et al.* 2005, S. 114).

1.2.3 Zusammenfassende Betrachtungen zum Stand der Forschung im E-Commerce

Zusammenfassend können zum Stand der Forschung im Bereich der Erfolgsbewertung von E-Commerce aus Sicht eines Mehrkanaleinzelhändlers folgende fünf Aussagen abgeleitet werden:

1. Ein Grundproblem bei der Anwendung vieler Erfolgsmodelle basiert auf einer ungenauen Abgrenzung des Untersuchungsgegenstandes und des Begriffs E-Commerce. Diese unzulängliche Abgrenzung erschwert es Anwendungsmöglichkeiten für das jeweilige Erfolgsmodell in der betrieblichen Praxis abzuleiten.
2. Viele der entwickelten Erfolgsmodelle zur Leistungsbewertung von E-Commerce bewegen sich auf einem sehr hohen Abstraktionsniveau und machen daher die Anwendung u. a. auf Grund fehlender Kennzahlenvorschläge in der betrieblichen Praxis schwierig.
3. Oftmals bilden die einzelnen Erfolgsmodelle nur Teilaspekte des Erfolgs von E-Commerce, wie beispielsweise die Benutzerfreundlichkeit der Website oder die Leistungsfähigkeit des IT-Systems, ab. Diese Eingrenzung ist im Sinne einer Erfolgsbewertung von E-Commerce aus wissenstheoretischer Sicht sinnvoll, aus betrieblicher Sicht jedoch unzureichend (vgl. *Welling / White* 2006, S. 659).
4. In den letzten Jahren hat sich, bedingt durch die Geschäftsmodellvielfalt im Internet und die Weiterentwicklung der Informations- und Kommunikationstechnologie eine Vielzahl an Einzelkennzahlen zur Erfolgsmessung von E-Commerce entwickelt. Diese Vielzahl an Kennzahlen wird in unterschiedlichen Einzelpublikationen beschrieben. Viele Mehrkanaleinzelhändler sehen sich daher dem Problem gegenüber aus der Vielzahl der vorliegenden Kennzahlen jene auszuwählen, die eine einfache und übersichtliche Erfolgsbewertung des Online-Vertriebs gewährleisten und eine Messung der Kannibalisierungs- und Synergieeffekte zwischen dem Web-Shop und dem stationären Einzelhandel ermöglichen (vgl. *Welling / White* 2006, S. 654).
5. Die zunehmende Vorherrschaft des Mehrkanalvertriebs erfordert die Entwicklung von Kennzahlen und Kennzahlensystemen, welche den Erfolg von E-Commerce widerspiegeln, und gleichzeitig einen aussagekräftigen Vergleich mit dem stationären Handel ermöglichen. Dieser Vergleich zwischen beiden Vertriebskanälen

ist besonders für Mehrkanaleinzelhändler zur Ableitung von zukünftigen Unternehmensstrategien von großer Bedeutung (vgl. *Straub et al.* 2002; *Teltzrow et al.* 2004). Lediglich in den Erfolgsmodellen von *Wilke* 2002; *Rangone / Balocco* 2000 und *Hukemann* 2004 werden gezielt Vergleichsmöglichkeiten zum stationären Einzelhandel aufgezeigt.

1.3 Forschungsfrage und Forschungsziel

Auf Grund des dargestellten Problembereichs und dem beschriebenen Stand der Forschung sollen im Rahmen dieser Arbeit drei Forschungsfragen im Mittelpunkt der Betrachtungen stehen:

- Welche Kennzahlen muss ein Kennzahlensystem zur Erfolgsbewertung von E-Commerce bei einem Mehrkanaleinzelhändler umfassen?
- Welche Kennzahlen können zur Messung von Synergie- und Kannibalisierungseffekten zwischen dem Web-Shop und dem stationären Einzelhandel bei einem Mehrkanaleinzelhändler eingesetzt werden?
- Welche Kennzahlen zur Bewertung des Erfolgs von E-Commerce erlauben einen (sinnvollen) internen Vergleich mit dem stationären Einzelhandel bei einem Mehrkanaleinzelhändler?

Das Forschungsziel dieser Arbeit besteht in der Entwicklung eines Kennzahlenmodells zur Erfolgsbewertung des Online-Vertriebs bei einem Mehrkanaleinzelhändler. Der entscheidende Forschungsbeitrag dieses Modells liegt in der Integration von Kennzahlen zur Messung von Synergie- und Kannibalisierungseffekten zwischen dem Web-Shop und dem stationären Einzelhandel. Die Gegenüberstellung von Kennzahlen zur Erfolgsmessung des stationären Vertriebs und des Online-Vertriebs sollen darüber hinaus die Möglichkeiten und Grenzen zur Steuerung des gesamten Vertriebssystems bei einem Mehrkanaleinzelhändler aufzuzeigen.

1.4 Forschungsmethoden

Zur Beantwortung der dargestellten Forschungsfragen und zur Entwicklung des Kennzahlenmodells werden in dieser Arbeit sowohl quantitative als auch qualitative Forschungsmethoden Anwendung finden (vgl. *Diekmann* 2003, S. 151ff., *Bortz / Döring* 2002, S. 20f.). Aus diesem Grund werden der qualitative und quantitative Forschungsansatz nicht als unvereinbare Gegensätze, sondern als förderliche Symbiose im Sinne eines idealtypischen Forschungskreislaufes betrachtet (vgl. *Goodman* 1987, S. 732; *Kaynak et al.* 1994, S. 19).

Als hypothesengenerierendes Verfahren wird die qualitative Inhaltsanalyse eingesetzt (vgl. *Bortz / Döring* 2002, S. 299ff.). Die qualitative Inhaltsanalyse wird als explorativer Bestandteil die Ableitung des Ausgangsmodells aus der Literatur unterstützen. Zur theoretischen Ableitung des Ausgangsmodells wird auf Kennzahlen zur Erfolgsbewertung von E-Commerce vorangegangener wissenschaftlicher Arbeiten zurückgegriffen. Diese Kennzahlen werden als Ausgangshypothesen der Arbeit zugrunde gelegt (vgl. *Atteslander* 1993, S. 246ff.; *Lamnek* 1995, S. 198ff.).

Zur Validierung des theoretischen Ausgangsmodells wird eine Online-Delphi-Studie durchgeführt. Unter einer Delphi-Studie wird eine strukturierte, iterativ durchgeführte Einzelbefragung einer Gruppe von Experten verstanden, die sich wesentlich auf das Wissen und die Prognosefähigkeit der Experten stützt. Dabei wird das Ziel verfolgt, nach mehreren Befragungsrunden zu einem weitreichenden Gruppenkonsens zu gelangen (vgl. *Neubäumer* 1988, S. 328f.).

Die Delphi-Methode kann, wie die Definition bereits verdeutlicht, nicht eindeutig einem Forschungsparadigma zugeordnet werden. Je nach Ausführung, Zielsetzung und Anwendungszweck der Untersuchung ist eine Differenzierung der Delphi-Methode notwendig. *Welker et al.* (vgl. 2005, S. 108) begründen diese fehlende Einordnung mit dem diskursiven und dialogischen Charakter der Delphi-Methode, der dazu führt, dass die Delphi-Methode als ein Syntheseinstrument zwischen der Befragung, dem Experteninterview und der Gruppendiskussion angesehen werden kann (vgl. *Mullen* 2003, S. 39). *Seeger* (vgl. 1979, S. 44) umschreibt diese Synthese mit dem Begriff der Methodenfamilie und verdeutlicht damit die Kombinationsvielfalt der Delphi-Methode. Diese Kombinationsvielfalt bedeutet jedoch nicht, dass die Delphi-Methode eine Universalmethode ist, die jederzeit als ein alternatives Notfallinstrument eingesetzt werden kann (vgl. *Häder* 2002, S. 23; *Ammon* 2005, S. 122). Auch für die Durchführung einer Delphi-Studie ist eine klare Zielsetzung Grundvoraussetzung.[8]

Im Rahmen der vorliegenden Arbeit wird ein standardisierter Online-Fragebogen mit konkret vorgeschriebenen Beobachtungskategorien in Form von Skalen verwendet. Die Verwendung von Skalen bedingt als zentrale Ergebnisgrößen quantitative Ausprägungsmerkmale (vgl. *Lamnek* 2005, S. 123). Aus diesem Grund wird die Delphi-Methode dem quantitativen Forschungsansatz zugeordnet. Die Einordnung der Delphi-Methode in den quantitativen Forschungsansatz vertreten auch *Wechsler* (vgl. 1978, S. 98) und *Häder* (vgl. 2002, S. 36).

1.5 Abgrenzung des Untersuchungsgegenstandes

Zur Abgrenzung des Untersuchungsgegenstandes baut die Arbeit auf folgende Bedingungen auf. Eine weiterführende Erläuterung der genannten Bedingungen erfolgt in den Kapiteln zwei, drei und vier.

1. Unter dem Begriff des Mehrkanaleinzelhandels kann eine Vielzahl an Vertriebskanalkombinationen verstanden werden (vgl. *Wirtz / Krol* 2002, S. 93). Im Rahmen dieser Arbeit wird ausschließlich die Kombination des Online-Vertriebs über

---

[8] Für weiterführende Erläuterungen zur Delphi-Methode und zur Vorgangsweise der Online-Delphi-Studie siehe Kapitel 5.

einen eigenen Web-Shop mit dem stationären Vertrieb über das/die Ladengeschäft(e)[9] eines Einzelhändlers betrachtet. Alle weiteren Vertriebskanäle und Vertriebsformen, wie beispielsweise der Versandhandel oder der ambulante Einzelhandel, bleiben unberücksichtigt.

2. In dieser Arbeit wird E-Commerce ausschließlich als ein Vertriebskanal betrachtet (vgl. *Chan / Pollard* 2003; *Vishwanath / Mulvin* 2001). Diese absatzseitige Betrachtungsweise impliziert somit die Erfüllung der Aufgaben: Verkaufen des Produkts bzw. des Sortiments, die Betreuung der Kunden, die Gewährleistung von Service, die Erhebung und Bereitstellung von (Markt)-Informationen für die Geschäftsleitung sowie die Warenauslieferung und das Inkasso in Einzelfällen (vgl. *Nieschlag et al.* 2002, S. 934).

3. Ferner wird ausschließlich vom Handel mit beweglichen Sachgütern und der daraus resultierenden Notwendigkeit der physischen Warenlogistik ausgegangen, um einen begründeten Vergleich des Online-Vertriebs mit dem stationären Ladengeschäft zu gewährleisten. Entgegen der Meinung einiger Autoren (vgl. *Fritz* 2002, S. 26; *Li / Gery* 2000, S. 49) wird darüber hinaus zugrunde gelegt, dass jedes bewegliche Sachgut mittels eines Web-Shop vertrieben werden kann (vgl. *Madlberger* 2002, S. 60).

4. Aus Vereinfachungs- und Vergleichsgründen wird angenommen, dass im Web-Shop und in den stationären Geschäften des Einzelhändlers ein gleiches Sortiment zu gleichen Preiskonditionen angeboten wird. Diese Prämisse deckt sich mit dem wissenschaftlichen Konzept des integrierten Mehrkanalmanagements. Die Idee des integrierten Mehrkanalmanagements[10] fordert eine umfassende Abstimmung und Integration der Vertriebskanäle innerhalb eines Unternehmens hinsichtlich ihrer Preis-, Produkt-, Sortiments- und Kommunikationsstrategien (vgl. *Adolphs* 2004, S. 279).

1.6 Aufbau der Arbeit

Die vorliegende Arbeit ist in sechs Kapitel gegliedert. Im einleitenden Kapitel 1 werden die zugrunde liegende Problemstellung, der Stand der Forschung, die Forschungsfragen und die Forschungsmethode dargestellt.

Kapitel 2 beinhaltet neben einer kurzen Definition des Begriffs Mehrkanaleinzelhandel eine ausführliche Darstellung der Ziele und Risiken, die aus der Erweiterung des bestehenden Vertriebssystems um einen Web-Shop resultieren können. Die Ziele

---

[9] Das Ladengeschäft fungiert hier als Ort der Information, der Warenpräsentation, der Beratung, des Kaufvertragsabschlusses, der Warenübergabe und der Zahlungsmittelübergabe. Beispiele für stationäre Handelsbetriebe sind Fachgeschäfte, Warenhäuser, Kaufhäuser, Supermärkte, Discounter etc. (vgl. *Liebmann / Zentes* 2001, S. 373ff.; *Müller-Hagedorn* 1998, S. 25ff.). Laut *Ausschuss für Begriffsdefinitionen aus der Handels- und Absatzwirtschaft* (vgl. 1995, S. 50) wird von einem Filialnetz ab fünf Ladengeschäften gesprochen.
[10] Synonyme Begriffe sind Mehrkanal-Marketing, Multi-Channel-Marketing.

1.6 Aufbau der Arbeit

des Kapitels bestehen in der Einführung in die Thematik des Mehrkanalvertriebs und der näheren Erläuterung des Untersuchungsgegenstandes.

Im Kapitel 3 erfolgt in einem ersten Schritt die Betrachtung von betriebswirtschaftlichen Kennzahlen und Kennzahlensystemen und deren Gestaltungsmöglichkeiten im E-Commerce. In einem zweiten Schritt werden die notwendigen Leistungsfaktoren und Geschäftsprozesse im Online-Vertrieb und im stationären Ladengeschäft dargestellt, und Unterschiede und Gemeinsamkeiten zwischen den beiden Vertriebskanälen verdeutlicht.

Im Kapitel 4 werden Kennzahlen zur Erfolgsbeschreibung von E-Commerce aus der aktuellen wissenschaftlichen und praktischen Literatur herausgearbeitet und zu einem theoretischen Ausgangsmodell für die Online-Delphi-Studie verdichtet. Als theoretisches Ausgangsmodell wird das Vertriebscontrolling-System von *Palloks* zugrunde gelegt.

Im Kapitel 5 wird zunächst kurz die Delphi-Studie als wissenschaftliche Methode beschrieben sowie die konkrete Vorgangsweise der Online-Delphi-Befragung dargelegt. Im Anschluss daran erfolgt eine Vorstellung der Ergebnisse der Online-Delphi-Studie. Anhand dieser Ergebnisse wird das Kennzahlenmodell zur Erfolgsbewertung von E-Commerce bei einem Mehrkanaleinzelhändler abgeleitet. Darüber hinaus erfolgt ein Kennzahlenvergleich zum stationären Ladengeschäft, um die Vergleichbarkeit zwischen den beiden Absatzwegen im Sinne eines Mehrkanalcontrollings aufzuzeigen.

Im abschließenden Kapitel 6 werden die Ergebnisse der Arbeit zusammengefasst und aus wissenschaftlicher und praktischer Sicht bewertet. Die nachfolgende Abbildung 2 fasst den Aufbau der Arbeit und die Vorgehensweise graphisch zusammen.

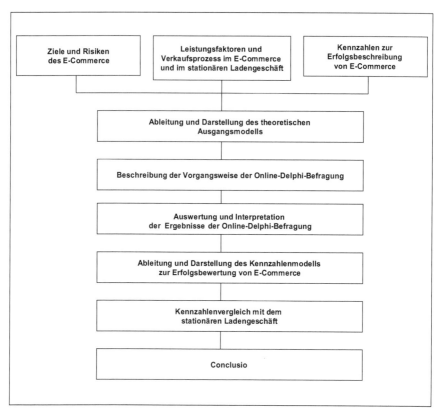

Abbildung 2: Aufbau der Arbeit

2   Bedeutung des E-Commerce bei einem Mehrkanaleinzelhändler

In diesem Kapitel erfolgt zunächst die Definition des Begriffs Mehrkanaleinzelhandel sowie die Vorstellung der verschiedenen Erscheinungsformen des Mehrkanalvertriebs. Daran anschließend werden ausführlich die Ziele und Risiken erläutert, die aus einer Erweiterung des Vertriebssystems um E-Commerce resultieren und die Notwendigkeit der Verankerung eines vertriebskanalübergreifenden Controllings aufgezeigt.

2.1   Elektronischer Einzelhandel und Mehrkanaleinzelhandel

In der Wissenschaft und in der betrieblichen Praxis hat sich bisher keine einheitliche Definition für den Begriff elektronischer Einzelhandel (electronic retailing) durchgesetzt. Unter den Begriffen Electronic Commerce, Electronic Trading, Electronic Selling und Electronic Shopping wird der elektronische Einzelhandel subsumiert (vgl. *Wirtz / Krol* 2002, S. 93).

Im Rahmen der vorliegenden Arbeit werden unter elektronischem Einzelhandel (electronic Retailing, e-tailing), als Teil des E-Commerce[11] (Business to Consumer), jene Austauschprozesse mit Leistungsverpflichtung verstanden, an welchen ein Unternehmen (in diesem Fall ein Einzelhandelsunternehmen[12]) als Anbieter und ein Endverbraucher als Nachfrager eines materiellen Gutes beteiligt sind und deren Transaktionsphasen zur Gänze (mit Ausnahme der Warenlieferung und eventuell Bezahlung) über das Internet erfolgt. Als Transaktionsschnittstelle zwischen dem Einzelhandelsunternehmen und dem Endverbraucher fungiert der Web-Shop[13] (vgl. *Palombo / Theobald* 1999, S. 160).

Diese Definition stellt noch keinen vollständigen Bezug zum Mehrkanaleinzelhandel her. Unter Mehrkanaleinzelhandel (Multi-Channel-Retailing) wird der parallele Einsatz mehrerer Vertriebskanäle (stationäre Betriebstypen und/oder Formen des Versandhandels) durch ein Einzelhandelsunternehmen verstanden.[14] Folglich kann

---

[11] Für die Definition E-Commerce siehe *Hansen / Neumann* 2002, S. 105. Aus Vereinfachungsgründen werden die Begriffe E-Commerce, Online-Vertrieb, Online-Shopping, Internet-Vertrieb synonym verwendet (vgl. *Krause* 2006, S. 67).

[12] Zur Erklärung des Begriffs Einzelhandel sowie möglicher Betriebsformen siehe: *Barth et al.* 2003; *Liebmann / Zentes* 2001.

[13] Als Synonyme können die Begriffe Online-Shop und Internet-Shop verwendet werden.

[14] Synonyme Begriffe für Mehrkanalvertrieb sind multipler, paralleler, hybrider, dualer oder mehrfacher Vertrieb (vgl. *Schröder* 2005, S. 1). Einige Autoren unterscheiden hinsichtlich des Integrationsausmaßes der verschiedenen Vertriebskanäle in Multiple-Channel-Retailing (unkoordinierter Einsatz mehrerer Vertriebskanäle) und Multi-Channel-Retailing (integrierter und koordinierter Einsatz mehrerer Vertriebskanäle) (vgl. *Ahlert / Hesse* 2003, S. 8).

die Strategie des Mehrkanaleinzelhandels nicht nur als eine Veränderung der Sortimentsstruktur, sondern als eine Erweiterung des bestehenden Vertriebssystems betrachtet werden (vgl. *Zentes / Schramm-Klein* 2002, S. 450).

2.2 Erscheinungsformen des Mehrkanaleinzelhandels

In der wissenschaftlichen Literatur finden sich bisher kaum Systematisierungsansätze von Mehrkanaleinzelhändlern unter Einbeziehung neuer Vertriebskanäle (vgl. *Scholl* 2002, S. 19; *Adolphs* 2004, S. 270). Die wesentlichsten Systematisierungsmerkmale von Mehrkanaleinzelhändlern stellen das Kontaktprinzip und die Ausgestaltung der absatzpolitischen Konzeption (vgl. *Schröder / Großweischede* 2002, S. 83f.) dar. Für die vorliegende Arbeit ist, aufbauend auf dem Kontaktprinzip, die Kombination der einzelnen Absatzkanäle das grundlegende Systematisierungsmerkmal. Aus der Kombination der einzelnen Absatzkanäle resultieren daher nachfolgende Erscheinungsformen.

2.2.1 Clicks-and-Mortar-Einzelhändler

Clicks-and-Mortar-Einzelhändler stellen die häufigste Form des Mehrkanaleinzelhandels dar und kombinieren stationäre Geschäfte (Filialen) mit einem Web-Shop. Beispielhaft können *Palmers, BIPA, Interspar, Merkur, Billa, Esprit, Schlecker, Media-Markt* und *Tengelmann* genannt werden. Laut einer Studie des *Hauptverbandes des Deutschen Einzelhandels* betreiben zirka ein Viertel der Einzelhandelsunternehmen diese Form des Mehrkanaleinzelhandels. Dies entspricht zirka 50.000 Unternehmen in Deutschland, wobei diese Anzahl stark branchenabhängig ist. Die nachfolgende Abbildung 3 verdeutlicht eindrucksvoll, dass der Großteil der erfolgreichsten Online-Shops zu Clicks- and-Mortar-Einzelhändlern gehört (vgl. *ACTA* 2005).

2.2.2 Clicks-and-Sheets-Einzelhändler

Clicks-and-Sheets-Einzelhändler ergänzen den traditionellen Versandhandel um einen Web-Shop. Als Beispiele können *Baur, Neckermann* und *Heine* angeführt werden. Laut Auskunft des *Bundesverbandes des Deutschen Versandhandels e.V.* (vgl. Telefongespräch am 6.4.2006) gibt es in Deutschland zirka 10.000 Versandhändler, von denen fast 99% über einen eignen Web-Shop verfügen. Die deutschen Clicks-and-Sheets-Einzelhändler konnten im Jahr 2005 ihren Online-Umsatz um 24% gegenüber dem Vorjahr steigern und erreichten damit einen Online-Umsatz von 8,6 Milliarden Euro. Dies entspricht zirka 47% des gesamten Online-Umsatzes in Deutschland.[15] Ferner konnten Clicks-and-Sheets-Einzelhändler laut *Bundesverband des Deutschen Versandhandels e.V.* im Jahr 2005 27,1% Neukunden und 29,9% Stammkunden über das Internet gewinnen. Bis zum Jahr 2010 rechnet der *Bundesverband des Deutschen Versandhandels e.V.* damit, dass rund 50% des gesamten Versandhandelsvolu-

---

[15] Der Wert inkludiert auch den Handel über *E-Bay*.

Web-Shop	% der Online-Käufer	Online-Käufer in Mio.
Ebay.de	59,8	14,85
Amazon.de	33,2	8,24
Tchibo.de	17,8	4,42
Otto.de	12,4	3,07
Weltbild.de	11,3	2,8
Quelle.de	10,8	2,69
Neckermann.de	8,1	2,01
Conrad.com/conrad.de	6,4	1,59
Buch.de	4,7	1,16
Heine.de	4,2	1,04
Fleurop.de	4,1	1,01
Buecher.de	4,1	1,01
Bol.de	3,6	0,9
Karstadt.de	2,5	0,61
Zweitausendeins.de	2,2	0,54
Baur.de	2,2	0,55
Discount24.de	2,1	0,52
Hse24.de	1,8	0,46
Shopping24.de	1,7	0,43
Schwab.de	1,7	0,42
0800docmorris.de	1,7	0,43
Bader.de	1,5	0,37
Klingel.de	1,4	0,35
Kaufhof.de	1,3	0,32
Jpc.de	1,0	0,25
Primus-online.de	0,4	0,1
Andere Internet-Shops	17,5	4,35

Abbildung 3: Die erfolgreichsten Web-Shops deutschlandweit 2005
Quelle: *ACTA* 2005

mens über Web-Shops erzielt werden, wobei der klassische Katalog immer noch als wesentlicher Bestandteil des Versandhandelsgeschäftes betrachtet wird (vgl. *www.versandhandel.org* 2006).

2.2.3 Clicks, Bricks-and-Sheets-Einzelhändler

Clicks, Bricks-and-Sheets-Einzelhändler kombinieren den Web-Shop mit den stationären Geschäften und dem traditionellen Versandhandel. Dieser Gruppe gehören vergleichsweise wenige Unternehmen an. Mehrkanaleinzelhändler dieser Erscheinungsform sind beispielsweise *Eddie Baur, Sportscheck, Otto* und *Quelle*. Vergleichend zu anderen Mehrkanalerscheinungsformen kann *Otto* genannt werden. Die *Otto-Gruppe* ist der zweitgrößte Online-Händler weltweit und erzielte im Jahr 2005/2006 einen Online-Umsatz von 3 Mrd. Euro (vgl. *www.otto.com* 2007).

2.2.4   Unternehmenszusammenschlüsse zwischen Einzelhandelsunternehmen

Eine Sonderform des Mehrkanaleinzelhandels stellt die Kooperation zwischen Einzelhandelsunternehmen dar. Als Beispiel dieser Erscheinungsform kann im deutschsprachigen Raum die im Jahr 2000 gegründete Interessensgemeinschaft (Jointventure) zwischen den Handelsunternehmen *Obi* und *Otto* OBI@OTTO-Shop *(www.obi.de)* genannt werden. Das Ziel dieser Handelskooperation bestand in der Verknüpfung von verschiedenen Kernkompetenzen beider Handelsunternehmen. *Obi* stellte seine Sortimentskompetenz im Bereich Bau- und Heimwerkerbedarf und *Otto* seine Dienstleistungs- und Logistikkompetenz im Versandhandel zur Verfügung. Seit der Eröffnung des Web-Shops besuchen monatlich über 300.000 Personen den Web-Shop und übertrafen damit die erhofften Besucherzahlen (vgl. *Engberding / Wastl* 2003, S. 135ff.). Weitere Kooperationen dieser Art bestehen zwischen *Walmart* und *Amazon* und *Lands'End* und *Sears*.

2.2.5   Ursprünglich reine Internet-Händler
mit stationären Einzelhandelsgeschäften

Ursprünglich haben reine Internet-Händler, auch Pure Player genannt, die Bedeutung von Mehrkanalvertriebssystemen für die Weiterentwicklung des Unternehmens erkannt. Einige dieser ursprünglich reinen Internet-Händler haben daher ihren virtuellen Vertriebskanal um einen stationären Vertriebskanal erweitert. So hat beispielsweise die Firma *pixelnet* im Februar 2001 das Filialnetz der Firma *Photo Porst* übernommen. Auch die Internet-Plattform *Entrium* hat im Jahr 2001 seine erste Bankfiliale in Berlin (EntriumCity Center) eröffnet. Weitere *EntriumCity Center* folgten in Köln, Dresden, Leipzig Düsseldorf, Frankfurt/Main, Nürnberg, Hamburg und München (vgl. *Wilke* 2005, S. 57).

2.2.6   Stationäre Einzelhändler mit Warenvertrieb über fremde Web-Shops

Für viele klein- und mittelständische Einzelhändler sind die Entwicklung und der Betrieb eines Web-Shops aus verschiedenen Gründen, wie z.B. Kostengründen oder dem Mangel an Know-how, nicht möglich bzw. nicht sinnvoll (vgl. *Hansen et al.* 2004, S. 553; *Hudetz / Duscha* 2006, S. 40). Um jedoch die Vorteile des Online-Vertriebs zu nutzen und einen größeren Kundenkreis zu erreichen, bieten viele stationäre Einzelhändler ihre Produkte über fremde Web-Shops an. So ergab beispielsweise die Studie „Internet im Handel 2006", dass knapp 35% der befragten deutschen Einzelhandelsunternehmen Waren über E-Bay zum Verkauf anbieten und weitere 7%

planen, in diesem oder im nächsten Jahr Produkte über E-Bay zu verkaufen (vgl. *www.ecc-handel* 2006).

2.3 Ziele der Erweiterung des Vertriebssystems um den Online-Vertrieb

Die systematische Auseinandersetzung mit absatzkanalspezifischen und absatzkanalübergreifenden Zielen sowie Modellen zur Zieldefinition für Mehrkanaleinzelhändler sind in der wissenschaftlichen Literatur nur rudimentär nachweisbar. Anfang der 90er Jahre galt die (empirische) Zielforschung bei Mehrkanaleinzelhändlern als ein neues Forschungs- und Interessensgebiet. Seit dieser Zeit hat die Forschung in diesem Bereich kaum neue Ergebnisse hervorgebracht. Trotz dieser Erkenntnisstagnation lassen sich folgende Ziele aus der Literatur extrahieren.

2.3.1 *Erhöhung der Kundenzufriedenheit*

Zentrales Ausgangsziel bei der Einführung des Online-Vertriebs in ein bereits bestehendes Vertriebssystem stellt die Erhöhung der Kundenzufriedenheit dar. Die Kundenzufriedenheit im Online-Vertrieb kann durch verschiedene Maßnahmen, wie beispielsweise die Bereitstellung von wertsteigernden Zusatzleistungen und Service- und Informationsangeboten oder die Erweiterung des Sortiments verbessert und erhöht werden. Im Rahmen einer Online-Befragung zeigte beispielsweise *Foresee Results* (vgl. 2005, S. 3) auf, dass Mehrkanalkunden prinzipiell zufriedener sind als Einkanal-Kunden. In diesem Zusammenhang wurde auch festgestellt, dass jene Mehrkanalkunden, die sich vorab im Web-Shop informierten, zufriedener waren als jene Kunden, die sich vorab in einer Filiale informierten und dann dort kauften. Darüber hinaus waren Kunden, die sich im Web-Shop informierten und daraufhin im Web-Shop kauften, zufriedener als jene Kunden, die sich in Fililalen informierten und dann dort kauften.

Die Erhöhung der Kundenzufriedenheit ist seitens der Unternehmen mit einer Steigerung des betrieblichen Erfolges verbunden. Zahlreiche wissenschaftliche Untersuchungen aus verschiedenen wirtschaftswissenschaftlichen Forschungsbereichen belegen nachweislich, dass sich die Erhöhung der Kundenzufriedenheit positiv auf den betrieblichen Erfolg des Unternehmens auswirkt (vgl. *Szymanski / Hise* 2000; *Müller-Hagedorn* 2001; *Zeithaml et al.* 2002; *Wilke* 2002; *Anderson / Srinivasan* 2003). Im Zuge einer Unternehmensbefragung ermittelten beispielsweise *Wirtz et al.* (vgl. 2004, S. 49), dass die Hälfte der befragten Unternehmen ihre Kundenzufriedenheit durch den Einsatz eines Web-Shops erheblich verbessern konnten. Über ein Drittel dieser Unternehmen konnte den Betriebsumsatz um mehr als 6% und die Hälfte der Unternehmen den Unternehmensgewinn um 6% steigern.

2.3.2 *Verbesserung der Kundenbindung*

Das Konsumentenverhalten hat sich bedingt durch verschiedene technologische und soziologische Entwicklungen verändert. Der Konsument ist multioptional und verfolgt gleichzeitig unterschiedliche Verhaltensprinzipien verbunden mit einem starken Bedürfnis nach Abwechselung und Veränderung (vgl. *Dach* 2002, S. 140; *Schnedlitz* 2006, S. 66). Erschwerend kommt für die Einzelhandelsunternehmen das Bedürfnis der Kunden nach räumlicher und zeitlicher Unabhängigkeit, sowie die steigende Bedeutung der Individualisierung hinzu (vgl. *Schröder* 2005, S. 74f.; *Schramm-Klein* 2003a, S. 11; *Schnedlitz* 2006, S. 66). Mit dem Internet als zusätzlichen Vertriebskanal kann diesem veränderten Konsumentenverhalten Rechnung getragen werden, und die Kundenbindung an das Unternehmen durch die Bereitstellung von zusätzlichen Kaufoptionen gesteigert werden. Mit einer Flächenunabhängigkeit, einem „unbegrenzten" Sortiment und einer rund-um-die-Uhr Nutzung bietet der Web-Shop die Möglichkeit, die multi-optionalen Kunden je nach Bedürfnissituation zu bedienen, und langfristig an das Unternehmen zu binden. Diese langfristige Kundenbindung trägt durch eine kontinuierliche Kaufhäufigkeit zur einer Steigerung des Kundenwertes und demzufolge zur einer Steigerung des Unternehmenswertes bei (vgl. *Zentes / Schramm-Klein* 2002, S. 455; *Ahlert / Hesse* 2003, S. 20). *Wirtz et al.* (vgl. 2004, S. 48) ermittelten in diesem Zusammenhang, dass mehr als die Hälfte der befragten Unternehmen ihre Kundenbindung durch den Betrieb eines Web-Shops erheblich steigern konnten.

2.3.3 Neukundengewinnung

Ein wesentliches Ziel der Erweiterung des Vertriebssystems um den Online-Vertrieb besteht in der Neukundengewinnung. Der Online-Vertrieb ermöglicht dem Einzelhändler sein Angebot nicht nur regional und national, sondern auch international anzubieten. Folglich können neue Kunden gewonnen oder neue Kundengruppen angesprochen werden, die über die bisherigen Absatzkanäle nicht akquiriert werden konnten (vgl. *Deleersnyder et al.* 2002, S. 346; *Schulz-Moll / Walthelm* 2003, S. 119; *Hudetz / Duscha* 2006, S. 37). Einige Mehrkanaleinzelhändler wie *Tesco* oder *Conrad Electronics* beweisen eindrucksvoll, dass Neukundengewinnung mittels Online-Vertrieb möglich ist. So konnte *Tesco* 40.000 Neukunden gewinnen (vgl. *o. V.* 2001, S. 40). *Conrad Electronics* hat 60% der Neukunden über das Internet generiert (vgl. *OC & C* 2001, S. 11). Auch *Neckermann* akquiriert bereits 70% aller Neukunden über das Internet und erzielte im Jahr 2006 einen Internet-Umsatz von 50% des Gesamtunternehmensumsatzes (*www.ecin.de* 2006). Der *Bundesverband des deutschen Einzelhandels* führt generell in diesem Zusammenhang an, dass zirka 23,1% der Neukunden über das Internet gewonnen werden (vgl. *www.einzelhandel.de* 2006).

Nicht nur große Mehrkanaleinzelhändler können sich die Vorzüge des Internets zunutze machen. Auch kleine, eher unbekannte Mehrkanaleinzelhändler können mittels eines Web-Shops Neukunden gewinnen. Die Akquirierung neuer Kunden resultiert vor allem aus den speziellen Sortiments- und Serviceangeboten kleinerer Mehrkanaleinzelhändler. Beispielhaft kann hier *Dessous Danielle* genannt werden (vgl. *http://www.dessous-danielle.de, www.ecc-handel.de*). *Dessous Danielle* gewann durch eine gezielte Produktauswahl über den Web-Shop innerhalb eines Jahres mehr Neukunden als über das Ladengeschäft in drei Jahren.

Die Neukundengewinnung ist jedoch nicht einschränkungsfrei und unbegrenzt möglich. Einige Autoren weisen (vgl. *Wirtz* 2001, S. 43; *Fritz* 2002, S. 26; *Rudolph et al.* 2002, S. 151) darauf hin, dass sich der potenzielle Neukundenkreis auf Personen mit PC und Internet-Zugang beschränkt. Beispielsweise verfügten in Österreich im Jahr 2006 lediglich 52% der Haushalte über einen PC mit Internet-Zugang (vgl. *Statistik Austria* 2006, S. 21). Seitens der Kunden bedarf es nicht nur eines Computers mit Internet-Zugang, sondern auch der Bereitschaft und des Vertrauens, Geschäfte über das Internet abzuwickeln (vgl. *McKnight et al.* 2002, S. 334). Diese Bereitschaft und das Vertrauen sind nicht immer geben, wodurch sich die Neukundengewinnung nochmals verringert.

2.3.4 Markterweiterung

Bei der Markterweiterung durch den Online-Vertrieb kann zwischen der Produktmarkterweiterung und der geographischen Markterweiterung differenziert werden (vgl. *Steinfield et al.* 2002). Diese beiden Markterweiterungsformen können sich auf die anderen Vertriebskanäle des Mehrkanaleinzelhändlers auswirken und je nach Marktsituation zu unterschiedlichen Vorteilen und Nachteilen führen (vgl. *Kracklauer et al.* 2004, S. 128).

2.3.4.1 Produktmarkterweiterung

Die Produktmarkterweiterung beabsichtigt eine Erweiterung des bestehenden Sortiments. Für kleine Einzelhändler besteht somit die Möglichkeit, mehr Produkte im Web-Shop als im Ladengeschäft anzubieten, und aufgrund ihrer Sortimentskonzentration einen Wettbewerbsvorteil gegenüber großen Einzelhändlern zu erzielen (vgl. *Steinfield et al.* 2002, S. 110; *Hans / Warschurger* 1999, S. 303).

2.3.4.2 Geographische Markterweiterung

Die geographische Markterweiterung hat die Erweiterung des räumlichen Marktes zum Ziel. Diese Form der Markterweiterung ist besonders erfolgsversprechend, wenn eine Unterversorgung der/des Produkte/s im Markt vorliegt, der Markt wenig konkurrenzinfiltriert ist oder andere Marktineffizienzen vorliegen. *Steinfield et al.* (vgl. 2002, S. 110) weisen in diesen Zusammenhang auch darauf hin, dass durch die geographische Markterweiterung die Möglichkeit gegeben ist, abgewanderte Kunden, z. B. durch Umzug, wieder zu erreichen.

Wissenschaftliche Untersuchungen hinsichtlich der Bedeutung der beiden Markterweiterungsformen in der betrieblichen Praxis, d. h. welche der beiden Markterweiterungsformen von größerer Bedeutung im E-Commerce ist, liegen nicht vor. *Auger / Gallaugher* (vgl. 1997, S. 99) stellten jedoch im Rahmen einer empirischen Studie unter Großunternehmen und Klein- und Mittelbetrieben fest, dass kleine und mittlere Unternehmen vornehmlich einen Web-Shop zur geographischen Markterweiterung implementieren.

2.3.5 Profilierung gegenüber der Konkurrenz

Viele Mehrkanaleinzelhändler stellen bei der Implementierung des Online-Vertriebs auch Profilierungsbestreben gegenüber der Konkurrenz, vor allem im Sinne eines

Alleinstellungsvorteils am Markt, in den Vordergrund ihrer Überlegungen (vgl. *Böing* 2001, S. 234; *Zentes / Schramm-Klein* 2002, S. 455; *Barnes et al.* 2004, S. 615; *Auger / Gallaugher* 1997, S. 69). Die Erweiterung des bestehenden Vertriebssystems um einen Web-Shop kann dem Einzelhandelsunternehmen für einen bestimmten Zeitraum einen Alleinstellungsvorteil verschaffen und sich bei entsprechender Weiterentwicklung zu einem kontinuierlichen Wettbewerbsvorteil entwickeln (vgl. *Rieg* 2000, S. 404; *Rentmeister / Klein* 2003; S. 25f.; *Hukemann* 2004, S. 17). Beispiele für erfolgreiche Pionierunternehmen im Bereich des E-Commerce sind *Otto*, *Tchibo*, *E-Bay* und *Tesco*.

2.3.6 Effizienz- und Effektivitätssteigerung durch die Realisierung von Synergieeffekten

Ein anderes Ziel der Erweiterung des bestehenden Vertriebssystems um den Online-Vertrieb kann in der Realisierung von Effizienz- und Effektivitätspotenzialen gesehen werden. Diese Potenziale resultieren aus infrastrukturellen Synergieeffekten, ressourcenbedingten Synergieeffekten und Cross-Selling-Effekten.[16] Im Wesentlichen beruhen diese Effekte auf einer bereits bestehenden betrieblichen Infrastruktur, festgelegten Betriebs- und Arbeitsabläufen, einem festen Kundenstamm und Kundenvertrauen durch soziale Nähe (vgl. *Steinfield et al.* 2002, S. 95ff.; *Ahlert / Hesse* 2003, S. 18). Zur Realisierung dieser Effizienz- und Effektivitätssteigerungen ist es notwendig, dass der Web-Shop mit dem Warenwirtschaftssystem und den Kundendatenbanken verknüpft wird und die entsprechenden betrieblichen Integrationsvoraussetzungen geschaffen werden.

2.3.6.1 Infrastrukturelle Synergieeffekte

Aus der Integration von Informations- und Kommunikationstechnologien in die betrieblichen Prozesse (Back-End-Prozesse) und der sich daraus ergebenden Prozessautomatisierung lassen sich Synergieeffekte realisieren. In diesem Zusammenhang ist anzuführen, dass die Höhe der betrieblichen Prozessautomatisierung wesentlich die Höhe der betrieblichen Synergiepotenziale und folglich das Kosteneinsparungspotenzial innerhalb des Unternehmens bestimmt. So kann eine Bestellung über das Internet direkt in das Warenwirtschaftssystem übernommen werden. Personal- und kostenintensive Bestellannahmen, beispielsweise durch die Telefonbestellung, entfallen. Zusätzlich kann der Einzelhändler Aufgabenbereiche des personal- und kostenintensiven Servicecenters in den Web-Shop verlegen. Beispielsweise können so genannte FAQ-Bereiche die Kunden unterstützen, bestimmte Probleme, z.B. Gebrauchsanweisungen oder Installationshilfen, auch ohne eine Kontaktaufnahme zum Unternehmen zu lösen.

---

[16] Als synonyme Begriffe können der Verbundeffekt, der Verbundvorteil, die Verbundwirkung, der Ausstrahlungseffekt, der Integrationseffekt, Interdependenzen, der Kombinationseffekt, der Kooperationseffekt, Economies of scale, Economies of scope und Economies of expansion betrachtet werden (vgl. *Biberacher* 2003, S. 9).

Auch der Einsatz von Customization- und Personalisierungsinstrumenten, wie z. B. Online-Konfiguratoren, kann zu Effizienz- und Effektivitätssteigerungen vor allem im Personalbereich führen. Während das Verkaufspersonal früher einen Teil seiner Arbeitszeit mit der Erstellung von individualisierten Angeboten und der Kundenberatung verbrachten, können diese Arbeitsabläufe durch Online-Konfiguratoren, Empfehlungsysteme oder Avatare (*www.shopping24.de*, *www.reifen.com*) unterstützt werden (vgl. *Steinfield et al.* 2002, S. 95ff.; *Laue* 2004, S. 92; *Evanschitzky / Gawlik* 2003, S. 205).

Die aktive Einbindung der Kunden in den Verkaufsprozess durch Selbstbedienungsfunktionen im Web-Shop, wie die Bezahlungsfunktion, Bedienungsanleitungen oder die Abholung der Ware in der Filiale, kann zu Effizienz- und Effektivitätssteigerungen führen und die Vertriebsprozesskosten senken. *Laue* (vgl. 2004, S. 87) argumentiert in diesem Zusammenhang, dass Kosteneinsparungen im Vertrieb mittels des Web-Shops zwischen 10–20% möglich sind; *Hans / Warschburger* (vgl. 1999, S. 303) gehen sogar von bis zu 90% aus.

Als Praxisbeispiel kann die Firma *1-800-Flowers* erwähnt werden. *1-800-Flowers* konnte durch die Automatisierung der Back-End-Prozesse verbunden mit dem Web-Shop die Vertriebskosten um 45% senken. Diese Kosteneinsparung gab *1-800-Flowers* an die Online-Kunden in Form eines Rabatts weiter (vgl. *Auger / Gallaugher* 1997, S. 57).

2.3.6.2 Ressourcenbedingte Synergieeffekte

Die gemeinsame Nutzung von Ressourcen in den Bereichen Einkauf, Eingangs- und Ausgangslogistik oder Marketing tragen zur Realisierung von Synergieeffekten bei und führen zu Effektivitäts- und Effizienzsteigerungen (vgl. *Zentes / Schramm-Klein* 2002, S. 466). Eine abgestimmte Marketingmaßnahme kann beispielsweise die gegenseitige Kanalinformation unterstützen oder ein abgestimmtes Sortimentsangebot „leere" Regale im stationären Einzelhandel verhindern und die Lagerhaltung des Unternehmens verbessern (vgl. *Steinfield et al.* 2002, S. 95ff.). Im Bereich der ressourcenbedingten Synergieeffekte liegen bisher sehr wenige Forschungsergebnisse vor. Der Grund hierfür sind vermutlich Schwierigkeiten bei der Erfassung und Messung dieser Synergieeffekte innerhalb des Unternehmens.

2.6.3.3 Cross-Selling-Effekte

Eine besondere Form des Synergieeffektes durch den Mehrkanaleinzelhandel stellt der marktorientierte Synergieeffekt dar. Dieser Effekt wird auch als Cross-Selling-Effekt bezeichnet und grenzt sich eindeutig von infrastrukturellen und ressourcenbedingten Synergieeffekten ab. Das Ausmaß des Cross-Selling-Effektes hängt im Wesentlichen davon ab, inwieweit eine Abstimmung der einzelnen Vertriebskanäle durch das Handelsunternehmen erfolgt (vgl. *Zentes / Schramm-Klein* 2002, S. 455–457).

Einige Studien untersuchten das Ausmaß dieser Cross-Selling-Effekte. Das Marktforschungsinstitut *Forrester Research* (vgl. 2002, S. 1) ermittelte, dass europäische Mehrkanalkunden in Abhängigkeit von der Produktkategorie monatlich bis zu 30% mehr ausgeben als Konsumenten, die nur im Laden kaufen. Positive Effekte zwischen dem Online-Vertrieb und dem stationären Einzelhandel bestätigt auch eine Studie von *Jupiter Communications,* wonach ein „Online-Umsatz-Franken" zwei bis drei Franken Zusatzumsatz in den Filialen generiert (zitiert nach *Zentes / Schramm-Klein* 2002, S. 455–457).

Ein erfolgreiches Beispiel für Cross-Selling-Effekte stellt der Drogerie-Diskonter Schlecker dar. *Schlecker* betreibt in 13 Ländern europaweit 14.000 Filialen. Mittels gezielter Verkaufsförderungsmaßnahmen versucht Schlecker systematisch Filialkunden auf den Web-Shop aufmerksam zu machen und diesen verstärkt zu nutzen. *Schlecker* bewirbt dazu in Anzeigen nicht nur Filial-, sondern auch Web-Shop-Angebote und weist gezielt auf Sonderpreise und Zusatzprodukte im Web-Shop hin. Diese Vorgehensweise schafft beim Kunden das Bewusstsein für das Vorhandensein des Web-Shops und erzeugt Wechselwirkungen zwischen den Filialen und dem Web-Shop (vgl. *Schröder* 2005, S. 248f.).

2.3.6.4 Messmöglichkeiten von Synergieeffekten zwischen dem Online-Vertrieb und dem stationären Einzelhandel

Der Synergiebegriff ist in der wissenschaftlichen Literatur sehr uneinheitlich und äußerst vage definiert. Aus dem ungenauen Begriff in der Wissenschaft resultiert eine Vielzahl an Synergiearten: finanzwirtschaftliche, materielle, immaterielle Synergien, deren Messung und Bewertung großteils nur indirekt erfolgen kann (vgl. *Biberacher* 2003, S. 123).

Für die vorliegende Arbeit erscheint der Synergiebegriff von *Rodermann* am zutreffendsten. *Rodermann* (vgl. 1999, S. 194) definiert Synergie „als das synchrone Zusammenwirken von mindestens zwei ansonsten getrennt voneinander operierender Geschäftseinheiten mit dem Ziel operative Effizienzvorteile zu realisieren".

Absatzseitige Synergieeffekte werden vornehmlich durch den Einsatz von Informationssystemen getragen und zeigen sich in kosten- und leistungsorientierten Effizienz- und Effektivitätsveränderungen, wie beispielsweise der Senkung der Werbe- und Verkaufskosten, Kosteneinsparungen bei der Verkaufsförderung, der Verstärkung des Images, Umsatzsteigerungen durch Produkt- und Sortimentsergänzungen, der Verbesserung beim Kundendienst und Anwendungstechnik durch Know-how-Transfer und der beschleunigten Auftragsabwicklung. Zur Messung dieser absatzseitigen Synergieeffekte können das Umsatzwachstum, der Marktanteil, die Deckungsbeitragsentwicklung, der Bekanntheitsgrad, die Wiederkaufsrate, die Kundenbindungsdauer, die Kundenstruktur und das Verhältnis Umsatz zu Werbekosten herangezogen werden (vgl. *Biberacher* 2003, S. 325, 495).

Spezielle Kennzahlen zur Messung von Synergieeffekten zwischen dem Online-Vertrieb und dem stationären Einzelhandel liegen in der wissenschaftlichen Literatur nur vereinzelt vor. Obwohl die Bedeutung dieser Kennzahlen stark betont wird, geht die Wissenschaft über dieses Postulat kaum hinaus. Unter dem Begriff des Mehrkanalcontrollings lassen sich einige wenige Kennzahlen[17] wie die Geschäftsabholerrate, die Filialsucher- Einstiegs- und Ausstiegsquote, die Zahlungsabwanderungsrate, die Geschäftsabholerrate, die Lieferungsabwanderungsrate und die Geschäftsrück-

---

[17] Eine genaue Vorstellung der Kennzahlen erfolgt in Kapitel 4.

gaberate deduzieren, die im nachfolgenden Ausgangsmodell berücksichtigt werden (vgl. *Teltzrow / Günther* 2004, S. 5). Auf Grund der geringen Anzahl dieser Kennzahlen erfolgt darüber hinaus im Rahmen des Ausgangsmodells eine Betrachtung von allgemeinen Kennzahlen zur Messung von absatzseitigen Synergieeffekten.

2.3.7 Erhöhung der Kontaktpunkte zum Kunden

Die Integration des Online-Vertriebs in das bestehende Vertriebssystem ermöglicht es dem Einzelhändler, die Verbraucher an unterschiedlichen Kontaktpunkten des Kaufprozesses auf das Unternehmen aufmerksam zu machen und den Kunden entlang des Kundenlebenszyklus zu begleiten (vgl. *Böing et al.* 2003, S. 57; *Hukemann / Weich* 2003, S. 230ff.; *Kracklauer et al.* 2004, S. 128). Folglich unterstützen diese Kontaktpunkte die Erhöhung der Kundenbindung und steigern damit den Unternehmenserfolg. Durch abgestimmte Marketingmaßnahmen werden die Verbraucher auf die unterschiedlichen Vertriebskanäle mit ihren spezifischen Vorteilen hingewiesen (vgl. *Ahlert / Evanschitzky* 2004, S. 23). Viele Kunden setzen den Web-Shop des Einzelhändlers in der Vorverkaufsphase zur Informationssuche ein (vgl. *Baal / Hudetz* 2004, S. 43ff.). In der Nachverkaufsphase nutzen die Kunden vorwiegend die diversen Serviceangebote des Web-Shops, wie z. B. Gebrauchshinweise oder Installationshilfen (vgl. *Schwarze / Schwarze* 2002, S. 44).

2.3.8 Implementierung von wertsteigernden Zusatz- und Serviceleistungen

Der Einsatz des Internets zur Umsetzung von Differenzierungsstrategien wird besonders von den Anhängern der Wettbewerbsstrategietheorie betont. Viele Differenzierungsmöglichkeiten ergeben sich aus der Bereitstellung von Informationen und wertsteigernden Zusatz- und Serviceleistungen vor allem in Verbindung mit den stationären Filialen. Diese Zusatz- und Serviceleistungen können sich über den gesamten Verkaufsprozess erstrecken (vgl. *Hansen et al.* 2004, S. 545). So kann in der Vorverkaufsphase das Internet dazu eingesetzt werden, dem Kunden Produktinformationen oder eine Händlersuche bereitzustellen, oder in der Nachverkaufsphase Gebrauchshinweise, Installationshilfen oder Newsletter zur Verfügung zu stellen (vgl. *Steinfield et al.* 2002, S. 96). Diese Offerierung von wertsteigernden Zusatz- und Serviceleistungen unterstützt die Kundenbindung und die Profilierung gegenüber der Konkurrenz. Laut *Steinfield et al.* (vgl. 2002) sehen die Mehrkanaleinzelhändler besonders in diesem Bereich den Online-Vertrieb als eine Chance im Vergleich zu anderen Vertriebskanälen. Als Beispiel für wertsteigernde Zusatz- und Serviceleistungen kann *CDNow!* erwähnt werden. *CDNow!* stellt seinen Kunden eine große Liederdatenbank zur Verfügung. Diese Datenbank umfasst u. a. viele unbekannte und im Handel nicht mehr erwerbbare Titel.

2.3.9 Risikoausgleich

Die Implementierung des Online-Vertriebs in ein bestehendes Vertriebssystem eines Einzelhändlers kann dem Risikoausgleich dienen. Durch die Bildung eines Vertriebskanal-Portfolios können die Abhängigkeiten von bestimmten Kundengruppen überwunden und folglich die betriebliche Unabhängigkeit gestärkt werden. Des Weiteren kann durch die Einführung des Online-Vertriebs auch die Abhängigkeit von bestimmten Distributions- und Infrastrukturen sowie Informations- und Kommunikationstechnologien reduziert werden (vgl. *Zentes / Schramm-Klein* 2002, S. 455; *Schögel et al.* 2004, S. 8). Für die Unternehmen drückt sich diese Unabhängigkeit vor allem in mehr Handlungsspielraum gegenüber diversen Geschäftspartnern aus.

2.4 Risiken der Erweiterung des Vertriebssystems um den Online-Vertrieb

Die Einführung eines Web-Shops ist für ein Einzelhandelsunternehmen auch mit einigen Risiken verbunden. Die möglichen Risiken, die aus der Erweiterung des Vertriebssystems um einen Web-Shop resultieren, sollen nachfolgend erläutert werden.

2.4.1 *Verwirrung der Kunden*

Ein potenzielles Problem bei der Erweiterung des bestehenden Vertriebssystems um einen Web-Shop stellt die Verwirrung der Kunden dar. Diese Verwirrung beruht darauf, dass den Kunden sowohl im Web-Shop als auch in den Geschäften die gleichen Produkte und Dienstleistungen zu oftmals unterschiedlichen Preisen angeboten werden (vgl. *Webb* 2002, S. 96; *Zentes / Schramm-Klein* 2006, S. 7). Diese Sortiments- und Leistungskongruenz führt zu einer Überforderung des Kunden und macht rationale Entscheidungen hinsichtlich der Vorteilhaftigkeit der angebotenen Leistungen schwierig oder unmöglich. Zusätzlich zu dieser Sortiments- und Leistungskongruenz muss sich der Kunde beim Online-Vertrieb noch über die Liefer- und Servicebestimmungen informieren. Diese zusätzliche Informationssammlung und -bewertung kann seitens des Kundens ebenfalls zu Verwirrung führen, da er sich neue kognitive Muster aneignen muss (vgl. *Schröder* 2001a, S. 2). In dieser (Verwirrungs-)Situation kann es nun zum Auftreten von kognitiven Dissonanzen beim Kunden kommen und ein Online-Kauf verhindert werden (vgl. *Schögerl / Sauer* 2002, S. 28).

2.4.2 *Kanalkonflikte*

Die Erweiterung des bestehenden Vertriebssystems um einen Online-Vertrieb kann bei einem Mehrkanaleinzelhändler zu Kanalkonflikten mit den bestehenden Vertriebskanälen führen (vgl. *Cairncross* 1997). Im Rahmen einer Befragung des Handelsmonitors betrachteten ein Großteil der Unternehmen Kanalkonflikte als eines der schwerwiegendsten Probleme bei der Einführung eines Web-Shops (vgl. *Liebmann et al.* 2001, o. S). Diese Kanalkonflikte können verschiedenartige Ursachen haben und sich daher im Unternehmen unterschiedlich auswirken (vgl. *Webb* 2002, S. 95; *Dingeldein / Brenner* 2002; S. 68; *Zentes / Schramm-Klein* 2006, S. 7).

2.4.2.1 Ursachen und Erscheinungsformen von Kanalkonflikten

Der Kanalkonflikt wird wie folgt charakterisiert:

"Channel conflict is defined as a situation in which one channel member perceives another channel member(s) to be engaged in behaviour that prevents or impedes it from achieving its goals" (Stern et al. 1996, S. 306).

Traylor (1986, S. 70) präzisiert diesen Kannibalisierungsbegriff unter einem absatzpolitischen Gesichtspunkt *„Cannibalism occurs when sales of one of the firm's items reduces sales of its own items"*.

Die Ursachen von Kanalkonflikten sehen *Stern et al.* (vgl. 1996, S. 308–315) in der vertriebskanalspezifischen Zielinkompatibilität, nicht ausreichend abgegrenzten Arbeitsbereichen, d. h. eine ungenaue Aufgaben- und Rollenverteilung und in einer unterschiedlichen Realitätswahrnehmung durch die involvierten Personen.

Kanalkonflikte können bei einem Mehrkanaleinzelhändler sowohl innerbetrieblich als auch überbetrieblich entstehen. Bei innerbetrieblichen Kanalkonflikten ergibt sich das Konfliktpotenzial durch die Sortimentskongruenz bzw. den Sortimentszusammenhang innerhalb der Vertriebskanäle im Unternehmen. Von überbetrieblichen Kanalkonflikten wird gesprochen, wenn verschiedene Absatzstufen, in diesem Fall Hersteller und Einzelhändler, mit dem gleichen Produktangebot, um den Kunden werben. Hersteller können durch den Wegfall der Einzelhändler ihre Vertriebskosten senken und diese „Kostenersparnis" in Form von günstigeren Preisen an den Endkonsumenten weitergeben (vgl. *Webb* 2002, S. 101; *Tsay / Agrawal* 2004, S. 14ff.; *Coelho / Easingwood* 2003, S. 23). In diesem Zusammenhang weisen *Kerin et al.* (vgl. 1978, S. 27) jedoch darauf hin, dass die innerbetriebliche Kannibalisierung dem Verlust von Kunden an die Konkurrenz vorzuziehen ist.

2.4.2.2 Konsequenzen und Auswirkungen von innerbetrieblichen Kanalkonflikten

Die Einführung des Online-Vertriebs kann zu einem Umsatzverlust in den bestehenden Absatzkanälen, d. h. in den Ladengeschäften, führen (vgl. *Smend* 2004, S. 129). Dieser Umsatzverlust trägt folglich nicht zum Wert des Unternehmens bei und muss daher bei Planung und Kontrolle entsprechend berücksichtigt werden (vgl. *Baal / Hudetz* 2006, S. 21). Auch kann die gewünschte Steigerung des Kundenwertes ausbleiben, da die bestehenden Kunden keine weiteren Produkte und Dienstleistungen aus anderen Vertriebskanälen des Unternehmens in Anspruch nehmen (vgl. *Schramm-Klein* 2003b, S. 193).

Die Implementierung und der Betrieb eines Web-Shops verursachen zusätzliche Fixkosten für die IT-Infrastruktur, die Wartung und Pflege des Web-Shops und das Personal. Bei einer Umverteilung der Kanalumsätze durch die interne Kannibalisierung kann ein schlechteres wirtschaftliches Gesamtergebnis entstehen, da mehr Fixkosten bei gleich bleibendem Kundenstamm gedeckt werden müssen (vgl. *Call* 2002, S. 1537). Diese Konsequenz kommt besonders bei der Strategie der Marktdurchdringung zum Tragen (vgl. *Smend* 2004, S. 129).

Rosenberg / Stern (vgl. 1971, S. 441) ermittelten in diesem Zusammenhang, dass die Konfliktintensität zwischen den Vertriebskanälen mit steigender Einzelkanalleistung zunimmt. In diesem Zusammenhang erläutern *Clement / Barrot* (vgl. 2003, o.S.), dass die Konfliktstärke einerseits von der Produktart und den Produkteigenschaften und andererseits von der bisher wahrgenommenen Wertschöpfung anderer Vertriebskanäle abhängt.

2.4.2.3 Studienergebnisse und betriebliche Strategien zur internen Kanalkannibalisierung

In der wissenschaftlichen und praktischen Literatur liegen bisher wenige Erkenntnisse zur internen Kannibalisierung zwischen dem Web-Shop und den stationären Ladengeschäften vor. Als wissenschaftliche Vorreiterstudien in diesem Bereich können die Untersuchungen von *Baal / Hudetz* (vgl. 2004; 2006) genannt werden. Gründe für die noch fehlenden Erkenntnisse können seitens der Wissenschaft in technischen Erfassungs- und Verallgemeinerungsproblemen und seitens der Unternehmen in personellen und zeitlichen Beschränkungen sowie in den bisher geringen Online-Umsätzen gesehen werden. An dieser Stelle sollen jedoch kurz die wichtigsten Forschungsergebnisse und Praxisbeispiele umrissen werden.

Baal / Hudetz (vgl. 2004, S. 2ff.) kamen im Rahmen einer Konsumentenbefragung zu dem Ergebnis, dass zirka 1/3 Kannibalisierungsumsatz zum stationären Umsatz und 2/3 zusätzlichen Unternehmensumsatz darstellen. Die Ermittlung des Kannibalisierungsgrades in Abhängigkeit vom Produktpreis ließ keinen signifikanten Zusammenhang erkennen. Folglich bedeutet ein hoher Preis nicht gleichzeitig eine geringe Kannibalisierungswahrscheinlichkeit. Überraschenderweise wurde festgestellt, dass bei Handelsprodukten zwischen 30–89 Euro eine hohe Kannibalisierungswahrscheinlichkeit zu erwarten ist. Im Gegensatz zum Produktpreis konnten signifikante Unterschiede in Abhängigkeit von der Produktkategorie ermittelt werden. Besonders bei Schmuck, Haushaltswaren und Drogerieartikeln wurden transaktionsbezogene Kannibalisierungsgrade bis zu 60% ermittelt. Neben der Abhängigkeit des Kannibalisierungsausmaßes vom Produktpreis und der Produktkategorie wurde dieser auch hinsichtlich sozio-demographischer Käufermerkmale untersucht. Im Wesentlichen konnte festgestellt werden, dass die Kannibalisierungswahrscheinlichkeit bei Frauen höher ist als bei Männer. Weiterführende Analysen zur Kannibalisierungswahrscheinlichkeit in Abhängigkeit vom Alter, Wohnort und Nettoeinkommen offenbarten keine signifikanten Unterschiede. Es konnte lediglich verdeutlicht werden, dass bei Personen unter 20 Jahren und Personen über 60 sowie bei Stadtbewohnern eine höhere Kannibalisierung zu erwarten ist.

Zu ähnlichen Ergebnissen kommen *Baal / Hudetz* (vgl. 2006) im Rahmen einer Auftragsstudie für die *Karstadt-Quelle AG*. Diese Studie kann als eine Weiterführungsstudie der Untersuchung „Multi-Channel-Effekte im Handel" aus dem Jahr 2004 betrachtet werden. *Baal / Hudetz* (vgl. 2006) ermittelten im Rahmen dieser Studie, dass 31,7% des Online-Umsatzes zu Lasten des stationären Einzelhandels gehen, aber 8,6% zusätzliche Kaufimpluse für den stationären Einzelhandel darstellen. In diesem Zusammenhang merken *Baal / Hudetz* (vgl. 2006) an, dass mit zunehmender Harmonisierung der Vertriebskanäle und großen Zielgruppenüberschneidungen der Kannibalisierungsumsatz steigt. Die stärksten Wechselwirkungen im Mehrkanal-

2.4 Risiken der Erweiterung des Vertriebssystems um den Online-Vertrieb

einzelhandel bestehen zwischen dem gedruckten Katalog und dem Web-Shop, gefolgt von den Wechselwirkungen zwischen dem stationären Geschäft und dem Web-Shop. Im letzteren Fall lassen sich 31,3% der Kunden vorab in einer Filiale beraten und kaufen dann im Web-Shop. 20,9% der Kunden hingegen informieren sich vorab im Web-Shop und kaufen dann in der stationären Filiale ein. Für den einzelnen Einzelhändler bedeutet dies, dass bei 3,1% der Online-Bestellungen bzw. 6,8% des Online-Umsatzes ein Besuch in der / den Filiale(n) den Kaufimpuls für die Online-Bestellung lieferte. Für das stationäre Ladengeschäft bedeutet dies, dass 5,5% der Ladenkäufe bzw. 8,6% des stationären Umsatzes sich auf einen Kaufimpuls des Online-Shops zurückführen lassen. Die nachfolgende Abbildung stellt die zentralen Mehrkanal-Kennzahlen für Online-Shops und stationäre Filialen aus der Studie „Wechselwirkungen im Multi-Channel-Vertrieb" dar.

Produktgruppe	Kaufvorbereitende Informationssuche (Anteil des Umsatzes im stationären Einzelhandel, bei dem sich die Kunden vorab in Web-Shops informieren)	Kaufanbahnung (Anteil des Umsatzes im stationären Einzelhandel, bei dem sich die Kunden vorab im Web-Shop desselben Einzelhändlers informieren)	Kaufimpulse (Anteil des Umsatzes im stationären Einzelhandel, bei dem der Impuls zur Wahl des Anbieters in dessen Web-Shop zustande kommt)	Kannibalisierung (Anteil des Online-Umsatzes, der eine Kannibalisierung zum stationären Einzelhandel darstellt)
Bekleidung	23,0	14,8	9,7	19,6
Haushaltswaren	47,5	24,9	10,9	25,4
Elektroartikel	52,5	19,9	17,0	34,8
Mediengüter	29,1	10,1	6,6	37,4
Sonstige Produkte	83,5	80,3	0,4	19,3
Produktgruppenübergreifend	55,0	38,9	8,6	31,7

Abbildung 4: Mehrkanalkennzahlen für Web-Shops und stationäre Filialen
Quelle: *Baal / Hudetz* 2006, S. 101

Schramm-Klein (vgl. 2003a, S. 10) stellt auf Basis einer empirischen Studie im Textileinzelhandel fest, dass bei entsprechender Ausgestaltung des Mehrkanalsystems keine interne Kanalkannibalisierung entsteht. Sie begründet dies mit der Schlussfolgerung, dass durch eine entsprechende Integration, Konsistenz und Abstimmung der Vertriebskanäle der entgegengesetzte Effekt, nämlich eine Kanalförderung, eintritt. Diese Auffassung vertreten auch *Ahlert / Evanschitzky* (vgl. 2004, S. 26).

Webb (vgl. 2002, S. 99) fügt dem Aspekt der Kannibalisierung einen neuen Gedanken hinzu, indem er verdeutlicht, dass eher in der Reife- und Rückgangsphase eines Produktes eine Umsatzkannibalisierung zu erwarten ist.

Deleersnyder et al. (vgl. 2002, S. 346) untersuchten anhand einer empirischen Studie in der britischen und holländischen Zeitungsindustrie die Kannibalisierungsauswirkungen zwischen den verschiedenen Distributionskanälen und kamen zu dem Ergebnis, dass „the cannibalization fear has been largely overstated." Die Autoren weisen jedoch darauf hin, dass eine Notwendigkeit zur Differenzierung der Vertriebskanäle die Voraussetzung ist, um Kanalkonflikte einzugrenzen (vgl. *Deleersnyders et al.* 2002, 346). Dies steht im Widerspruch zur Aussage von *Schramm-Klein* (vgl. 2003a, S. 12), die eine Integration und Abstimmung der Vertriebskanäle fordert.

Die Kannibalisierungsbedenken der Unternehmen lassen sich u. a. in der Gestaltung und Umsetzung von Mehrkanalstrategien nachvollziehen. Viele Unternehmen wie beispielsweise *Nike, National Shoe Association, Estee Lauder, Sport Goods Association* und *Black & Decker* haben auf Grund von Kannibalisierungsängsten lange Zeit mit der Einführung des Onlinevertriebs gewartet bzw. sich zurück genommen (vgl. *Tsay / Agrawal* 2004, S. 4).

Auch die Firma *Electronic Partners* (EP) hatte große Kannibalisierungsbedenken und Akzeptanzschwierigkeiten gegenüber den stationären EP-Filialen. Die Firma *Electronic Partners* hat, um diese Problematik zu umgehen, ein Umsatzprovisionssystem für Einzelhändler bei Online-Bestellungen eingeführt. Bei jeder Internet-Bestellung wird die Postleitzahl des Kunden dem entsprechenden EP-Einzelhändler zugeordnet. Unabhängig davon, ob der Kunde die Ware direkt zugestellt erhält oder sich diese beim EP-Händler persönlich abholt, wird dem Einzelhändler eine Umsatzprovision bezahlt (vgl. *Krumpholz / Schüppler* 2004, S. 147–161).

2.4.2.4 Messmöglichkeiten von Kannibalisierungseffekten zwischen dem Online-Vertrieb und dem stationären Einzelhandel

In der wissenschaftlichen Literatur liegen bisher kaum Instrumente zur Messung der innerbetrieblichen Kanalkannibalisierung zwischen dem Web-Shop und dem stationären Einzelhandel vor. Viele Autoren schlagen daher vor, eine kanalspezifische Leistungsbewertung in Form von Kennzahlen (z. B. Umsatz, Kundenanzahl, Deckungsbeitrag pro Kunde) vorzunehmen und auf Basis derer durch ständiges Vergleichen mit anderen Vertriebskanälen, Rückschlüsse auf das Kannibalisierungsausmaß zu ziehen. Dies erscheint zum jetzigen Stand der Forschung als eine mögliche und zielführende Vorgehensweise.

Eine weitere, jedoch aufwendigere und möglicherweise weniger aussagekräftige Vorgehensweise stellen Kundenbefragungen dar. Anhand dieser Befragungen können Erkenntnisse zum Kundenverhalten ermittelt werden, und somit die Kannibalisierung zwischen dem Web-Shop und dem stationären Einzelhandel nachvollzogen werden (vgl. *Schögel / Schulten* 2006, S. 38). Auch Kundenkarten bieten Möglichkeiten zur Analyse des Kundenverhaltens und können folglich Informationen zur internen Kannibalisierung liefern (vgl. *Zentes / Schramm-Klein* 2006, S. 9).

Einige Autoren (vgl. *Baal* 2004, S. 182; *Lee et al.* 2003, S. 139ff.; *Baal / Hudetz* 2006, S. 16) weisen in diesem Zusammenhang darauf hin, dass die Entwicklung eines allgemeingültigen Messmodells zur Bestimmung der innerbetrieblichen Kanalkannibalisierung schwierig ist. Sie begründen diese Aussage mit der Unternehmensindividualität, die die Entwicklung eines allgemeingültigen Modells ausschließt, sowie der Vielzahl der zu erfassenden Einflussfaktoren. Diese Aussage erscheint der Autorin als unzureichend begründet, da dieses Argument für die Entwicklung aller betrieblichen Modelle gleichermaßen gilt.

2.4.3 Suboptimierungen

Der Online-Vertrieb stellt besondere Anforderungen an einen Einzelhändler vor allem hinsichtlich der technischen Implementierung und Wartung des Web-Shops und der Warenauslieferung an den Kunden. Um diesen Anforderungen gerecht zu werden, muss der Einzelhändler teilweise bisher unbekannte Aufgabenbereiche, wie die Wartung des Web-Shops, übernehmen. Bei Mehrkanaleinzelhändlern besteht nun die Gefahr, universelle Lösungen zu entwickeln, welche sowohl für die Filialen als auch für den Web-Shop einsetzbar sind. Diese Standardisierung kann dazu führen, dass die Vorteile des Online-Vertriebs nicht berücksichtigt und die Vorteile des Mehrkanalsystems somit nivelliert werden. Werden darüber hinaus noch die Unterschiede des Online-Vertriebs antizipiert und keine integrierten Lösungen entwickelt, entstehen zusätzliche Kosten und die Wirtschaftlichkeit des gesamten Distributionssystems ist gefährdet (vgl. *Schulz-Moll / Walthelm* 2003; S. 125; *Schögel et al.* 2004, S. 9).

2.4.4   Komplexitätssteigerung und Kontrollverlust

Die steigende Komplexität durch die Erweiterung des bestehenden Vertriebssystems um einen Web-Shop stellt sowohl innerhalb des Absatzkanals als auch zwischen den Absatzkanälen ein Risiko dar (vgl. *Baal / Hudetz* 2004, S. 184; *Zentes / Schramm-Klein* 2006, S. 7). Ein zusätzlicher Vertriebskanal bedeutet mehr Koordinations- und Steuerungsaufwand und bedingt vornehmlich in den Bereichen Unternehmensmanagement, Logistik, Marketing und der internen Unternehmensinfrastruktur eine innerbetriebliche Komplexitätssteigerung. *Bachem* (vgl. 2004, S. 47) merkt dazu an, dass mit jedem neu zu integrierenden Vertriebskanal die Komplexität nicht linear, sondern exponentiell ansteigt, und demzufolge eine Erfolgsbewertung jedes Einzelkanals erschwert wird. Diese Komplexitätssteigerung erschwert die Steuerung des Unternehmens und kann zu einem Kontrollverlust, zusätzlichen Koordinationskosten und einer unzureichenden Vertriebskanalauslastung führen (vgl. *Schögel et al.* 2004, S. 8; *Coelho / Easingwood* 2003, S. 23; *Böing / Huber* 2003, S. 74; *Kracklauer et al.* 2004, S. 140; *Schögel / Schulten* 2006, S. 37). Erfolgt beispielsweise die Kanalbewertung im Sinne eines Profit-Centers, kann opportunistisches Verhalten der stationären Ladengeschäfte die Etablierung des Web-Shops gefährden. So wird ein Filialleiter seinen Kunden den Einkauf über den Web-Shop nicht empfehlen, wenn er anhand des Filialumsatzes bewertet wird. Es müssen daher im Unternehmen Anreiz- und Kontrollsysteme implementiert werden, die von einer umsatz- und absatzabhängigen Beurteilung abstrahieren und somit eine zielsetzungsgerechte Koordination ermöglichen und Kontrollverluste einschränken (vgl. *Schneider* 2002, S. 39).

2.4.5   Ressourcenverknappung

Bezugnehmend auf den ressourcenbasierten Forschungsansatz (vgl. *Wernerfelt* 1984, S. 171–180) stehen jedem Unternehmen bestimmte Ressourcen (Personal, Kapital, Ware, IT) zur Verfügung, mit denen der betriebliche Leistungsprozess aufrechterhalten wird. Die Eignung dieses Forschungsansatzes zur Erklärung des Wertbeitrags von E-Commerce zum Unternehmenserfolg wird von vielen Autoren besonders aus dem Bereich der betrieblichen Informationssysteme betont (vgl. *Zhu* 2004, S. 176). Die Erweiterung des bestehenden Vertriebssystems um einen Web-Shop kann zu einer Ressourcenverknappung führen, da die verschiedenen Vertriebskanäle in Konkurrenz zu den bestehenden Ressourcen treten (vgl. *Webb* 2002, S. 96; *Chen et al.* 2003, S. 28). Diese Ressourcenverknappung kann zu einer Einschränkung der betrieblichen Tätigkeit führen und demzufolge die Wirtschaftlichkeit des Unternehmens stark beeinflussen. Laut *Auger / Gallaugher* (vgl. 1997, S. 70) sind von der Ressourcenverknappung durch die Erweiterung des Vertriebssystems um einen Web-Shop besonders die Personalressourcen betroffen.

2.4.6 Intensivierung des Wettbewerbs

Die Entwicklung des Internets von einem Informations- zu einem Verkaufsmedium hat auf Grund der Verringerung der Transaktionskosten für den Kunden zu einer Intensivierung des Wettbewerbs geführt (vgl. *Baal / Hudetz* 2004, S. 16). Für den Konsumenten ist das Konkurrenzangebot nur einen Mausklick entfernt und folglich der Angebotsvergleich wesentlich vereinfacht. Darüber hinaus kann der Kunde mit Hilfe von Preisvergleichsportalen, wie beispielsweise *geizhals.at*, *günstiger.de*, *geizkragen.de* oder *billiger.de* das preisgünstigste Angebot im Internet ermitteln. Dieser direkte Preisvergleich stellt für viele Mehrkanaleinzelhändler, vor allem für jene, die sich über eine Abschöpfungsstrategie oder Servicestrategie positionieren, ein Unternehmensrisiko dar (vgl. *Reibstein* 2002, S. 466; *Hansen et al.* 2004, S. 549) und erfordert die Entwicklung von gewinnsteigernden Preisstrategien.

2.4.7 Imageschäden

Ein weiteres Risiko, welches mit der Erweiterung des bestehenden Vertriebssystems um den Online-Vertrieb verbunden ist, sind Imageschäden. Hat der Kunde beispielsweise einen negativen Eindruck vom Web-Shop, z. B. auf Grund nicht eingehaltener Lieferzeiten etc., kann sich dieser Eindruck auch auf die stationären Filialen des Mehrkanaleinzelhändlers übertragen. Auch eine mangelnde Integration und Synchronisation zwischen dem stationären Einzelhandel und dem Web-Shop in ein Gesamtvertriebssystem kann zu Imageschäden und demzufolge zu einem Kundenverlust führen (vgl. *Müller / Chandon* 2003, S. 211; *Ahlert / Hesse* 2003, S. 21; *Böing / Huber* 2003, S. 81; *Zentes / Schramm-Klein* 2006, S. 9). So ermittelte beispielsweise die *E-tailing Group* (vgl. 2003, zitiert nach *Gatzke* 2003), dass 44% der Unternehmen nicht in der Lage waren einen Warenumtausch von Online-Käufen in der stationären Filiale vorzunehmen. Gründe hierfür lassen sich u. a. auf nicht kompatible Bestellnummern in den Vertriebskanälen sowie eine mangelnde Sachkenntnis des Personals zurückführen. Diese betrieblichen Unzulänglichkeiten können dazu führen, dass die Erweiterung des bestehenden Vertriebssystems um einen Web-Shop nicht wie geplant zur Erhöhung der Kundenzufriedenheit und Kundenbindung beiträgt, sondern in tiefgreifenden Imageschäden des Einzelhändlers resultieren.

Die abschließende Abbildung fasst noch einmal die beschriebenen Ziele und Risiken, die sich aus der Einführung eines Web-Shops bei einem Einzelhändler ergeben können, zusammen.

Ziele	Risiken
• Erhöhung der Kundenzufriedenheit • Verbesserung der Kundenbindung • Neukundengewinnung • Markterweiterung • Profilierung gegenüber der Konkurrenz • Effizienz- und Effektivitätssteigerung • Erhöhung der Kundenkontakte • Implementierung von Zusatz- und Serviceleistungen • Risikoausgleich	• Verwirrung der Kunden • Kanalkonflikte • Suboptimierungen • Komplexitätssteigerung und Kontrollverlust • Ressourcenverknappung • Intensivierung des Wettbewerbs • Imageschäden

Abbildung 5: Ziele und Risiken der Erweiterung des Vertriebssystems um einen Web-Shop aus Sicht eines Einzelhändlers
Quelle: vgl. *Böing* 2001; *Zentes / Schramm* 2002; *Steinfield et al.* 2002; *Schögerl / Sauer* 2002; *Schramm-Klein* 2003a; *Ahlert / Hesse* 2003; *Ahlert / Evanschitzky* 2004; *Schröder* 2005; *Hudetz / Duscha* 2006

2.5 Mehrkanalvertriebsmanagement

Die dargestellten Ziele und Risiken erfordern von einem Mehrkanaleinzelhändler ein entsprechendes Mehrkanalvertriebsmanagement, um u. a. die Kannibalisierungseffekte zwischen dem Web-Shop und dem stationären Einzelhandel zu vermeiden, die Synergieeffekte zu verstärken und Entscheidungen zur Entwicklung des Gesamtvertriebssytems ableiten zu können. Dieses Mehrkanalvertriebsmanagement muss daher im funktionalen Sinn die Planung, Organisation und Kontrolle eines Mehrkanalvertriebssystems umfassen. Diese Aufgabenteilung des Managements bezieht sich auf den entscheidungsorientierten Ansatz und erscheint in Hinblick auf die Bewertung von betrieblichen Alternativen (Vertriebskanalauswahl und -bewertung) und Zielen (z. B. Neukundengewinnung) als schlüssige Vorgangsweise (vgl. *Staehle* 1999, S. 139).

2.5.1 Planungsfunktion

Die Planungsfunktion gilt als eine grundlegende Aufgabe des Mehrkanalvertriebsmanagements und soll eine Allokation der Ressourcen auf die vorhandenen Vertriebskanäle gewährleisten. Diese Allokation sollte sich nach dem Wert des jeweiligen Vertriebskanals richten, im Fall der Initialentscheidung eines neuen Vertriebskanals nach dem erwarteten Umsatzwert. Diese Wertabschätzung kann durch Kanaleffekte und nicht quantifizierbare Komponenten (z. B. Kaufanbahnung) erschwert werden (vgl. *Steinfeld et al.* 2002, S. 2).

Eine besondere Bedeutung kommt dem Online-Vertrieb im Rahmen der Kaufanbahnung als Informationsmedium zu. Zirka 1/3 (26,5%) der Kunden informieren sich vorab Online und kaufen dann im Ladengeschäft (vgl. *Baal / Hudetz* 2004, S. 44; *Foresee* 2005, S. 5). Dieser Wert deckt sich auch mit einer Studie der *Boston Consulting Group* (vgl. 2001). Im Rahmen dieser Studie konnte festgestellt werden, dass 35% der Ladenkäufer, vorher den Web-Shop des Einzelhändlers kontaktierten. Auch im Zuge einer Befragung unter der deutschen Bevölkerung im Alter von 16 bis 64 Jahren wurde ermittelt, dass sich zwischen 2001 und 2005 die Bedeutung des Internets zur Produktrecherche von 23% auf 43% fast verdoppelt hat. Besonders Informationen zu Haushaltswaren / Haushaltsgeräten, Reisen, Telekommunikation, Computerhardware / Computersoftware, Kraftfahrzeugen, Mode, Kosmetikartikeln und Sportartikeln wurden über das Internet bezogen (vgl. *ACTA* 2005, S. 12f.). Die Produktinformation über den Web-Shop hat demzufolge eine wichtige Verkaufsunterstützungsfunktion, die bei der Wertbestimmung des Vertriebskanals berücksichtigt werden muss. Diese Wertbestimmung setzt jedoch ein entsprechendes internes Steuerungs- und Koordinationssystems sowie eine lückenlose Erfassung des Kundenkanalverhaltens voraus.

2.5.2 Organisationsfunktion

Im Rahmen der Managementfunktion Organisation ist die Betrachtung von Kanalkonflikten und Synergien zwischen den Vertriebskanälen von entscheidender Bedeutung.[18] Die Erweiterung des Vertriebssystems um den Online-Vertrieb kann bei Außendienstmitarbeitern oder Filialmitarbeitern zu Unmut führen, besonders wenn diese anhand von Umsatzzahlen evaluiert werden. Die Kenntnis der Kanalkonflikte und Synergieeffekte ermöglicht, rationale Entscheidungen hinsichtlich der organisatorischen Aufgabenverteilung zwischen den Kanälen treffen zu können. Das Ziel der Organisationsfunktion bei einem Mehrkanaleinzelhändler besteht daher in der Entwicklung und Umsetzung eines kanalübergreifenden Koordinations- und Steuerungssystems unter Berücksichtigung der Auswirkungen von Kanalkonflikten und Synergieeffekten (vgl. *Baal / Hudetz* 2004, S. 14–20).

2.5.3 Kontrollfunktion

Die Kontrollfunktion umfasst neben der Ermittlung von internen Verrechnungsfaktoren auch die Entwicklung von Mehrkanalkennzahlen, die eine Analyse des jeweiligen Vertriebskanals im Hinblick auf ein Mehrkanalssystem gewährleisten. Die Ermittlung von Verrechnungsfaktoren ist, wie bereits oben dargestellt, von grundlegender Bedeutung, wenn es um die Bestimmung des Wertbeitrages des jeweiligen Vertriebskanals und demzufolge um die Ressourcenverteilung geht. Diese Bestimmung ist sehr zeitintensiv und erfordert u. a. eine ausführliche Analyse des Kundenverhaltens. *Schröder / Schettgen* (vgl. 2006) schlagen in diesem Zusammenhang die Durchfüh-

---

[18] Siehe Abschnitt 2.3, 2.4 und 2.5.

rung einer kundenbezogenen Erfolgsrechung in Abhängigkeit vom Vertriebskanal vor. *Wade / Nevo* (vgl. 2006, S. 123) weisen jedoch darauf hin, dass die Erfolgsmessung bei Mehrkanaleinzelhändlern durch eine fehlende Umsatz- und Kostentrennung zwischen dem Online-Vertrieb und dem stationären Einzelhandel innerhalb des Unternehmens wesentlich eingeschränkt wird. Aus *Walsers* (vgl. 2002, S. 52) Sicht müssen bei der Kontrollfunktion nicht nur finanzielle Aspekte betrachtet werden, d. h. der kostengünstigste Vertriebskanal forciert werden, sondern auch Kundenwünsche und Kundenverhalten mit in die betrieblichen Überlegungen einbezogen werden. Auch *Baal / Hudetz* (vgl. 2006, S. 18) vertreten die Ansicht, dass neben der Kostenstruktur das Kundenverhalten entscheidende Bestimmungsfaktoren für ein erfolgreiches Mehrkanalmanagement darstellen.

2.5.4 Herausforderungen bei der Erfolgsbewertung von E-Commerce bei einem Mehrkanaleinzelhändler

Die dargestellten Managementfunktionen stellen einen Mehrkanaleinzelhändler vor allem im Bereich der Vertriebssteuerung, d. h. der Kanalbewertung, der Kanaloptimierung und der Kanalkoordinierung, vor zwei zentrale Herausforderungen (vgl. *Bernhardt* 2004, S. 211):

- Entwicklung eines Kennzahlensystems zur kanalspezifischen Erfolgsbewertung des Online-Vertriebs und
- Entwicklung und Berücksichtigung von kanalübergreifenden Kennzahlen in einem Kennzahlensystem, die Vergleiche und Aussagen mit anderen Vertriebskanälen

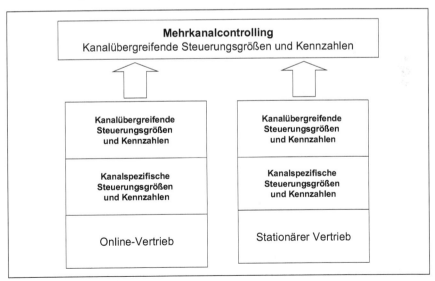

Abbildung 6: Anforderungen an ein Kennzahlensystem zur Erfolgsbewertung von E-Commerce
Quelle: in Anlehnung an *Bernhardt* 2004, S. 211

(stationären Einzelhandel) zur Ableitung von Kannibalisierungs- und Synergieeffekten ermöglichen.

Die Bewältigung dieser Herausforderungen erfordert die Erfassung und Analyse des Kundenkanalverhaltens entlang des gesamten Kaufprozesses. Im Rahmen dieses Erfassungs- und Analyseprozesses müssen die Kanalwechselpunkte der Kunden identifziert und die in Anspruch genommenen Leistungen (Kosten) erfasst und IT-unterstützt abgebildet werden (vgl. *Bachem* 2003, S. 13; *Gensler / Böhm* 2006, S. 31). Besonders die Erfassung der in Anspruch genommenen Leistungen ist für die Bewertung der Profitabilität der einzelnen Kunden(gruppen) von Bedeutung. In diesem Zusammenhang ist daher zu entscheiden, welcher Vertriebskanalmix, welchen Kundengruppen zu welchen Konditionen angeboten wird, um Unwirtschaftlichkeiten zu vermeiden bzw. um eine Kanalmigration zu forcieren. Im Zuge dieses Erfassungs- und Analyseprozesses erfolgt somit einerseits eine interne Aufgaben- und Rollenverteilung zwischen den Vertriebskanälen und andererseits eine Bewertung des Leistungsbeitrages des jeweiligen Vertriebskanals (vgl. *Bachem* 2003, S. 14f.). Dies wiederum erleichtert die Entwicklung von kanalspezifischen und kanalübergreifenden Kennzahlen- und Kennzahlensystemen zur Erfolgsbewertung des Online-Vertriebs bei einem Mehrkanaleinzelhändler.

3 Kennzahlen und Kennzahlensysteme im E-Commerce

In diesem Kapitel erfolgen in einem ersten Schritt die Erläuterung des zugrunde gelegten Erfolgsbegriffs sowie eine inhaltliche Auseinandersetzung mit den Begriffen Kennzahlen und Kennzahlensystem. Ergänzend dazu werden Gestaltungs- und Entwicklungsmöglichkeiten von Kennzahlensystemen mit Bezug zum E-Commerce vorgestellt. Im Anschluss daran werden der Verkaufsprozess und die Einsatzfaktoren im E-Commerce und im stationären Einzelhandel sowie die daraus resultierenden Probleme bei der Durchführung eines innerbetrieblichen Vergleichs erläutert.

3.1 Der betriebliche Erfolg des Online-Vertriebs und dessen Verankerung in Kennzahlen und Kennzahlensystemen

Die Bewertung des Erfolgs von E-Commerce erfordert vorab eine Erläuterung des zugrunde gelegten Erfolgsbegriffs. Die Ermittlung des betrieblichen Erfolgs beschäftigt die Betriebswirtschaftslehre seit ihrem Bestehen. Der betriebliche Erfolg kann als ein multidimensionales Konstrukt betrachtet werden, dessen Messung auf verschiedenen betrieblichen Ebenen erfolgen kann (vgl. *Molla / Licker* 2004, S. 139). Diese Multidimensionalität des Erfolgsbegriffs hat zu einer Vielzahl an Interpretationen und Modellen zur Bewertung des betrieblichen Erfolgs geführt (vgl. *Gälweiler* 2005, S. 27).

Prinzipiell kann der betriebliche Erfolg als die Erreichung von betrieblichen Zielen definiert werden. In der betriebswirtschaftlichen Literatur besteht Einigkeit darüber, dass ohne Vorgabe von Zielen innerhalb des Unternehmens, keine Maßnahmen zeitgerecht koordiniert und zweckgerichtet ausgeführt werden können, und Konfliktsituationen nicht rational zu lösen sind. Darüber hinaus kann ohne Zielvorgabe keine Kontrolle ausgeübt und eine Steuerung der Betriebsprozesse nicht vorgenommen werden. Die Formulierung von Sollwerten für das zukünftige Handeln ist demzufolge Grundvoraussetzung für die systematische Gestaltung von handelsbetrieblichen Umsatzprozessen (vgl. *Barth et al.* 2002, S. 404). Daraus resultiert, dass anhand von Kennzahlen und Kennzahlensystemen der Erreichungsgrad von betrieblichen Zielen festgelegt und überprüft werden kann (vgl. *Schreyögg* 1984, S. 87; *Neely et al.* 1995, S. 97). Folglich stellen die betrieblichen Ziele den zentralen Ausgangspunkt bei der Entwicklung von Kennzahlen und Kennzahlensystemen dar (vgl. *Schonberg et al.* 2000, S. 54; *Reichmann* 2001; S. 51; *Theis* 2002, S. 335f.; *Bourne et al.* 2003, S. 5f.; *Küpper* 2005, S. 360; *Weischedel et al.* 2005, S. 110).

Die dargelegte Definition ist zur Erfolgsbestimmung von E-Commerce für die vorliegende Arbeit nicht ausreichend abgegrenzt. Im Rahmen dieser Arbeit wird E-Commerce als ein Vertriebskanal betrachtet, somit misst sich der Erfolg von E-Commerce am Erreichungsgrad von absatzwirtschaftlichen Zielen. Zu den absatzwirtschaftlichen Zielen, die mittels Online-Vertriebs erreicht werden sollen, gehören die Kundenzufriedenheit, die Kundengewinnung, die Kundenbindung, die Markterweiterung, die Profilierung gegenüber der Konkurrenz sowie Effizienz- und Effektivitätssteigerungen.[19] *Schierenbeck* (vgl. 2000, S. 62) ordnet diese Ziele den Sachzielen einer Unternehmung zu und impliziert damit eine ökonomische Sichtweise des Erfolgsbegriffs. Der ökonomische Erfolgsbegriff ist sehr stark in Handelsunternehmen verankert, da die zentralen Unternehmensziele von Handelsunternehmen Gewinn und Wachstum darstellen (vgl. *Witt* 1992, S. 23). In der wissenschaftlichen Literatur wird der ökonomische Erfolgsbegriff generell durch eine marktorientierte Strategieausrichtung und den ressourcenorientierten Ansatz beschrieben. Die Berücksichtigung dieser Aspekte bei der Erfolgsmessung ist besonders im E-Commerce von großer Bedeutung (vgl. *Rieg* 2000; *Zhu* 2004; *Weischedel et al.* 2005; *Zhuang / Lederer* 2006; *Wade / Nevo* 2006).

Darüber hinaus stellt der ökonomische Erfolgsbegriff die Basis für die Kontingenztheorien der Unternehmensstrategien, den Inhaltsansatz der strategischen Unternehmensführung und den Prozessansatz dar. Besondere Bedeutung hat der ökonomische Erfolgsbegriff im Rahmen der Analyse von Interaktions- und Koordinationsbeziehungen erlangt. Beispielhaft können die Untersuchungen der Gestaltungsformen der Unternehmensverfassung, von Mechanismen der Steuerung und Organisation, von Managementsystemen, der Entwicklung von Netzwerkstrukturen oder Mitarbeiterbeziehungen angeführt werden. Die Transaktionskostentheorie und die Theorie der Verfügerrechte bieten in diesem Zusammenhang im Bereich des E-Commerce ebenfalls vielseitige Anwendungsmöglichkeiten (vgl. *Devaraj* 2002, S. 316; *Bamberger / Wrona* 2004, S. 16ff.; *Wade / Nevo* 2006).

3.2 Betriebswirtschaftliche Kennzahlen

3.2.1 *Kennzahlenbegriff*

Für diese Arbeit erscheint die klassische Definition von *Staehle* (vgl. 1967, S. 62) für betriebliche Kennzahlen am sinnvollsten, da hier der Verdichtungs- und der Zielsetzungscharakter von Kennzahlen am besten dargelegt wird. „Betriebswirtschaftliche Kennzahlen [...] sind Zahlen, die in konzentrierter Form über einen zahlenmäßig erfassbaren betrieblichen Tatbestand informieren."[20]

Kennzahlen sind auf Grund ihrer Quantifizierbarkeit und ihres Informationscharakters als betriebliche wirtschaftliche Modelle zu betrachten. Im Rahmen dieser Modellfunktion können sie je nach Entscheidungsphase[21] als Beschreibungs-, Er-

---

[19] Siehe Kapitel 2.

[20] In der betriebswirtschaftlichen Literatur besteht keine einheitliche Auffassung über die Begriffe Kennzahl und Kennzahlensystem. Häufig werden Begriffe wie Kennziffern, Kontrollgrößen, Kontrollzahlen, Kontrollziffern, Messzahlen, Messziffern, Ratios, Richtzahlen und Schlüsselzahlen synonym verwendet (vgl. *Siegwart* 1998, S. 5).

[21] Hier wird unter Entscheidungsprozess der klassische Entscheidungsprozess von *Staehle* (vgl. 1999, S. 519) verstanden.

mittlungs-, Prognose- oder Entscheidungsmodell eingesetzt werden, um die Leistungswirksamkeit von Führungsentscheidungen und den Grad der Zielerreichung zu beurteilen (vgl. *Lachnit* 1976, S. 219; *Reichmann* 1997, S. 19f.).

3.2.2 Funktionen von betriebswirtschaftlichen Kennzahlen

Aus ihrer Modellfunktion lassen sich die wichtigsten Funktionen von Kennzahlen ableiten. Zu diesen Funktionen gehören die Operationalisierungsfunktion, die Anregungsfunktion, die Priorisierungs- und Vorgabefunktion, die Kommunikations- und Steuerungsfunktion und die Kontrollfunktion (vgl. *Lachnit* 1976, S. 219; *Reichmann* 1997, S. 19f.).

3.2.2.1 Operationalisierungsfunktion

Die Operationalisierungsfunktion beschreibt die Bildung von Kennzahlen zur Messung von betrieblichen Zielen und deren Zielerreichungsgrad. Diese Funktion ist für die betriebliche Erfolgsbewertung von zentraler Bedeutung und stellt den Ausgangspunkt der nachfolgenden Funktionen dar (vgl. *Lachnit* 1976, S. 219; *Reichmann* 1997, S. 19f.).

3.2.2.2 Anregungsfunktion

Im Rahmen der Anregungsfunktion erfolgt eine laufende Erfassung der Kennzahlen zur Erkennung von inner- und überbetrieblichen Veränderungen. Die Betrachtung von Kennzahlen im zeitlichen Ablauf dient vornehmlich der Früherkennung und Entwicklung sowie Umsetzung von Gegensteuerungsmaßnahmen. Darüber hinaus kann die Analyse von Kennzahlen im Zeitablauf den Anstoß für betriebliche Umdenkprozesse bewirken (vgl. *Lachnit* 1976, S. 219; *Reichmann* 1997, S. 19f.).

3.2.2.3 Priorisierungs- und Vorgabefunktion

Die Priorisierungs- und Vorgabefunktion beinhaltet die Festlegung von kritischen Kennzahlenwerten. Diese kritischen Kennzahlenwerte werden als Zielgrößen für das unternehmerische Handeln eingesetzt und unterstützen die Ableitung von betrieblichen Entscheidungen (vgl. *Lachnit* 1976, S. 219; *Reichmann* 1997, S. 19f.).

3.2.2.4 Kommunikations- und Steuerungsfunktion

Kennzahlen verdichten betriebswirtschaftliche Sachverhalte und reduzieren demzufolge die Gefahr von Kommunikationsstörungen zwischen Sender und Empfänger. Aus diesem Grund eignen sich Kennzahlen besonders zur Vereinfachung von Kommunikations- und Steuerungsprozessen im Unternehmen (vgl. *Lachnit* 1976, S. 219; *Reichmann* 1997, S. 19f.).

3.2.2.5 Kontrollfunktion

Die Kontrollfunktion resultiert aus der laufenden Erfassung der Kennzahlen zur Ermittlung von Soll-Ist-Abweichungen. Die Feststellung dieser Abweichungen unterstützt die Ableitung von zukünftigen betrieblichen Maßnahmen (vgl. *Lachnit* 1976, S. 219; *Reichmann* 1997, S. 19f.). Aus der Funktionsvielfalt von Kennzahlen ergibt sich eine große Anzahl an Systematisierungsmöglichkeiten, die in Abbildung 7 in komprimierter Form dargestellt ist.

Systematisierungsmerkmal	Arten der betriebswirtschaftlichen Kennzahlen						
Betriebliche Funktion	Beschaffung	Lagerwirtschaft	Produktion	Absatz	Personal	Finanzwirtschaft	
Statistisch methodische Gesichtspunkte	Absolute Zahlen				Verhältniszahlen		
	Einzelzahlen	Summen	Differenzen	Mittelwerte	Beziehungszahlen[22]	Gliederungszahlen[23]	Indexzahlen[24]
Quantitative Struktur	Gesamtgrößen				Teilgrößen		
Zeitliche Struktur	Zeitpunktgrößen				Zeitraumgrößen		
Inhaltliche Struktur	Wertgrößen				Mengengrößen		
Erkenntniswert	Kennzahlen mit						
	selbstständigem Erkenntniswert				unselbständigem Erkenntniswert		
Quellen im Rechnungswesen	Kennzahlen aus der						
	Bilanz		Buchhaltung		Aufwands-, Ertrags- und Kostenrechnung		Statistik
Elemente des ökonomischen Prinzips	Einsatzwerte		Ergebniswerte		Maßstäbe aus Beziehungen zwischen Einsatz- und Ergebniswerten		
Gebiet der Aussage	Gesamtbetriebliche Kennzahlen				Teilbetriebliche Kennzahlen		
Planungsgesichtspunkte	Sollkennzahlen (zukunftsorientiert)				Istkennzahlen (vergangenheitsorientiert)		
Zahl der beteiligten Unternehmen	Einzelbetriebliche Kennzahlen		Konzernkennzahlen		Branchenkennzahlen		Gesamtbetriebliche Kennzahlen
Umfang der Ermittlung	Standardkennzahlen				Betriebsindividuelle Kennzahlen		
Leistung des Betriebes	Wirtschaftlichkeitskennzahlen				Kennzahlen über die finanzielle Sicherheit		

Abbildung 7: Systematisierungsmöglichkeiten von betrieblichen Kennzahlen
Quelle: vgl. *Meyer* 1993, S. 7; *Reichmann* 1997, S. 23ff.

---

[22] Beziehungszahlen stellen das Verhältnis zweier gleichrangiger aber verschiedener Größen dar (vgl. *Siegwart* 1998, S. 11).

[23] Unter Gliederungszahlen sind Kennzahlen zu verstehen, die das Verhältnis einer Teilmenge zu einer Gesamtgröße abbilden (vgl. *Siegwart* 1998, S. 11).

[24] Indexzahlen beschreiben das Verhältnis zweier gleicher Größen, die sich hinsichtlich zeitlicher, räumlicher oder sachlicher Art unterscheiden (vgl. *Siegwart* 1998, S. 11).

Im Zuge der Entwicklung und der betrieblichen Anwendung von Kennzahlen stellt sich die Frage nach der Zuordnung der Kennzahlen zu den strategischen oder den operativen Unternehmensführungsinstrumenten. Prinzipiell sind Kennzahlen der operativen Unternehmensführung zuzuordnen (vgl. *Heuer / Wilken* 2000, S. 312), aber auf Grund ihrer direkten Ableitung aus den strategischen Unternehmenszielen und ihrer Indikatorfunktion sind Kennzahlen als ein Syntheseinstrument der Unternehmensführung zu betrachten (vgl. *Horvath* 1998, S. 565; *Küpper* 2005, S. 358).

3.3 Betriebliche Kennzahlensysteme

3.3.1 *Beziehungen zwischen den Kennzahlen*

Die isolierte Betrachtung von Einzelkennzahlen kann zu inkonsistenten und widersprüchlichen Aussagen[25] führen und eine Führungsrationalität im Sinne des Controllings unmöglich machen. Um diese Inkonsistenzen zu vermeiden, werden die Kennzahlen zueinander in Beziehung gesetzt. Diese Beziehungen können logisch, empirisch oder hierarchisch sein und sollten dem Prinzip der Widerspruchsfreiheit entsprechen (vgl. *Küpper* 2005, S. 361ff.).

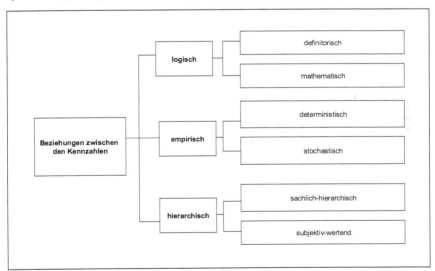

Abbildung 8: Beziehungen zwischen den Kennzahlen
Quelle: *Küpper* 2005, S. 361

---

[25] Siehe dazu *Weber / Schäffer* 2001; *Bourne / Neely* 2003.

3.3.1.1 Logische Beziehungen

Die logischen Beziehungen werden in definitorische und mathematische Beziehungen unterschieden. Beruht der Zusammenhang zwischen den Kennzahlen auf einer begrifflichen Abgrenzung, wie beispielsweise dem Umsatz, wird von einem definitorischen Zusammenhang ausgegangen. Basiert jedoch die Beziehung auf einer mathematischen Transformationsregel, wie beispielsweise dem ROI, wird von einem mathematischen Zusammenhang gesprochen (vgl. *Küpper* 2005, S. 361).

3.3.1.2 Empirische Beziehungen

Empirische Beziehungen gelten im Gegensatz zu den logischen Beziehungen in der betrieblichen Realität als bestätigt und werden als entscheidungsrelevant betrachtet. Die empirischen Beziehungen werden in Form von stochastischen oder deterministischen Arbeitshypothesen abgebildet, wobei die deterministischen Beziehungen aus Vereinfachungsgründen sowie auf Grund subjektiver Entscheidungen eingesetzt werden (vgl. *Küpper* 2005, S. 361f.).

3.3.1.3 Hierarchische Beziehungen

Um eine Rangfolge zwischen den Kennzahlen darzustellen, bedarf es einer innerbetrieblichen Zielhierarchie. Hinsichtlich der Hierarchie wird zwischen sachlich-hierarchischen und subjektiv-wertenden Kennzahlenzusammenhängen unterschieden. Sachlich-hierarchische Beziehungen begründen sich auf einer objektiv erklärten Rangordnung in der betrieblichen Realität. Subjektiv-wertende Kennzahlenzusammenhänge hingegen sind meist auf Ziele bestimmter Unternehmensbereiche oder Personen ausgerichtet und führen zu Haupt- und Nebenkennzahlen (vgl. *Küpper* 2005, S. 362).

3.3.1.4 Definition des zugrunde gelegten Kennzahlensystembegriffs

Die Darstellung der Beziehungen von Kennzahlen lässt bereits auf eine Vielfalt an Gestaltungsmöglichkeiten für Kennzahlensysteme schließen, verdeutlicht jedoch noch nicht, was konkret unter einem Kennzahlensystem zu verstehen ist. Eine Analyse der verschiedenen Definitionen für Kennzahlensysteme in der wissenschaftlichen Literatur lässt keine generell wissenschaftlich anerkannte Definition für ein Kennzahlensystem erkennen. Die vorliegende Arbeit bezieht sich daher auf die Definition von *Lachnit* (vgl. 1976). *Lachnit* (vgl. 1976, S. 216) versteht unter einem Kennzahlensystem eine geordnete Gesamtheit von Kennzahlen, die in einer sachlichen Beziehung zueinander stehen, sich gegenseitig ergänzen und als Gesamtheit über einen Sachverhalt informieren.

Die Definition von *Lachnit* erscheint für diese Arbeit vor allem aus zwei Gründen geeignet. Erstens berücksichtigt diese Definition auch qualitative Kennzahlen. Besonders im E-Commerce sind beispielsweise Marktkennzahlen und Suchmechanismen entscheidende Zielgrößen, die einer regelmäßigen Messung und Kontrolle bedürfen. Zweitens ermöglicht die Definition von *Lachnit*, im Vergleich zu beispielsweise *Reichmann*, die Verfolgung mehrerer betrieblicher Ziele. *Reichmann* (vgl. 2001, S. 23) versteht unter einem Kennzahlensystem eine Zusammenstellung von quantitativen Variablen, die in einer systematischen, mathematischen oder empirischen Beziehung zueinander stehen, einander ergänzen oder erklären und auf **ein** übergeordnetes Ziel ausgerichtet sind. Die Erweiterung des bestehenden Vertriebssystems um einen Online-Vertrieb ist mit einem Zielbündel, wie bereits in Kapitel 2 dargestellt, verbunden und erfordert daher die Abbildung von mehreren Zielen und auch Risiken in Form von Kennzahlen.

3.3.2   Gestaltungsmöglichkeiten von Kennzahlensystemen

Prinzipiell unterscheidet man Kennzahlensysteme in Rechen- und Ordnungssysteme (vgl. *Groll* 2004, S. 14). Bei Rechensystemen sind alle Kennzahlen miteinander mathematisch verknüpft und ermöglichen daher ein messbares Nachvollziehen von Ursache- und Wirkungsbeziehungen. Die Vorteile von Rechensystemen bestehen in der einfachen Erfassung und Erkennung von Auswirkungen einer Spitzenkennzahl auf die anderen Kennzahlen im System sowie in der zwischenbetrieblichen Vergleichbarkeit. Als nachteilig sind die fehlende Berücksichtigung von qualitativen Kennzahlen, der geringe Abbildungsumfang sowie die Ausrichtung auf ein betriebliches Ziel anzuführen (vgl. *Groll* 2004, S. 14ff.; *Horvath* 1998, S. 549).

Ordnungssysteme stellen Kennzahlen nach sachlogischen Beziehungen zueinander dar, ohne dass diese mathematisch miteinander verbunden sein müssen. Folglich sind Ordnungssysteme in der Lage, den Betrachtungsgegenstand systematisch und vollständig zu erfassen, und Kennzahlen zu berücksichtigen, die auf keiner mathematischen Beziehung beruhen. Die Nachteile dieser Systemform resultieren einerseits aus der großen Anzahl an erforderlichen Kennzahlen und andererseits aus der damit verbundenden schwierigen Handhabung (vgl. *Steinmüller* 2001, S. 370).

Das Kennzahlenmodell, welches im Rahmen dieser Arbeit entwickelt werden soll, baut auf dem Prinzip des Ordnungssystems auf. Die Begründung hierfür beruht auf folgenden Argumenten. Das Ordnungssystem ermöglicht die Berücksichtigung mehrerer betrieblicher Ziele sowie die gemeinsame Integration von quantitativen und qualitativen Kennzahlen. Besonders im E-Commerce sind qualitative Kennzahlen, wie beispielsweise die Kundenzufriedenheit oder die Sicherheit des E-Commerce Systems, von entscheidender Bedeutung und müssen daher im Rahmen eines Kennzahlensystems abgebildet werden. Ein weiteres wichtiges Argument resultiert aus der Tatsache, dass eine Vielzahl von Kennzahlen, wie beispielsweise Marktkennzahlen, Browsertyp etc., durch das Unternehmen nicht beeinflussbar sind, aber zu Informationszwecken und zur Entscheidungsunterstützung aus betrieblicher Sicht unerlässlich sind. Ordnungssysteme werden dieser Anforderung gerecht und gewährleisten die Berücksichtigung von Kennzahlen mit ausschließlichem Informationszweck. Ein Rechensystem zur Erfolgsmessung von E-Commerce erscheint hingegen weniger geeignet, da die einzelnen Kennzahlen nur begrenzt in einem mathematischen Verhältnis zueinander stehen (vgl. *Schwickert / Wendt* 2000, S. 3; *Küpper* 2005, S. 369).

Abbildung 9 fasst noch einmal die Gestaltungsmöglichkeiten von Kennzahlensystemen zusammen.

Systematisierungsmerkmal	Arten betriebswirtschaftlicher Kennzahlensysteme			
Nach der Verknüpfung der Elemente	Rechensysteme (quantifizierbare Elemente und quantifizierte Elementebeziehungen)		Ordnungssysteme (quantifizierbare Elemente und unquantifizierte Elementebeziehungen)	
	Kausalverknüpfung		Keine Kausalverknüpfung	
	Deterministische Verknüpfung		Heuristische Verknüpfung	
Nach der Stellung im betrieblichen Sozialsystem	Kennzahlensysteme als			
	Zielsysteme	Entscheidungshierachien	Kommunikationssysteme	Kontrollsysteme
Nach der Methode der Entwicklung	Induktiv abgeleitete Kennzahlensysteme		Deduktiv abgeleitete Kennzahlensysteme	
Nach der Art des zu messenden Sachverhaltes	Kennzahlensysteme zur Messung von Strukturen		Kennzahlensysteme zur Messung von Prozessen	
	Kennzahlensysteme mit Plan (Soll)zahlen (Planungssysteme)		Kennzahlensysteme mit Istzahlen (Kontrollsysteme)	
Nach der zeitlichen Dimension	Temporär		Auf Dauer	
	Diskontinuierlich		Stetig	
	Statisch		Dynamisch	
Nach der Zugehörigkeit zu einer betrieblichen Funktion	Kennzahlensysteme aus der Funktion			
	Beschaffung	Lagerwirtschaft	Produktion	Personal	Absatz	Finanzwirtschaft
Nach der Verwendungsorientierung	Analysekennzahlensysteme	Dokumentationskennzahlensysteme		Steuerungskennzahlensysteme
	Aktionsorientiert	Wissensvermehrend		Affektiv
	Diagnostisch		Interaktiv	
	Allgemeingültig		Situativ	
	Eindimensional		Mehrdimensional	
	Funktionsübergreifend		Funktionsspezifisch	
Nach dem Bezugsobjekt	Stellenübergreifend		Stellenspezifisch	
	Strategisch		Operativ	
	Produktbezogen		Kundenbezogen	
	Potentialbezogen		Instrumentbezogen	
Nach der Abgeschlossenheit	Geschlossen		Offen	
Nach der IT-Unterstützung	IT-unterstützt		Nicht IT-unterstützt	

Abbildung 9: Gestaltungsmöglichkeiten von Kennzahlensystemen
Quelle: vgl. *Meyer* 1993, S. 7; *Reichmann* 1997, S. 23ff.

3.3.3 Zusammenhang zwischen der betrieblichen Realität und dem Kennzahlensystem

Eine zentrale Eigenschaft von Modellen ist ihre Fähigkeit, Strukturen quantitativ abbilden zu können. So ist es möglich, aus Modellen Kennzahlen und Kennzahlenstrukturen abzuleiten, bzw. von diesen auf bestimmte Modelle zurück zuschließen (vgl. *Reichmann* 2001, S. 56). Generell kann der Zusammenhang zwischen der betrieblichen Realität und dem Kennzahlensystem wie folgt beschrieben werden:

In einem ersten Schritt werden aus einem gegebenen Realsystem mit Hilfe von Modellen betriebsrelevante Sachverhalte ausgewählt (erste Reduktionsstufe). In einem zweiten Schritt werden wiederum aus diesen Modellen anwenderrelevante Kennzahlen ausgewählt (zweite Reduktionsstufe). Diese Vorgehensweise wird auch im Rahmen dieser Arbeit angewendet, d. h. im ersten Schritt wird festgelegt, dass es sich um eine Analyse des Online-Vertriebs bei einem Mehrkanaleinzelhändler handelt. Im zweiten Schritt werden das zugrunde gelegte Ausgangsmodell und die dazugehörigen Kennzahlen zur Erfolgsbestimmung von E-Commerce ausgewählt und deren Bedeutung durch die Experten validiert.

Die nachfolgende Abbildung skizziert den Zusammenhang zwischen abzubildender betrieblicher Realität und dem Kennzahlensystem.

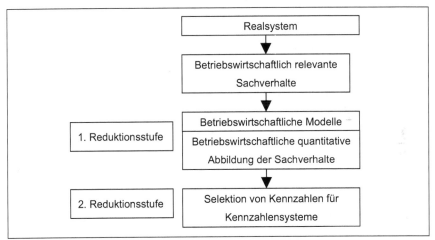

Abbildung 10: Abbildung des Realsystems durch ein Kennzahlensystem
Quelle: *Reichmann* 2001, S. 58

3.4 Entwicklung von Kennzahlensystemen

Zur Entwicklung von Kennzahlensystemen bietet sich eine Vielzahl an Forschungsansätzen und -methoden an. *Küpper* (vgl. 2005, S. 369) kategorisiert die Entwicklung von Kennzahlensystemen in die logische Herleitung, die empirisch-theoretische Fundierung, die empirisch-induktive Gewinnung und die modellgestützte Ableitung.

3.4.1 Logische Herleitung

Die logische Herleitung von Kennzahlen kann durch definitionslogische Beziehungen und mathematische Umformung erfolgen. Bei der Herleitung durch definitionslogische Beziehungen wird ein begrifflicher Zusammenhang zwischen verschiedenen betrieblichen Größen angenommen. Beziehungszahlen eignen sich besonders bei der definitionslogischen Herleitung von Kennzahlensystemen, da sich Zähler und Nenner auf verschiedene betriebliche Größen beziehen und sich somit eine Aufspaltung im Sinne eines Kennzahlensystems ergibt. Mathematische Umformungen können durch multiplikative und additive Verknüpfungen erreicht werden. Erweiterungen von Verhältniszahlen und Gleichungen ermöglichen hierbei die Verknüpfung der Kennzahlen untereinander (vgl. *Küpper* 2005, S. 369ff.; *Palloks* 1995, S. 1146).

Die Entwicklung eines Kennzahlensystems mittels logischer Herleitung gewährleistet einen hohen Standardisierungsgrad. Die Aussagekraft dieser Kennzahlensysteme ist jedoch eher gering einzuschätzen, da keine Aussagen zu den Ursache- und Wirkungsbeziehungen zwischen den Kennzahlen getroffen werden können (vgl. *Lachnit* 1976, S. 220). Für die vorliegende Arbeit eignet sich diese Form der Modellentwicklung nicht, da hier nur ein Oberziel des Unternehmens vorausgesetzt und stellenspezifische Kennzahlen für den Online-Vertrieb kaum berücksichtigt werden.

3.4.2 Empirisch-theoretische Fundierung

Zur Entwicklung von empirisch-theoretisch fundierten Kennzahlen werden theoretische Aussagesysteme und Hypothesen herangezogen. Mögliche Theorien, die im Rahmen der empirisch-theoretischen Fundierung Anwendung finden können, sind die Produktions- und Kostentheorie, die Preistheorie, die Organisationstheorie sowie volkswirtschaftliche Konjunktur- und Wachstumstheorien. Ihre Anwendbarkeit begründet sich auf der empirischen Bestätigung durch die betriebliche Praxis. Die aus den Theorien hervorgegangen Bestimmungsgrößen können als Kennzahlen für das Kennzahlenmodell verwendet werden. Sind diese Bestimmungsgrößen empirisch mehrfach verifiziert, kann diese Form des Kennzahlensystems als die am besten wissenschaftlich fundierte betrachtet werden (vgl. *Küpper* 2005, S. 372).

Dieser Ansatz zur Herleitung eines Kennzahlensystems zur Bewertung des absatzwirtschaftlichen Erfolgs von E-Commerce erscheint ebenfalls ungeeignet, da bisher nur im begrenzten Maße empirische bestätigte Hypothesen zu den oben genannten Theorien im E-Commerce bzw. zu den Erfolgsindikatoren und Ursache- und Wirkungsbeziehungen im E-Commerce vorliegen (vgl. *Kauffman / Walden* 2001).

3.4.3 Empirisch-induktive Gewinnung

Die empirisch-induktive Vorgehensweise bei der Entwicklung von Kennzahlensystemen ist in der betrieblichen Praxis weit verbreitet. Bei dieser Vorgehensweise wird auf empirisches Wissen und Daten zurückgegriffen. Dazu können Expertenbefragungen, Plausibilitätsüberlegungen und statistische Methoden angewendet werden.

Im Zuge von Expertenbefragungen können relevante Kennzahlen ermittelt und ihre Beziehungen untereinander untersucht werden. Dies setzt jedoch voraus, dass die befragte Person über entsprechende Kenntnisse und Erfahrungen im untersuchten Bereich verfügt.

Kennzahlensysteme können auch induktiv durch Plausibilitätsüberlegungen entwickelt werden. Die literaturgestützte Herausarbeitung einzelner Kennzahlen und die Darstellung von möglichen Zusammenhängen können als wahrscheinlich und plausibel angesehen werden.

Empirisch-induktive Kennzahlensysteme lassen sich auch mit Hilfe statistischer Methoden entwickeln. Die Dependenz- und Interdependenzanalyse, struktur-entdeckende und struktur-prüfende Verfahren sowie die Diskriminanzanalyse können angewendet werden (vgl. *Küpper* 2005, S. 347f.).

Im Rahmen der vorliegenden Arbeit wird der empirisch-induktive Forschungsansatz in Form von Expertenbefragungen (e-mail-basierte Online-Delphi-Befragung) angewendet. Die Gründe hierfür basieren einerseits auf der weiten betrieblichen Verbreitung und andererseits aus dem Ziel, ein möglichst anwendungsorientiertes Kennzahlensystem zu entwickeln. Gegen eine ausführliche Auswertung durch statistische Methoden spricht derzeit noch der geringe Anteil an Mehrkanaleinzelhändlern mit ausreichend hohem Online-Umsatz (vgl. *Statistik Austria* 2005, S. 31; *Statistik Austria* 2006, S. 32; *Hudetz / Duscha* 2006, S. 30), die auch entsprechende Kennzahlen zur Erfolgsmessung des Web-Shops erheben und auswerten. Aus diesem Grund wäre eine statistische Auswertung nicht ausreichend gesichert.

3.4.4   Modellgestützte Ableitung

Eine weitere Möglichkeit zur Entwicklung von Kennzahlen ist die modellgestützte Ableitung von *Zwickert* (vgl. 1976). *Zwickert* (vgl. 1976, S. 225ff.) schlägt dazu vor, die wichtigsten Handlungs- und Zustandsgrößen sowie Zielgrößen des Betrachtungsgegenstandes in Form eines dynamischen Entscheidungsmodells zu definieren. Als Kennzahlen werden Sollgrößen festgelegt, deren Ausprägungen eine optimale bzw. befriedigende Zielerreichung sichern sollen. Mittels der Simulationsanalyse wird untersucht, welche Kennzahlen und welche Kennzahlenwerte zur Erreichung des vorgegebenen Zielniveaus beitragen.

Die Anwendung der modellgestützten Ableitung zur Entwicklung eines Kennzahlensystems von E-Commerce ist ebenfalls als schwierig einzuschätzen (vgl. *Kauffman / Walden* 2001). Die Güte von modellgestützten Kennzahlensystemen beruht auf ihrer Fähigkeit, die Beziehungen und Bedingungen des jeweiligen Betrachtungsfeldes möglichst realitätsgetreu abzubilden. Da der Forschungsbereich E-Commerce noch relativ jung ist, liegen bisher auch kaum empirisch bestätigte Hypothesen vor. Demzufolge ist zum derzeitigen Stand der Forschung die Güte der modellgestützten Entwicklung eines Kennzahlensystems als gering einzuschätzen.

Zusammengefasst ergeben sich folgende Forschungsmethoden zur Entwicklung von betrieblichen Kennzahlensystemen.

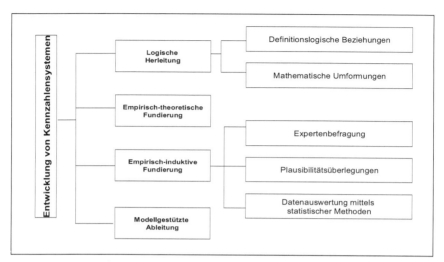

Abbildung 11: Forschungsansätze und -methoden zur Entwicklung von Kennzahlensystemen
Quelle: *Küpper* 2005, S. 369ff.

3.5 Bedeutung des innerbetrieblichen Vertriebskanalvergleichs bei Mehrkanaleinzelhändlern

3.5.1 Ziele und Aufgaben des innerbetrieblichen Vertriebskanalvergleichs

Auf Grund ihrer Operationalisierungsfunktion werden Kennzahlen und die damit in Verbindung stehenden Kennzahlensysteme im Rahmen von Betriebsvergleichen eingesetzt. Unter Betriebsvergleichen wird ein systematischer und zweckbewusster Vergleich von betrieblichen Tatbeständen in Form von Kennzahlen eines oder mehrerer Betriebe mit den Kennzahlen eines oder mehrerer Betriebe verstanden (vgl. *Hruschka* 1966, S. 110; *Schnettler* 1961, S. 5). Die wesentlichen Ziele dieses Vergleichsprozesses stellen die Informationsgewinnung und die Entscheidungsvorbereitung im Unternehmen dar (vgl. *Erne* 1971, S. 12). Grundsätzlich wird zwischen dem innerbetrieblichen und dem zwischenbetrieblichen Vergleich differenziert. Bei einem zwischenbetrieblichen Vergleich werden Kennzahlen aus verschiedenen, voneinander unabhängigen Unternehmen miteinander verglichen. Bei einem innerbetrieblichen Vergleich werden Kennzahlen aus dem eigenen Unternehmen entweder einem Zeitvergleich oder einem Soll-Ist-Vergleich unterzogen. Diese Vergleichsform wird auch Selbstvergleich genannt (vgl. *Schnettler* 1961, S. 13).[26]

---

[26] Für nähere Informationen siehe *Schnettler* (vgl. 1961) verwiesen. Den Inhalt dieser Arbeit bildet eine innerbetriebliche Betrachtung des Onlinevertriebs mit dem stationären Ladengeschäft bei einem Mehrkanaleinzelhändler. Aus diesem Grund wird auf den zwischenbetrieblichen Vergleich nicht näher eingegangen.

Mit der steigenden Bedeutung des Mehrkanalvertriebs hat der innerbetriebliche Vergleich (Selbstvergleich) wieder an Bedeutung gewonnen. Besonders Mehrkanaleinzelhändler müssen verstärkt innerbetriebliche Vergleiche zur Erfolgsbewertung der verschiedenen Vertriebskanäle einsetzen. Die Analyseschwerpunkte liegen hierbei auf der Abbildung des Erfolgsbeitrags der einzelnen Vertriebskanäle sowie in der Analyse von Kannibalisierungs- und Synergieeffekten zwischen den Vertriebskanälen zur besseren Kanalkoordinierung und Marktabschöpfung (vgl. *Grimm / Röhricht* 2003, S. 117). Da das Ziel dieser Arbeit die Entwicklung eines Kennzahlensystems zur Erfolgsbewertung von E-Commerce unter Berücksichtigung von Vergleichsmöglichkeiten zum stationären Einzelhandel ist, erfolgt an dieser Stelle eine Betrachtung der Einsatzfaktoren und des Vertriebsprozesses im Online-Vertrieb und im stationären Einzelhandel. Zur Verdeutlichung der Unterschiede zwischen den beiden Vertriebskanälen werden im Anschluss daran die Probleme des innerbetrieblichen Vergleichs zwischen dem Online-Vertrieb und dem stationären Vertrieb näher erläutert.

3.5.2 *Verkaufsprozess im stationären Einzelhandel*

Der Verkaufsprozess im stationären Einzelhandel lässt sich in die Informationsphase, die Vereinbarungsphase und die Abwicklungsphase unterteilen (vgl. *Nieschlag et al.* 2002, S. 934).

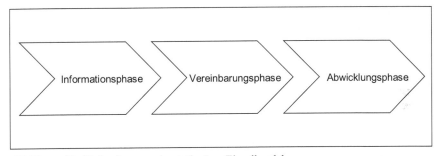

Abbildung 12: Verkaufsprozess im stationären Einzelhandel
Quelle: *Nieschlag et al.* 2002, S. 934

3.5.2.1 Informationsphase im stationären Einzelhandel

In der Informationsphase beschafft sich der Kunde produkt- sowie kaufbezogene Informationen, z. B. Zahlungsmöglichkeiten. Der stationäre Einzelhandel übernimmt in dieser Phase die Informationsfunktion. Diese Informationsfunktion unterstützt der Handel durch den Einsatz von kommunikationspolitischen Maßnahmen. In dieser Phase nimmt der Handel hauptsächlich Sachumgruppierungs- und Sachgüteraufbereitungsfunktionen wahr (vgl. *Griebel* 2003, S. 422; *Borchert* 1999, S. 241ff.; *Schmid* 1999, S. 37ff.).

3.5.2.2 Vereinbarungsphase im stationären Einzelhandel

In der Vereinbarungsphase trifft der Kunde seine Kaufentscheidung und teilt diese dem Verkaufspersonal mit. Auf Grund des direkten Kontakts zum Kunden kann das Verkaufspersonal entsprechend reagieren. Im Anschluss an die Kaufvereinbarung erfolgt der Geld- und Warenaustausch, d. h. der eigentliche Eigentumsübergang. In dieser Phase des Verkaufsprozesses gewährleistet der Einzelhandel die Umsatzdurchführungsfunktion.

Durch die Anbindung der Kasse an das Warenwirtschaftssystem erfolgt eine Weiterleitung der Verkaufsinformationen (Menge, Artikel) an die im Warenwirtschaftssystem angeschlossenen Module (Lagersystem, Bestellsystem, Managementinformationssystem). Während im Online-Handel bis auf die physische Warendistribution der gesamte Verkaufsprozess IT-unterstützt abläuft, setzt der stationäre Einzelhandel hauptsächlich in der Abwicklungsphase Informations- und Kommunikationstechnologien ein (vgl. *Griebel* 2003, S. 422; *Borchert* 1999, S. 241ff.; *Liebmann / Zentes* 2001, S. 569*)*. Weitere logistische Prozesse sind im stationären Handel nicht notwendig, da der Kunde durch den Transport der Ware an den gewünschten Zielort selbst räumliche und zeitliche Überbrückungsleistungen erbringt (vgl. *Schnedlitz et al.* 2004).

3.5.2.3 Abwicklungsphase im stationären Einzelhandel

Nach dem Verkauf der Ware stehen dem Kunden noch weiterführende Dienstleistungen zur Verfügung. Diese Phase umfasst neben der eigentlichen Produktverwendung auch die Rücknahme oder Reparatur fehlerhafter Produkte sowie die Bereitstellung von Informationen zum Gebrauch der Ware. In dieser Phase kommt es durch den Kunden zur Bewertung der erhaltenen Leistungen und Erfahrungen mit den bisherigen Prozessschritten und es entsteht Kundenzufriedenheit oder -unzufriedenheit (vgl. *Liebmann / Zentes* 2001, S. 45ff.; *Griebel* 2003, S. 422ff.).

3.5.3 Einsatzfaktoren im stationären Einzelhandel

3.5.3.1 Personalkosten im stationären Einzelhandel

Hinsichtlich der Leistungsfaktoren[27], die durch den stationären Einzelhandel aufgebracht werden müssen, ist festzuhalten, dass in allen Verkaufsphasen auf Grund der Informations- und Beratungsfunktion eine direkte Interaktion zwischen Verkaufsmitarbeiter und dem Kunden stattfindet. Dies führt zu einem hohen Personalaufwand in einem Handelsbetrieb und lässt die Schlussfolgerung zu, dass der Produktionsfaktor Personal eine besondere (teure) Bedeutung im stationären Einzelhandel hat. Unterstrichen wird diese Schlussfolgerung durch die Tatsache, dass in Abhängigkeit

---

[27] Im Handelsbetrieb stehen folgende Leistungsfaktoren zur Verfügung: die menschliche Arbeit, sachliche Betriebsmittel, der Regiefaktor Ware, der Sicherungsfaktor Kapital und der dispositive Faktor (vgl. *Müller-Hagedorn* 1998, S. 113*; Liebmann / Zentes* 2001, S. 45).

von der Handelsbranche zirka 60% der Gesamtkosten bzw. 20% der Umsatzerlöse Personalkosten umfassen können (vgl. *Barth et al.* 2002, S. 53f.; Zwischenbericht *Karstadt-Quelle* 2004).

3.5.3.2 Waren- und Raumkosten im stationären Einzelhandel

Die Handelsware hat im stationären Einzelhandel eine Sonderstellung als Leistungsfaktor. Für die Präsentation der Handelsware und die Verfügbarkeitshaltung entstehen dem Einzelhandelsunternehmen einerseits hohe Kapitalbindungskosten und andererseits Kosten für den Leistungsfaktor Raum, die wesentlich durch den Standort des Ladengeschäftes bestimmt werden (vgl. *Griebel* 2003, S. 422; *Borchert* 1999, S. 241ff.).

3.5.4 Verkaufsprozess im Web-Shop

Der Verkaufsprozess im E-Commerce gliedert sich nach *Schmid* (vgl. 1999, S. 37) und *Hansen / Neumann* (vgl. 2005, S. 658) in drei verschiedene Phasen und gestaltet sich ähnlich dem Verkaufsprozess im stationären Einzelhandel. Der Verkaufsprozess im E-Commerce untergliedert sich in die Informationsphase, die Vereinbarungsphase und die Abwicklungsphase.

3.5.4.1 Informationsphase im E-Commerce

Den Ausgangspunkt des Geschäftsprozesses bildet auch beim Verkaufsprozess im Web-Shop die Informationsphase. In dieser Phase erfolgt ein Informationsaustausch über die Produkte und Nebenleistungen, wie z. B. Liefer- und Zahlungsbedingungen und Produktverfügbarkeiten. Der Web-Shop stellt hier das zentrale Informationsmedium dar. Ausführlichen Produktbeschreibungen und guten Photos der angebotenen Waren kommt im Web-Shop eine große Bedeutung zu, da anders als im Ladengeschäft die Ware vom Kunden nicht angefasst und ausprobiert werden kann. Dieser Nachteil kann durch die Bereitstellung einer telefonischen Servicehotline, E-Mail etc. durch den Einzelhändler überwunden werden. Im Zuge der Informationsphase kommen wesentliche Vorteile des Web-Shops gegenüber den stationären Filialen zum Tragen. Einerseits bietet der Web-Shop die Möglichkeit sich rund-um-die-Uhr über die Produkte zu informieren, andererseits sind Preis- und Sortimentsänderungen etc. durch den Einzelhändler einfacher und schneller möglich (vgl. *Griebel* 2003, S. 420ff.; *Schmid* 1999, S. 37ff.).

3.5.4.2 Vereinbarungsphase im E-Commerce

In der Vereinbarungsphase äußern Kunde und Verkäufer das Ziel, einen Warentausch vorzunehmen. Der Einzelhändler steht in dieser Phase vor der Herausforderung den fehlenden direkten Kundenkontakt durch eine hohe Serverkapazität zu gewährleisten. Beim Online-Handel kann der Kunde seine Kaufabsicht nur mittels einer Bestellung über das Internet äußern. Es ist derzeit üblich, über einen elektronischen Einkaufswagen alle gewünschten Artikel zusammenzutragen und diese mittels Kassenbutton zu zahlen. An dieser Stelle des Bestellvorgangs werden Angaben zur Person und Liefer- und Zahlungswünsche etc. erfasst. Durch diese Interaktivität mit dem Kunden werden Voraussetzungen für eine höhere Angebotsindividualisierung und eine nachhaltigere Kundenbindung geschaffen. Wird der Einkaufswagen bestätigt und abgesendet, tritt die Transaktion in die Abwicklungsphase.

3.5.4.3 Abwicklungsphase im E-Commerce

In der Abwicklungsphase[28] werden alle Geld- und Warenflüsse vollzogen. Voraussetzung für die Umsetzung dieser Prozesse ist die Weiterleitung der Kunden- und Warendaten an die Buchhaltung, die Logistikabteilung und den Zentraleinkauf sowie die Überprüfung des Lagerbestandes. Die Übertragung der Daten erfolgt meist automatisch durch eine entsprechende Datenbankanbindung an das Warenwirtschaftssystem (vgl. *Griebel* 2003, S. 422; *Borchert* 1999, S. 241ff.; *Hansen / Neumann* 2005, S. 658).

Die Wahrnehmung der Marktausgleichsfunktion erfolgt durch die Zahlung durch den Kunden.[29] Der Übertragung von sensiblen Daten, wie beispielsweise Kontonummern, stehen Kunden oftmals kritisch gegenüber. Um diese Bedenken ausschalten zu können, hat der Online-Händler die Möglichkeit, eine Servicehotline einzurichten oder eine Zertifizierung durch eine unabhängige Organisation durchführen zu lassen.

Ein entscheidender Prozessschritt in der Abwicklungsphase stellt die physische Warendistribution zum Endkunden dar. Das Handelsunternehmen übernimmt in diesem Fall die Auslieferung an die Endkunden. Die Online-Händler stehen hier dem Problem gegenüber, einer Großzahl an Kleinkunden Wareneinzellieferungen zuzustellen. Dies setzt einerseits hohe Logistikkompetenz seitens des Online-Händlers voraus und verursacht andererseits hohe Vertriebs- und Verpackungskosten, die an den Kunden weiterverrechnet werden müssen. Online-Händler bedienen sich hier oft Logistikdienstleistern, die durch die Leistungsbündelung Skaleneffekte realisieren und die Kostensituation des Online-Händlers unterstützen (vgl. *Griebel* 2003, S. 422; *Borchert* 1999, S. 241ff.; *Hansen / Neumann* 2005, S. 658). Die Auslieferung der Waren kann an verschiedene Lieferorte erfolgen: Wohnort des Kunden, Tankstellen, Pick up Boxen, Arbeitsstätte des Kunden oder Filiale des Einzelhändlers (vgl. *Schröder* 2001a, S. 8).

Mit der Auslieferung der Ware stehen dem Kunden zusätzliche Serviceleistungen zur Verfügung. Ein Großteil dieser Serviceleistungen, z. B. Beschwerdemanagement, Gebrauchsanleitungen, Anwendertipps, kann elektronisch erfolgen. Sind jedoch die Kundenprobleme nicht durch allgemeingültige Informationen lösbar, ist der Einsatz von Servicepersonal, z.B. in Form einer Servicehotline, unerlässlich.

Eine besondere Herausforderung in dieser Prozessphase stellt das Rücksendungsmanagement von Lieferungen dar. Neben der Planung und der Organisation des

---

[28] Dieser Prozess wird auch als Fulfillment bezeichnet (vgl. *Silberer / Köcher* 2004, S. 147).

[29] Für Zahlungsmethoden im Internet siehe *Wirtz* 2001, S. 615ff.; *Thome / Schinzer* 2001, S. 391ff.

3.5 Bedeutung des innerbetrieblichen Vertriebskanalvergleichs bei Mehrkanaleinzelhändlern 51

Rücktransportes muss die Rückabwicklung der Zahlung gewährleistet sein (vgl. *Griebel* 2003, S. 422; *Borchert* 1999, S. 241ff.; *Hansen / Neumann* 2005, S. 658).[30] Die nachfolgende Abbildung stellt den Verkaufsprozess im E-Commerce vereinfacht graphisch dar.

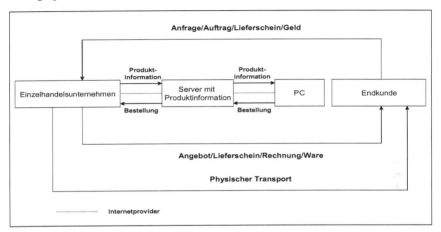

Abbildung 13: Verkaufsprozess im E-Commerce
Quelle: in Anlehnung an *Gruninger-Hermann* 1997, S. 144

3.5.5   Einsatzfaktoren im E-Commerce

3.5.5.1   Personalkosten im E-Commerce

Für die Ausführung der beschriebenen Aufgaben durch den Einzelhändler müssen Ressourcen des Leistungsfaktors Personal bereitgestellt werden. Der Leistungsfaktor Personal wird besonders für die Versandvorbereitung, die Pflege des Web-Shops, das Kundenservicecenter (Beschwerdemanagement, Beantwortung von Kundenanfragen) und das Rücksendungsmanagement eingesetzt (vgl. *Griebel* 2003, S. 428ff.; *Hukemann* 2004, S. 49ff.).

3.5.5.2   Raumkosten im E-Commerce

Der Einsatzfaktor Raum verliert im Sinne eines Verkaufsraumes zur Warenpräsentation an Bedeutung (vgl. *Hukemann* 2004, S. 198). Einige Autoren betonen sogar, dass die Räumlichkeiten im Online-Vertrieb im Vergleich zum stationären Einzelhandel fast bedeutungslos erscheinen (vgl. *Wilke* 2002, S. 284; *Meffert* 1993, S. 426). Dennoch kann dieser Einsatzfaktor nicht vollkommen ausgeschlossen werden. Besonders für die Versandvorbereitung, das Rücksendungsmanagement, die Lagerhaltung und

---

[30] Die Rücksendungsquote liegt hier mit 25% ähnlich wie im klassischen Versandhandel relativ hoch (vgl. *www.ecin.de* 2004).

für das Kundenservicecenter werden Räumlichkeiten benötigt. Für den Einzelhändler ist durch den Web-Shop die Problematik der Standortpolitik im Wesentlichen hinfällig geworden und demzufolge der Bedarf an Kennzahlen zur Erfolgsbestimmung des Standortes und der Standortpolitik für die Verkaufsräume nicht mehr notwendig (vgl. *Hukemann* 2004, S. 199).

3.5.5.3 IT-Kosten im E-Commerce

Der Betrieb eines Web-Shops ist mit hohen IT-Kosten verbunden (vgl. *Giaglis et al.* 1999; *Seidenschwarz / Knust* 2000). Diese IT-Kosten beeinflussen die Kostenstruktur des Unternehmens bzw. des Vertriebskanals und müssen daher entsprechend in einem Kennzahlensystem zur Erfolgsbewertung von E-Commerce Berücksichtigung finden. Der Betrieb eines Web-Shops verursacht einmalige Entwicklungskosten und laufende Betriebskosten (vgl. *Köhler* 1997, S. 44ff.; *Rangone / Balocco* 2000, S. 140; *Larsen / Bloniarz* 2000, S. 113; *Sterne* 2002; S. 24f.; *Glohr* 2003, S. 613; *Hansen / Neumann* 2005, S. 154–322).

Die einmaligen Entwicklungskosten für einen Web-Shop variieren in Abhängigkeit vom Einzelhandelsunternehmen und umfassen im Wesentlichen (vgl. *Rangone / Balocco* 2000, S. 140):

- Kosten für das graphische Design des Web-Shops und die Produktion der einzelnen Web-Seiten,
- Kosten für die Hardware, z. B. Server, Netzwerk und Infrastruktur,
- Kosten für die Software und Lizenzen, z. B. Miete oder Leasing und
- Kosten für die Verknüpfung mit der bereits im Unternehmen bestehenden IT-Struktur, z. B. dem Warenwirtschaftssystem.

Larsen / Bloniarz (vgl. 2000, S. 113) entwickelten im Rahmen ihres Kostenmodells insgesamt fünf Kostenbereiche. Die einmaligen Implementierungskosten sind in den Kostenbereichen *organizational readiness* und *access for employees and other* erfasst. In diesem Zusammenhang ermittelten sie, dass die Personalkosten für die Entwicklung und den laufenden Betrieb eines Web-Services fünf bis zwölf Mal höher sind, als die Hardware- und Softwarekosten.[31] Aus diesem Grund müssen die Personalkosten regelmäßig erhoben und im Rahmen von Kennzahlen ausgewertet werden.

Neben den einmaligen Entwicklungskosten entstehen laufende Betriebskosten für den Web-Shop, die sich aus folgenden Kostenbestandteilen zusammensetzen (vgl. *Larsen / Bloniarz* 2000, S. 113; *Rangone / Balocco* 2000, S. 140):

- Kosten für das Inhaltsmanagement,
- Kosten für die Wartung und Erneuerung (Update) der Software- und Hardwarekomponeten des Web-Shops und
- gegebenenfalls Kosten für den Kundenservice.

---

[31] Im weiteren Verlauf der Arbeit bleiben die einmaligen Implementierungskosten unberücksichtigt. Die Kosten für das Inhaltsmanagement werden als Redaktionelle Betriebskosten und die Kosten für die Wartung und Erneuerung der Software- und Hardwarekomponenten als Technische Betriebskosten verstanden.

3.5.5.4 Abwicklungskosten im E-Commerce

Die Abwicklungskosten umfassen die Auftrags- und Zahlungskosten (z. B. Kreditkartengebühr) sowie die Kosten für die Warenauslieferung und gegebenenfalls für die Warenrücksendung (vgl. *Hukemann* 2004, S. 210; *Silberer / Köcher* 2004, S. 147).

3.5.5.4.1 Auftrags- und Zahlungskosten

Einzelhändlern stehen derzeit eine Vielzahl an Zahlungssystemen (Kreditkarte, Banküberweisung, per Rechnung, Lasteinzug usw.) im Internet zur Verfügung.[32] Mit der Wahl des Zahlungssystems sind für den Einzelhändler bestimmte Kosten und Risiken verbunden, die einer genaueren Analyse bedürfen (vgl. *Baal et al.* 2005). Die Wahl des Zahlungssystems bestimmt im Wesentlichen den Zahlungszeitpunkt, die Zahlungsabwicklung, die Zahlungsart, die Zahlungsfristen sowie eventuelle Kreditrisiken. Die häufigsten Zahlungsarten im Online-Vertrieb sind Bezahlung per Kreditkarte, per Nachnahme, per Lastschrift und die Überweisung nach Rechnungserhalt. Diese Zahlungsformen bedingen relativ hohe Kosten und sind beispielsweise für kleinpreisige Produkte nicht geeignet (vgl. *Hansen / Neumann* 2005, S. 691; *Heng* 2006, S. 160).

Ausschlagebende Kriterien bei der Wahl des Zahlungssystems aus Sicht des Einzelhändlers sind jedoch nicht nur die Kosten. Auch die Minimierung des Zahlungsausfallrisikos, die Datensicherheit, die Datenintegrität, die Authentifizierbarkeit, der Datenschutz, der Schutz vor Angriffen Dritter und zeitliche Aspekte (vgl. *Ketterer / Stroborn* 2002, S. 342; *Dannenberg / Ullrich* 2004, S. 55) beeinflussen die Wahl des Zahlungssystems des Web-Shops. In diesem Zusammenhang kann sich der Einzelhändler nicht ausschließlich nur von betriebswirtschaftlichen Grundsätzen leiten lassen, sondern muss auch Kundenwünsche (Anonymität, einfache Handhabung) und deren Zahlungsgewohnheiten in die Überlegungen miteinbeziehen (vgl. *Heng* 2006, S. 160).

3.5.5.4.2 Warenauslieferungskosten

Die Warenauslieferungskosten hängen stark vom Lieferort ab, wobei die Hauszustellung oder die Zustellung an eine Lieferbox oder Servicestellen die teuersten Formen der Warenzustellung darstellen. Darüber hinaus bestimmt auch die Produktart wesentlich die Höhe der Warenauslieferungskosten. Beispielsweise benötigt die Auslieferung von einigen Lebensmitteln besondere Kühlvorrichtungen, die die Kosten für die Warenauslieferung zusätzlich erhöhen (vgl. *Schnedlitz / Madlberger* 2002, S. 330f.; *Hansen / Neumann* 2005, S. 693).

Die Warenauslieferungskosten stellen besonders für viele klein- und mittelständische Einzelhandelsunternehmen eine betriebliche Herausforderung dar. Für eine Vielzahl der Kunden sind die Höhe der Versandkosten und der Lieferort entscheidende Kaufkriterien (vgl. *Böing* 2001, S. 235; *Zeithaml et al.* 2002; *Cao et al.* 2003;

---

[32] Zur Klassifikation von Zahlungssystemen im Internet siehe *Thome / Schinzer* (vgl. 2001).

Schnedlitz et al. 2004, S. 89f.). Viele klein- und mittelständische Einzelhandelsunternehmen sind jedoch nicht in der Lage, dem Kunden die Versandkosten zu erlassen und viele Lieferorte anzubieten. Große Einzelhandelsunternehmen hingegen können auf ein entsprechend entwickeltes Warenauslieferungssystem zurückgreifen und dem Kunden eine Vielzahl an Liefermöglichkeiten bei kostenfreiem Versand bzw. ab einer bestimmten Bestellmenge anbieten (vgl. *Hansen / Neumann* 2005, S. 687).

Auch die Warenrückstellung und die damit verbundenen betrieblichen Abwicklungsprozesse, z. B. eventuelle Rücküberweisung des Rechnungsbetrages, müssen im Rahmen des Abwicklungsprozesses berücksichtigt werden. Die Rücksendequoten schwanken derzeit zwischen 5% im Elektronikfachhandel bis zu 60% im Textileinzelhandel (vgl. *Silberer / Koch* 2004, S. 152; Expertengespräch, *Mumelter*, 2006). Generell muss in diesem Zusammenhang erwähnt werden, dass die Zufriedenheit des Kunden mit dem Web-Shop auch wesentlich durch die Zufriedenheit mit Warenlieferung und Warenrückgabe bestimmt wird (vgl. *Wahby* 2001, S. 1–3; *Dach* 2002; S. 208f.; *Silberer / Köcher* 2004, S. 153; *Göpfert / Herrmann* 2006, S. 280). Aus diesem Grund ist eine regelmäßige Analyse der Lieferzeit und Lieferqualität im E-Commerce von Bedeutung.

3.5.6 Probleme bei der innerbetrieblichen Vertriebskanalanalyse zwischen dem Online-Vertrieb und den stationären Ladengeschäften

Ein interner Vertriebskanalvergleich zwischen dem Web-Shop und den stationären Filialen gestaltet sich in der unternehmerischen Praxis schwierig, da sich bedingt durch die unterschiedlichen Vertriebsprinzipien die Prozessabläufe und die Bedeutung der Einsatzfaktoren verändert haben. Im stationären Einzelhandel bestimmt das Residenzprinzip, d. h. dass der Kunde den Anbieter aufsucht, den betrieblichen Wertschöpfungsprozess (vgl. *Barth et al.* 2002, S. 92ff.; *Liebmann / Zentes* 2001, S. 361). Im Online-Handel gilt hingegen das Distanzprinzip, d. h. dass Kunde und Anbieter nicht in physischen Kontakt miteinander treten. Demzufolge entfällt im Online-Vertrieb die Raumüberbrückungsfunktion von Beschaffung und Absatz, was zu weniger komplexen Unternehmensstrukturen und effizienteren Planungs- und Informationsprozessen führt (vgl. *Schulz-Moll / Walthelm* 2003, S. 124).

Die logistische Warendistribution zur Versorgung der einzelnen Verkaufsstätten ist im elektronischen Handel nicht notwendig. Im Gegensatz dazu muss jedoch eine Belieferung der Kunden oder für diese erreichbare Belieferungsorte gewährleistet sein. Diese Belieferung erfordert ein umfassendes Eingangs- und Ausganglogistiksystem, da an Endkunden kleinere Liefermengen bei einer höheren Lieferfrequenz anfallen. Aber nicht nur die Belieferung, sondern auch die Warenrücksendung vom Endkunden zum Handelsunternehmen verlangt zusätzliche logistische und informatorische Prozesse, die im stationären Einzelhandel kaum entstehen.

Einen weiteren Unterschied stellt die Verkaufsstättenlagerhaltung von Produkten dar. Während im Online-Vertrieb die Verkaufsstättenlagerhaltung entfällt und damit geringere Lager- und Raumkosten für das Handelsunternehmen anfallen, entstehen besonders im stationären Einzelhandel hohe Kapital- und Raumkosten durch die verschiedenen Einzellager auf Ladengeschäftsebene.

3.5 Bedeutung des innerbetrieblichen Vertriebskanalvergleichs bei Mehrkanaleinzelhändlern

Der Einsatzfaktor Personal zur Kundenberatung ist im Online-Vertrieb von geringerer Bedeutung, da die Beratungs-, Informations- und Abwicklungsfunktionen großteils durch den Einsatz von Informationstechnologien oder das Kundenservicecenter erfüllt werden. *Meffert* (vgl. 1993, S. 426) weist darauf hin, dass die Kosten des Verkaufspersonals im Web-Shop weitgehend durch die Prozessautomatisierung entfallen. Es muss jedoch betont werden, dass der Web-Shop ein wichtiger Träger der Warenpräsentation und Wareninformation ist. Daher ist die regelmäßige Wartung des Web-Shops und der Informationssysteme unerlässlich. Die Wartung des Web-Shops und der Informationssysteme verursachen Personalkosten (vgl. *Rangone / Balloco* 2000, S. 140; *Auger / Gallaugher* 1997, S. 70). In diesem Zusammenhang ermittelten *Zhuang / Lederer* (vgl. 2006), dass die personellen Ressourcen, die zur Betreibung eines Web-Shops notwendig sind, nicht die E-Commerce-Leistung beeinflussen. Damit verdeutlichen sie, dass zwischen dem Online-Vertrieb und den stationären Geschäften eines Einzelhandels Gemeinsamkeiten bestehen, aber die Wertigkeit der personellen Ressourcen zum Erfolgsbeitrag des jeweiligen Vertriebskanals ein entscheidendes Differenzierungsmerkmal darstellen.

Merkmale	Online-Vertrieb	Stationärer Einzelhandel
Vertriebsprinzip	Distanzprinzip	Residenzprinzip
Unternehmens-organisation	Unternehmensleitung Zentralverwaltung Zentraleinkauf Zentraler Verkauf an den Endkunden über den Web-Shop	Unternehmensleitung Zentralverwaltung Zentraleinkauf Dezentraler Verkauf über die / das Ladengeschäft(e)
Logistische Prozesse	Belieferung der Endkunden mit kleinen Warenmengen und höheren Lieferungsfrequenzen, Rücksendung von Waren	Belieferung der/s Ladengeschäfte(s) mit großen Warenmengen
Einsatz von Partnern und Schnittstellen	Auslagerung von Geschäftsprozessen an externe Partner, z. B: Web-Shop-Pflege, viele betriebliche Schnittstellen notwendig	Auslagerung von Geschäftsprozessen an externe Partner ist kaum möglich, weniger betriebliche Schnittstellen notwendig
Lagerhaltung	Zentrallager	Zentrallager Verkaufsstättenlager
Kundenkontakt	Unpersönlicher Kontakt über den Web-Shop	Persönlicher Kontakt im Verkaufsraum
Sortimentsfunktion	Zentraleinkauf	Zentraleinkauf
Einsatzfaktor Raum	Räumliche Unabhängigkeit, überschaubarer Raumbedarf bei Warenversand und bei Warenrücksendung	Ladengeschäft zur Kundenberatung und Warenpräsentation in Abhängigkeit vom Standort
Einsatzfaktor Personal	Pflege und Wartung des Web-Shops und des Servers etc., Kundenservicecenter	Marktausgleichsfunktion in Form der Verkaufsberatung, Sachgüteraufbereitungsfunktion

Abbildung 14: Unterschiede zwischen dem Online-Vertrieb und dem stationären Einzelhandel
Quelle: in Anlehnung an *Griebel* 2003, S. 433; *Krey* 2002, S. 11–20

Auch der Einsatzfaktor Raum als intersektoraler Standort spielt im Online-Vertrieb eine untergeordnete Rolle, da der Besuch des Web-Shops jederzeit von zu Hause aus erfolgen kann und daher die Kosten für die Anmietung von standortabhängigen Ladengeschäften entfällt (vgl. *Griebel* 2003, S. 422; *Barth et al.* 2002, S. 101ff.). Mit dem Online-Vertrieb hat sich damit für viele Einzelhandelsunternehmen die Standortfrage ihrer Ladengeschäfte relativiert.

Zusammenfassend kann gesagt werden, dass sich die Geschäfts- und Verkaufsprozesse im Online-Vertrieb und stationären Einzelhandel durch die unterschiedlichen Kombinationen der Handelsfunktionen voneinander unterscheiden. Ferner lässt sich erkennen, dass sich die Bedeutung der ursprünglichen Einsatzfaktoren verändert hat. Diese Unterschiede machen einen internen Vergleich des wirtschaftlichen Wertbeitrages beider Vertriebskanäle schwierig, aber unter dem Gesichtspunkt der Entwicklung und Umsetzung einer abgestimmten Vertriebsstrategie innerhalb des Einzelhandelsunternehmens notwendig. Weiter lässt sich daraus ableiten, dass die Entwicklung eines eigenständigen Kennzahlensystems zur Bewertung des Erfolgs des Online-Vertriebs bei einem Mehrkanaleinzelhändler unerlässlich ist und nur eingeschränkt auf bestehende Erfolgssysteme des stationären Einzelhandels zurückgegriffen werden kann.

4 Kennzahlen zur Erfolgsbestimmung von E-Commerce bei einem Mehrkanaleinzelhändler

In diesem Kapital wird zunächst die Wahl des verwendeten Ausgangsmodells begründet. Darauf aufbauend werden die jeweiligen Kennzahlen zur Erfolgsmessung von E-Commerce ausführlich dargestellt und beschrieben. Die vorgestellten Kennzahlen dienen der Entwicklung eines theoretischen Ausgangsmodells, dessen Validierung im Rahmen der Delphi-Studie[33] erfolgt. In Abschnitt 4.5 wird das Ausgangsmodell zum besseren Verständnis und zur zusammenfassenden Übersicht graphisch dargestellt.

4.1 Begründung der Wahl des Kennzahlenbezugsrahmens

Die nachfolgende Kennzahlenauswahl bezieht sich auf das Vertriebscontrollingsystem von *Palloks* (vgl. 1995, S. 1139). Diese Überlegung begründet sich auf folgenden Argumenten:

Das erste Argument stützt sich auf die Tatsache, dass das Handelscontrolling von kurzen Kontrollzyklen verbunden, mit einem hohen Informationsversorgungsgrad, geprägt ist. Demzufolge ist der Implementierungsgrad zwischen strategischen und operativen Kennzahlen eher gering und daher eine Vielzahl an operativen Kennzahlen vorhanden (vgl. *Müller-Hagedorn* 2002, S. 263). Dieser mangelnde Implementierungsgrad lässt sich u. a. auf eine unzureichend festgelegte Zuständigkeit der Controllingaufgaben in den Einzelhandelsunternehmen zurückführen. Die Wahrnehmung von Controllingaufgaben erfolgt in Einzelhandelsunternehmen auf verschiedenen Ebenen z. B. den Filialen, der Marketingabteilung oder der Controllingabteilung (vgl. *Krey* 2002, S. 43; *Becker / Schütte* 2004, S. 592). Das Vertriebscontrollingsystem von *Palloks* wird den unterschiedlichen Anspruchsgruppen auf Grund der großen Anzahl an operativen Kennzahlen gerecht.

Das zweite Argument begründet sich darauf, dass das Vertriebscontrollingsystem von *Palloks* alle wesentlichen Bestandteile eines Handelscontrollingsystems abbildet. Diese Bestandteile sind der Kunde, das Sortiment, das Personal und die Filiale (vgl. *Schröder* 2001b, S. 778f.). Die Nennung der Filiale erscheint an dieser Stelle widersprüchlich. Laut *Hukemann* (vgl. 2004, S. 49) und *Zentes / Schramm-Klein* (vgl. 2006, S. 9) kann aber der Web-Shop als Filiale betrachtet werden, da er als virtueller Verkaufsraum fungiert.

---

[33] Siehe dazu Kapitel 5.

Die Berücksichtigung der in Kapitel 2 beschriebenen Ziele und Risiken im Kennzahlensystem von *Palloks* stellt das dritte Argument dar. Das Kennzahlensystem von *Palloks* ermöglicht auf Grund der vielfältigen Analysebereiche eine umfassende Betrachtung der betrieblichen Ziele und Risiken, die an die Einführung eines Web-Shops geknüpft sind.

Das vierte Argument ergibt sich aus der angestrebten Vergleichbarkeit zum stationären Einzelhandel. Das System von *Palloks* wurde für den stationären Vertrieb entwickelt, daher wird davon ausgegangen, dass durch die Anwendung dieses Modells eine Vergleichbarkeit zwischen dem Online-Vertrieb und dem stationären Einzelhandel erreicht werden kann.

Eine unveränderte Übernahme des Vertriebscontrollingsystems von *Palloks* erscheint auf Grund der Orientierung des Modells am stationären Vertrieb nicht sinnvoll. Wie bereits im vorherigen Kapitel erläutert, hat sich die Wertigkeit der Einsatzfaktoren im Online-Vertrieb gegenüber dem stationären Einzelhandel verändert. Aus diesem Grund werden entsprechende Erweiterungen und Anpassungen des Kennzahlensystems von *Palloks* vorgenommen. So wird beispielsweise die Effizienz der Vertriebsorganisation in das Abwicklungs- und Logistiksystem und das IT-System unterteilt. Diese Konkretisierung ist notwendig, da das IT-System und das Abwicklungs- und Logistiksystem wesentliche Erfolgsfaktoren des E-Commerce darstellen und entscheidend die Effizienz des Online-Vertriebs bestimmen. Ferner wird im Gegensatz zum Kennzahlensystem von *Palloks* der Analysebereich Marktstruktur in Markt- und Kundenstruktur umbenannt, da die Betrachtung von Kundenkennzahlen im Online-Vertrieb von zentraler Bedeutung ist.

Darüber hinaus soll ein Kennzahlenvergleich mit den stationären Ladengeschäften gewährleistet werden. Daher umfasst die nachfolgende Betrachtung vorwiegend Kennzahlenbereiche, in denen ein Vergleich vorab möglich und sinnvoll erscheint. Aus diesem Grund bleibt beispielsweise die Betrachtung von Kennzahlen zur Navigation, Informationsqualität, Unterhaltung und Bedienerfreundlichkeit des Web-Shops weitgehend unberücksichtigt, da bei diesen die Vergleichsbasis zum stationären Ladengeschäft sehr stark eingeschränkt ist. *Hukemann* (vgl. 2004, S. 183) bestätigt diesen Gedanken mit der Begründung, dass ein Kennzahlenvergleich in diesen Bereichen einer gemeinsamen Vergleichsbasis entbehrt und somit die Sinnhaftigkeit eines Kennzahlenvergleichs in Frage stellt.

Im Rahmen der Erfolgsmessung von E-Commerce stellt die Messung von Kannibalisierungs- und Synergieeffekten zwischen dem Online-Vertrieb und dem stationären Vertrieb einen wichtigen Inhaltspunkt dar. Unter dem Stichwort Mehrkanalcontrolling wird diese Problematik besonders aufgegriffen.

Die Messung der Kannibalisierung zwischen beiden Vertriebskanälen kann zum derzeitigen Stand der Forschung vornehmlich durch einen Vergleich der Umsatzzahlen, des Kundendeckungsbeitrags und des Kundeneinkaufswerts erfolgen. Konkrete Kennzahlenmodelle und Kennzahlen zur Messung der Kannibalisierungseffekte zwischen dem Web-Shop und dem stationären Einzelhandel liegen in der wissenschaftlichen Literatur kaum vor. Daher kann durch dieses Modell die Kannibalisierung zwischen Vertriebskanälen nur in geringem Umfang erklärt werden, indem allgemeingültige Kennzahlen zur Messung von Kannibalisierungseffekten berücksichtigt werden.

Anders verhält es sich bei der Messung von Synergieeffekten zwischen den beiden Vertriebskanälen. Zur Messung dieser Effekte zwischen dem Web-Shop und dem stationären Einzelhandel liegen bereits Einzelkennzahlen vor. Diese Einzelkennzahlen werden im vorliegenden Modell berücksichtigt und den entsprechenden Kategorien zugeordnet. Im Rahmen der Delphi-Befragung werden diese Kennzahlen auf ihre Bedeutung in der betrieblichen Praxis durch die Experten validiert.

4.2 Kennzahlen zur Strukturanalyse im E-Commerce

Im Rahmen der Strukturanalyse erfolgt eine Analyse der Vertriebs- sowie der Markt- und Kundenstruktur. Die wesentlichen Ziele der Strukturanalyse bestehen in der Bewertung der markt- und wettbewerbsorientierten Ausrichtung des Vertriebsbereiches sowie in der Effizienzbewertung des Vertriebskanals (vgl. *Palloks* 1995, S. 1138f.; *Reichmann* 2001, S. 483)

4.2.1 Kennzahlen zur Beschreibung der Vertriebsstruktur im E-Commerce

Die Vertriebsstruktur analysiert die Effizienz des Web-Shops und beinhaltet eine Analyse der Vertriebskostenstruktur, der Umsatz- und Auftragsstruktur sowie der Rabattstruktur (vgl. *Palloks* 1995, S. 1138f.; *Reichmann* 2001, S. 483). Besonders nach der Implementierung des Web-Shops ist die Betrachtung der laufenden Kosten und des Umsatzes zur Beurteilung der Wirtschaftlichkeit und Absatzfähigkeit des Web-Shops von Bedeutung.

4.2.1.1 Kennzahlen zur Beschreibung der Vertriebskostenstruktur im E-Commerce

Im Zuge der Vertriebskostenstruktur werden die Kosten ermittelt, die durch den Web-Shop verursacht werden.[34] Im E-Commerce lässt sich die Kostenstruktur im Wesentlichen durch folgende Kennzahlen ermitteln (vgl. *Rieg* 2000; *Larsen / Bloniarz* 2000; *Friedag / Schmidt* 2001; *Griebel* 2003; *Hukemann* 2004):

- prozentueller Anteil der Abwicklungskosten (Zahlung, Logistik und Versand) am E-Commerce-Umsatz,
- prozentueller Anteil der technischen Betriebskosten für Hardware am E-Commerce-Umsatz,
- prozentueller Anteil der technischen Betriebskosten für Software und Lizenzen am E-Commerce-Umsatz,
- prozentueller Anteil der redaktionellen Betriebskosten (Personalkosten) am E-Commerce-Umsatz und
- prozentueller Anteil der Wareneinsatzkosten am E-Commerce-Umsatz.

---

[34] In Abschnitt 3.5 wurden die wesentlichen Kostenbereiche des Web-Shops bereits ausführlich erläutert.

Kennzahl	Formel	Einheit	Quelle
Prozentueller Anteil der Abwicklungskosten am E-Commerce-Umsatz	Gesamtkosten für die Auftrags- und Zahlungsabwicklung sowie den Versand des Online-Vertriebs / Web-Shop-Gesamtumsatz	Prozentwert	*Calkins et al.* 2000; *Hukemann* 2004

Erläuterung und Bedeutung

Der prozentuelle Anteil der Abwicklungskosten am E-Commerce-Umsatz verdeutlicht die **Effizienz des Abwicklungs- und Logistiksystems** des Online-Vertriebs. Aus diesem Grund eignet sich diese Kennzahl zur **Budgetplanung** sowie zur **Steuerung** und **Kontrolle der Abwicklungskosten** des Web-Shops. Darüber hinaus kann diese Kennzahl zur **Unterstützung von Entscheidungen bei der Gestaltung des Abwicklungs- und Logistiksystems** des Online-Vertriebs und zur **Ableitung von möglichen Einsparungspotenzialen** in diesem Bereich herangezogen werden.

Kennzahl	Formel	Einheit	Quelle
Prozentueller Anteil der technischen Betriebskosten für Hardware am E-Commerce-Umsatz	Gesamtkosten für Hardware, Serverhosting, Serverwartung und Internet-Anbindung des Web-Shops / Web-Shop-Gesamtumsatz	Prozentwert	*Wilke* 2002; *Sterne* 2002; *Glohr* 2003; *Hukemann* 2004

Erläuterung und Bedeutung

Der prozentuelle Anteil der technischen Betriebskosten für Hardware am E-Commerce-Umsatz spiegelt die **Effizienz und Leistungsfähigkeit der Hardware des Informationssystems** wider. Demzufolge eignet sich diese Kennzahl zur **Budgetplanung** und **-beurteilung** sowie zur **Steuerung** und **Kontrolle der Hardwarekosten des Informationssystems**. Ferner kann diese Kennzahl zur **Unterstützung von Entscheidungen zur Gestaltung der Hardware des Informationssystems**, zur **Ableitung von möglichen Einsparungspotenzialen** bei der Hardware und zur **Argumentation bei Investitionsentscheidungen** (z. B. Auslagerung) herangezogen werden. In diesem Analysezusammenhang muss jedoch berücksichtigt werden, dass der prozentuelle Anteil der technischen Betriebskosten für Hardware am E-Commerce-Umsatz sich wesentlich nach der Art und Gestaltung des Web-Shops richtet.

Abbildung 15: Kennzahlen zur Vertriebskostenstruktur im E-Commerce

(Fortsetzung auf S. 61)

4.2 Kennzahlen zur Strukturanalyse im E-Commerce

Kennzahl	Formel	Einheit	Quelle
Prozentueller Anteil der technischen Betriebskosten für Software / Lizenzen am E-Commerce-Umsatz	Gesamtkosten für Software und diverse Lizenzen des Web-Shops / Web-Shop-Gesamtumsatz	Prozentwert	*Larsen / Bloniarz* 2000; *Müller* 2001; *Glohr* 2003; *Hukemann* 2004

Erläuterung und Bedeutung

Der prozentuelle Anteil der technischen Betriebskosten für Software / Lizenzen am E-Commerce-Umsatz beschreibt die **Effizienz und Leistungsfähigkeit der Software / Lizenzen des Informationssystems**. Demzufolge kann diese Kennzahl zur **Budgetplanung** sowie zur **Steuerung und Kontrolle der Kosten für Software / Lizenzen des Informationssystems** eingesetzt werden. Ferner kann diese Maßzahl zur **Unterstützung von Entscheidungen bei der Gestaltung der Software / Lizenzen des Informationssystems**, zur Ableitung von möglichen Einsparungspotenzialen und zur **Argumentation bei Investitionsentscheidungen** herangezogen werden. In diesem Zusammenhang muss jedoch berücksichtigt werden, dass der prozentuelle Anteil der technischen Betriebskosten für Software / Lizenzen am E-Commerce-Umsatz wesentlich durch die Art und Gestaltung des Web-Shops sowie das gewählte Abrechnungsmodell bestimmt wird.

Kennzahl	Formel	Einheit	Quelle
Prozentueller Anteil der redaktionellen Betriebskosten (Personalkosten) am E-Commerce-Umsatz	Gesamtkosten für die redaktionelle Pflege des Web-Shops (Personalkosten) / Web-Shop-Gesamtumsatz	Prozentwert	*Müller* 2001; *Sterne* 2002; *Hukemann* 2004

Erläuterung und Bedeutung

Der prozentuelle Anteil der redaktionellen Betriebskosten am E-Commerce-Umsatz verdeutlicht die **Effizienz** und **Leistungsfähigkeit** des **Inhaltsmanagementsystems** und des **redaktionellen Personals** des Web-Shops. Folglich kann diese Kennzahl zur **Budgetplanung** sowie zur **Steuerung und Kontrolle der Kosten für das redaktionelle Personal des Web-Shops** eingesetzt werden. Ferner kann diese Maßzahl zur **Unterstützung von Entscheidungen bei der Gestaltung des Inhaltsmanagementsystems** und des **Personaleinsatzes**, sowie zur **Ableitung von möglichen Einsparungspotenzialen** und zur **Argumentation bei Investitionsentscheidungen** herangezogen werden. In diesem Zusammenhang muss jedoch berücksichtigt werden, dass der prozentuelle Anteil der redaktionellen Betriebskosten durch die Art des Web-Shops und die Anzahl der angebotenen Produkte beeinflusst wird.

Abbildung 15: (Fortsetzung) *(Fortsetzung auf S. 62)*

Kennzahl	Formel	Einheit	Quelle
Prozentueller Anteil der Wareneinsatzkosten am E-Commerce-Umsatz	Summe der Einkaufsrechnungen ohne Vorsteuer + Lagerbestandsveränderung / Web-Shop-Gesamtumsatz	Prozentwert	*Hukemann* 2004

Erläuterung und Bedeutung

Der prozentuelle Anteil der Wareneinsatzkosten am E-Commerce-Umsatz verdeutlicht die **Effizienz des Beschaffungssystems** des Online-Vertriebs und die **Marktmacht des Web-Shop-Betreibers**. Aus diesem Grund eignet sich diese Kennzahl einerseits zur **Budgetplanung beim Wareneinkauf** und andererseits zur **Steuerung und Kontrolle der Beschaffungskosten (Wareneinsatzkosten)** des Web-Shops. Darüber hinaus kann diese Kennzahl zur **Unterstützung von Entscheidungen bei der Gestaltung des Beschaffungssystems** des Online-Vertriebs und zur **Ableitung von möglichen Einsparungspotenzialen** in diesem Bereich herangezogen werden.

Abbildung 15: (Fortsetzung)

4.2.1.2 Kennzahlen zur Beschreibung der Umsatz- und Auftragsstruktur im E-Commerce

Die Umsatz- und Auftragsstruktur betrachtet die Auftragseingänge und die damit verbundenen Umsätze (vgl. *Palloks* 1995, S. 1138f.; *Reichmann* 2001, S. 484). Im E-Commerce können zur Bestimmung der Umsatz- und Auftragsstruktur folgende Kennzahlen eingesetzt werden:

- E-Commerce-Gesamtumsatz,
- E-Commerce-Umsatzanteil am Gesamtumsatz,
- E-Commerce-Umsatz pro Mitarbeiter,
- E-Commerce-Umsatz je Wochentag,
- E-Commerce-Umsatz je Uhrzeit,
- E-Commerce-Umsatz je Region,
- E-Commerce-Umsatz je Zahlungsart und
- Umsatzrentabilität des Web-Shops.

4.2 Kennzahlen zur Strukturanalyse im E-Commerce

Kennzahl	Formel	Einheit	Quelle
E-Commerce-Gesamtumsatz	Summe der abgesetzten Produkte über den Web-Shop zu den jeweiligen Verkaufspreisen	Zahl in Geldeinheiten	*Barua et al.* 2001; *Müller* 2001; *Wirtz* 2001; *Brettel / Heinemann* 2001; *Knust / Schindera* 2001; *Grimm / Röhricht* 2003; *Saeed et al.* 2003b; *Feng et al.* 2004; *Hukemann* 2004

Erläuterung und Bedeutung

Der E-Commerce-Gesamtumsatz kann zur Beurteilung der **Absatzfähigkeit** des Web-Shops sowie zur **Ableitung von betrieblichen Entscheidungen und Maßnahmen** herangezogen werden. Darüber hinaus kann der E-Commerce-Gesamtumsatz als **Vergleichs- und Entwicklungsgröße** mit anderen Vertriebskanälen des Einzelhändlers verwendet und in Abhängigkeit von verschiedenen Bezugsobjekten (z.B. Kunde, Einkaufswagen, Warengruppe, Gesamtumsatz) ermittelt werden.

Kennzahl	Formel	Einheit	Quelle
E-Commerce-Umsatz am Gesamtumsatz	Web-Shop-Gesamtumsatz / Gesamtumsatz des Unternehmens	Prozentwert	*Wirtz* 2001

Erläuterung und Bedeutung

Der E-Commerce-Umsatz am Gesamtumsatz kann zur **Bestimmung des Wertbeitrages** des Web-Shops am Gesamterfolg des Unternehmens eingesetzt werden. Im Sinne einer Vergleichsgröße zu anderen Vertriebskanälen kann diese Kennzahl vor allem für ein internes **Mehrkanalcontrollingsystem** und **überbetriebliche Web-Shop-Vergleiche** bedeutsam sein. Die Betrachtung des E-Commerce-Umsatzes zum Gesamtumsatz im zeitlichen Ablauf ermöglicht darüber hinaus Aussagen über die **zukünftige Entwicklung** des Web-Shops und liefert demzufolge wichtige Hinweise zur Ableitung von zukünftigen Unternehmensstrategien.

Kennzahl	Formel	Einheit	Quelle
E-Commerce-Umsatz pro Mitarbeiter	Web-Shop-Gesamtumsatz / Anzahl der Mitarbeiter, die im Online-Vertrieb tätig sind	Zahl in Geldeinheiten	*Barua et al.* 2001; *Zhu / Kraemer* 2002; *Grimm / Röhricht* 2003; *Zhu* 2004

Erläuterung und Bedeutung

Der E-Commerce-Umsatz pro Mitarbeiter erlaubt eine **Effektivitätsbeurteilung der eingesetzten Personalkapazitäten** für den Web-Shop. Anders als im stationären Einzelhandel ist nach der Implementierungsphase des Web-Shops auf Grund geringerer Personalressourcen im Vergleich zum stationären Einzelhandel mit einem relativ hohem E-Commerce-Umsatz pro Mitarbeiter zu rechnen. Aufgrund der Vergleichbarkeit mit anderen Vertriebskanälen kann diese Kennzahl im Rahmen eines **Mehrkanalcontrollings und für überbetriebliche Web-Shop-Vergleiche** Anwendung finden.

Abbildung 16: Kennzahlen zur Umsatz- und Auftragsstruktur im E-Commerce
(Fortsetzung auf S. 64)

Kennzahl	Formel	Einheit	Quelle
E-Commerce-Umsatz je Wochentag	Umsatz des Web-Shops je Wochentag	Zahl in Geldeinheiten	*Bürlimann* 2001

Erläuterung und Bedeutung

Die Kennzahl E-Commerce-Umsatz je Wochentag ermöglicht Aussagen zum **Kaufverhalten** der Web-Shop-Kunden im Wochenablauf und kann demzufolge als **Entscheidungs- und Planungsgrundlage für Marketingmaßnahmen** eingesetzt werden. In diesem Zusammenhang erfüllt diese Kennzahl daher entscheidende **Planungs- und Steuerungsaufgaben** für den Betrieb des Web-Shops.

Kennzahl	Formel	Einheit	Quelle
E-Commerce-Umsatz je Uhrzeit	Umsatz des Web-Shops je Uhrzeit	Zahl in Geldeinheiten	*Bürlimann* 2001

Erläuterung und Bedeutung

Die Kennzahl E-Commerce-Umsatz je Tageszeit ermöglicht Aussagen zum **Kaufverhalten der Web-Shop-Kunden** im Tagesablauf und eignet sich demzufolge als **Entscheidungs- und Planungsgrundlage für Marketingmaßnahmen**, z.B. diverse Verkaufsförderungsaktionen, des Web-Shops.

Kennzahl	Formel	Einheit	Quelle
E-Commerce-Umsatz je Region (Postleitzahl, Bundesland)	Umsatz des Web-Shops nach bestimmten Regionen, z.B. nach der Poszleitzahl oder dem Bundesland	Zahl in Geldeinheiten	*Wirtz* 2001; *Dandl* 2005

Erläuterung und Bedeutung

Die Kennzahl E-Commerce-Umsatz je Region ermittelt, durch welche Regionen (Märkte) welche Umsätze generiert werden. Folglich lassen sich anhand dieser Kennzahl Aussagen zur **Markt- und Kundenstruktur** des Web-Shops ableiten sowie die umsatzstärksten, die umsatzschwächsten und noch die „freien" Märkte abbilden. Mittels dieser Kennzahl können auch nachvollzogen werden, inwieweit **geographische Markterweiterungen** durch den Online-Vertrieb eingetreten sind und die Wirksamkeit von durchgeführten Marketingmaßnahmen beurteilt werden. Darüber hinaus eignet sich die Kennzahl zur **Planung von örtlich begrenzten (lokalen) Marketingmaßnahmen** sowie zur Beurteilung der **Kundenbindung** und **Kundenakquise** des Web-Shops. Im Rahmen des **Mehrkanalcontrollings** kann der E-Commerce-Umsatz je Region ebenfalls Anwendung finden.

Kennzahl	Formel	Einheit	Quelle
E-Commerce-Umsatz je Zahlungsart	Umsatz des Web-Shops je Art der Zahlung	Zahl in Geldeinheiten	*Baal et al.* 2005

Erläuterung und Bedeutung

Die Kennzahl E-Commerce-Umsatz je Zahlungsart ist auf Grund der Vielzahl an angebotenen Zahlungsmöglichkeiten im Internet von Bedeutung. Der Einsatz der verschiedenen Zahlungsmöglichkeiten ist für den Einzelhändler mit Kosten und Risiken verbunden. Aus diesem Grund ist die Betrachtung der häufigsten bzw. der bevorzugten Zahlungsarten im Web-Shop und dem daraus abzuleitenden **Zahlungsverhalten der Kunden** zur Risiko- und Kostensenkung und zur **Ableitung eines Zahlungsportfolios** von Bedeutung.

Abbildung 16: (Fortsetzung) *(Fortsetzung auf S. 65)*

Kennzahl	Formel	Einheit	Quelle
Umsatzrentabilität des Web-Shops (Return on sales)	Gewinn + Fremdkapitalzinsen des Web-Shops / Gesamtumsatz des Web-Shops	Prozentwert	*Friedag / Schmidt* 2001; *Hukemann* 2004
Erläuterung und Bedeutung Die Umsatzrentabilität ermittelt, wie viel Prozent des Jahresumsatzes Gewinn durch den Online-Vertrieb darstellen. Die Umsatzrentabilität spiegelt demzufolge die **Wirtschaftlichkeit des Web-Shops** wider und eignet sich auch für **Erfolgsvergleiche** mit anderen inner- und überbetrieblichen Verkaufskanälen. Im Zuge der Aussagenvielfalt der Umsatzrentabilität kann diese zur **Ableitung von zukünftigen Handlungsstrategien** für den Web-Shop und im Rahmen des **Mehrkanalcontrollings** eingesetzt werden. Die Berechnung der Umsatzrentabilität des Web-Shops ist besonders sinnvoll, wenn der Web-Shop als eigenes Profitcenter im Handelsunternehmen betrieben wird.			

Abbildung 16: (Fortsetzung)

4.2.1.3 Kennzahlen zur Beschreibung der Rabattstruktur im E-Commerce

Die Rabatthöhe beeinflusst die Umsatzstruktur, daher ist eine Analyse der Rabattstruktur unerlässlich (vgl. *Palloks* 1995, S. 1138f.; *Reichmann* 2001, S. 484f.). Im Einzelhandel ist zur Absatzförderung und zur Kundenbindung ein Trend zum Couponing feststellbar (vgl. *Becker / Schütte* 2004, S. 409). Aus diesen Gründen ist die Betrachtung der Rabattstruktur auch im Online-Vertrieb von großer Bedeutung. Mögliche Kennzahlen zur Beschreibung der Rabattstruktur sind im E-Commerce die:

- Rabattquote,
- Gutscheinkonvertierungsrate und
- Reaktivierungsquote.

Kennzahl	Formel	Einheit	Quelle
Rabattquote (Discount quote)	Anzahl der Online-Bestellungen mit Rabatt / Gesamtanzahl der Online-Bestellungen	Prozentwert	*Hukemann* 2004

Erläuterung und Bedeutung

Die Rabattquote ist im Rahmen der Erfolgsbewertung des Online-Vertriebs von Bedeutung, da die Rabattquote den E-Commerce-Umsatz vermindert und damit die **Wirtschaftlichkeit** des Web-Shops beeinflussen kann. Die Höhe der Rabattquote ist in Abhängigkeit von der Preis- und Kundenstrategie des Web-Shops zu betrachten, sollte jedoch gewisse Grenzwerte nicht überschreiten.

Kennzahl	Formel	Einheit	Quelle
Gutscheinkonvertierungsrate (Coupon-Conversion-Rate)	Online-Bestellungen (Ref Cupon) / Anzahl der ausgegebenen Cupons über den Web-Shop	Prozentwert	*Hukemann* 2004

Erläuterung und Bedeutung

Die Gutscheinkonvertierungsrate misst die **Akzeptanz und die Kaufanregung von Gutscheinen** unter den Web-Shop-Kunden und verdeutlicht die **Effektivität von verkaufsfördernden Maßnahmen** für den Web-Shop. Bei der Ermittlung ist zu beachten, ob der/die Gutschein(e) zu zusätzlichen Online-Bestellungen geführt haben, oder ob nur eine zeitliche Bestellverlagerung stattgefunden hat.

Kennzahl	Formel	Einheit	Quelle
Reaktivierungsquote	Anzahl der Online-Bestellungen mit zeitlich befristeten Cupons / Anzahl aller versendeten zeitlich befristeten Cupons zur Reaktivierung der Web-Shop-Kunden	Prozentwert	*Hukemann* 2004

Erläuterung und Bedeutung

Die Reaktivierungsquote ist eine Spezialform der Gutscheinkonvertierungsquote und dient der **Ermittlung der Reaktivierungseffektivität** von inaktiven Web-Shop-Kunden mittels zeitlich befristeter Cupons. Ferner kann diese Kennzahl zur **Ermittlung der Kundenbindung** und **Kundentreue** des Web-Shops herangezogen werden.

Abbildung 17: Kennzahlen zur Beschreibung der Rabattstruktur im E-Commerce

4.2.2 Kennzahlen zur Beschreibung der Markt- und Kundenstruktur im E-Commerce

Die Markt- und Kundenstruktur analysiert die markt- und wettbewerbsorientierte Ausrichtung des Vertriebskanals und beinhaltet eine Analyse der derzeitigen Markt- und Konkurrenzsituation sowie der Kundenstruktur (vgl. *Palloks* 1995, S. 1139). Auch im Online-Vertrieb ist die Analyse der Markt- und Konkurrenzstruktur u. a. durch die gesunkenen Transaktionskosten, die veränderten Einkaufs- und Informationsgewohnheiten der Kunden sowie die Vereinfachung von Preisvergleichen durch den Kunden von Bedeutung (vgl. *Schröder* 2006).

4.2.2.1 Kennzahlen zur Beschreibung der Markt- und Konkurrenzstruktur im E-Commerce

Die Verwendung von Informations- und Kommunikationstechnologien und die daraus resultierende Protokollierung des Kundenverhaltens während des Kaufprozesses haben zu einer Vielzahl an Kennzahlen zur Beschreibung der Marktstruktur im Online-Vertrieb geführt. Ein Großteil dieser Kennzahlen beruht auf den im Abschnitt 1.2.2 beschriebenen Web-Metriken. Die Web-Metriken eignen sich in diesem Zusammenhang besonders zur Beschreibung des Such- und Informationsverhaltens der Web-Shop-Besucher und zur Beurteilung der Bedienerfreundlichkeit des Web-Shops.[35]

Zur Analyse der gegenwärtigen Markt- und Konkurrenzstruktur können im E-Commerce als zentrale Erfolgsindikatoren folgende Kennzahlen herangezogen werden:

- Marktanteil,
- Reichweite,
- Tageszeit mit der höchsten Besucherfrequenz,
- Wochentag mit der höchsten Besucherfrequenz,
- kein Referrer,
- Herkunftsseite,
- Herkunftslink,
- häufigstes Suchwort intern,
- häufigstes Suchwort extern,
- meistgenutzte Suchmaschinen,
- Anzahl der Besucher,
- Anzahl der Seitenaufrufe,
- Anzahl der Besuche,
- Anzahl der wiederkehrenden Besucher,
- durchschnittliche Verweildauer,
- durchschnittliche Besuchstiefe,
- durchschnittliche Besuchshäufigkeit,
- Inhaltseffektivität,
- Fokus,

---

[35] Im Rahmen der Markt- und Konkurrenzstruktur werden ausschließlich Kennzahlen betrachtet, die noch zu keiner Online-Bestellung geführt haben. Aus diesem Grund wird in diesem Zusammenhang ausschließlich von Web-Shop-Besucher gesprochen.

- meistgenutzte Einstiegs- und Ausstiegsseite und
- meistgenutzte Klickpfade.

Zur Messung von Synergieeffekten zwischen dem Web-Shop und den stationären Filialen kann in dieser Kategorie die Kennzahl Filialsucher-Einstiegs- und Ausstiegsquote eingesetzt werden (vgl. *Teltzrow / Günther* 2004).

Kennzahl	Formel	Einheit	Quelle
Marktanteil	Web-Shop-Gesamtumsatz des Unternehmens / E-Commerce-Branchengesamtumsatz	Prozentwert	*Trautwein / Vorstius* 2001; *Schäffer et al.* 2002; *Grimm / Röhricht* 2003; *Delone / McLean* 2004

Erläuterung und Bedeutung

Mit Hilfe der Kennzahl Marktanteil lassen sich die **Marktposition** und **der Brancheneinfluss** des Web-Shops bestimmen. Darüber hinaus können mittels des Marktanteils **Rückschlüsse** über verstärkte **Marktanstrengungen** und die **Marktmacht** der Konkurrenz sowie mögliche **Synergieeffekte** gezogen werden.

Kennzahl	Formel	Einheit	Quelle
Reichweite (Total site reach)	Zahl der Web-Shop-Besucher / Zahl der Internet-Nutzer	Prozentwert	*Embellix* 2000; *NetGenesis* 2000; *Heine* 2001; *Preißner* 2001; *Molla / Licker* 2001; *Kerkhofs et al.* 2001; *Sterne* 2002; *Wegener* 2005

Erläuterung und Bedeutung

Zur Berechnung der Reichweite des Web-Shops liegen in der Literatur viele Berechnungsformeln vor. Bedingt durch Schätzunsicherheiten bei der Zahl der Internet-Nutzer gilt die Reichweite als eine der meistdiskutiertesten Kennzahlen, daher ist diese Kennzahl auch im Online-Vertrieb nicht unumstritten. Prinzipiell können anhand der Reichweite des Web-Shops Aussagen zur **Marktstruktur, Marktposition** und zur **Attraktivität** des Web-Shops abgeleitet und nachvollzogen werden, inwieweit eine **geographische Markterweiterung** durch den Web-Shop stattgefunden hat. Darüber hinaus liefert die Reichweite gute Anhaltspunkte zur **Planung von Marketingmaßnahmen** und zur **Mediaplanung** für den Web-Shop.

Kennzahl	Formel	Einheit	Quelle
Tageszeit mit der höchsten Besucherfrequenz	Stunde mit der höchsten Besucheranzahl des Web-Shops	Uhrzeit	*Bürlimann* 2001; *Preißner* 2001; *Bhat et al.* 2002

Erläuterung und Bedeutung

Die Kennzahl Tageszeit mit der höchsten Besucherfrequenz wird mittels Logfileanalyse erhoben und ermöglicht Aussagen zum **Kauf- und Informationsverhalten der Web-Shop-Besucher im Tagesablauf**. Sie kann daher zur **Planung und Durchführung von Marketingmaßnahmen** für Web-Shop-Besucher herangezogen werden. Ferner können anhand dieser Kennzahl mögliche **Serverengpässe im Tagesablauf** abgeschätzt und im Bedarfsfall bereits **Gegensteuerungsmaßnahmen** geplant werden.

Abbildung 18: Kennzahlen zur Beschreibung der Markt- und Konkurrenzstruktur im E-Commerce
(Fortsetzung auf S. 69)

4.2 Kennzahlen zur Strukturanalyse im E-Commerce

Kennzahl	Formel	Einheit	Quelle
Wochentag mit der höchsten Besucherfrequenz	Wochentag mit der höchsten Besucheranzahl des Web-Shops	Wochentag	*Bürlimann* 2001; *Preißner* 2001; *Bhat et al.* 2002

Erläuterung und Bedeutung

Die Kennzahl Wochentag mit der höchsten Besucherfrequenz wird auf Basis von Logfileanalysen ermittelt und verdeutlicht das **Kauf- und Informationsverhalten der Web-Shop-Besucher** im Wochenablauf. In diesem Zusammenhang kann daher diese Kennzahl ebenfalls zur **Planung und Durchführung von Marketingmaßnahmen** für den Web-Shop herangezogen werden. Ferner können anhand dieser Kennzahl mögliche **Serverengpässe im Wochenablauf** abgeschätzt und im Bedarfsfall bereits **Gegensteuerungsmaßnahmen** geplant werden.

Kennzahl	Formel	Einheit	Quelle
Kein Referrer	Anzahl der Web-Shop-Besucher, die die Web-Adresse des Web-Shops direkt eingetippt oder als Lesezeichen gespeichert haben	Zahl	*Bürlimann* 2001

Erläuterung und Bedeutung

Die Kennzahl kein Referrer lässt sich anhand einer Logfileanalyse ermitteln. Diese Kennzahl impliziert ein bestehendes **Interesse** am Web-Shop bzw. **an den angebotenen Produkten** und signalisiert damit eine entsprechende **Kaufbereitschaft** der Web-Shop-Besucher.

Kennzahl	Formel	Einheit	Quelle
Herkunftsseite (Referring site)	Website bzw. Web-Seite, von der ein Web-Shop-Besucher gekommen ist	Url	*Heine* 2001; *Bürlimann* 2001; *Plant et al.* 2003; *Hukemann* 2004; *Schwarz* 2004; *Weischedel et al.* 2005

Erläuterung und Bedeutung

Die Kennzahl Herkunftsseite wird mittels Logfileanalyse erhoben und bildet die Website bzw. Web-Seite ab, über die Kunden zum Web-Shop gelangt sind. Mittels dieser Kennzahl kann daher die **Herkunft der Web-Shop-Besucher** erfasst und die **Effektivität von diversen Partnerschaften** eruiert werden.

Abbildung 18: (Fortsetzung) *(Fortsetzung auf S. 70)*

Kennzahl	Formel	Einheit	Quelle
Herkunftslink (Referring url)	Website bzw. Web-Seite, auf der sich ein Link zum Web-Shop befindet	Url	*Bürlimann* 2001; *Hukemann* 2004

Erläuterung und Bedeutung

Die Kennzahl Herkunftslink wird auf Basis von Logfileanalysen gewonnen und ermöglicht in erster Linie Aussagen zur **Herkunft der Web-Shop-Besucher** und zur **redaktionellen Qualität** des Web-Shops. Diese Kennzahl kann somit einerseits zur **Erfolgsmessung der Marketingmaßnahmen** eingesetzt und andererseits zur **Effektivitätsbewertung von Partnerschaften** herangezogen werden.

Kennzahl	Formel	Einheit	Quelle
Häufigstes Suchwort intern	Wort, das die Website-Besucher am häufigsten in die Suchfunktion des Web-Shops eingetippt haben	Text	*Schwickert / Wendt* 2000; *Bürlimann* 2001; *Sterne* 2002; *Hukemann* 2004; *Weischedel et al.* 2005

Erläuterung und Bedeutung

Die Analyse der Kennzahl häufigstes Suchwort intern unterstützt vor allem die **Optimierung der Web-Shop-Gestaltung** im Sinne von möglichen Navigationspräferenzen und ermöglicht **Aussagen zum gewünschten Produktangebot** und zu den **Kundenbedürfnissen**. Ferner kann anhand dieses Wortes der **(zukünftige) Bedarf an bestimmten Produkten bzw. Produktgruppen** der Web-Shop-Besucher eruiert werden.

Kennzahl	Formel	Einheit	Quelle
Häufigstes Suchwort extern	Wort, das Internet-Nutzer am häufigsten im Internet bzw. über Suchmaschinen eingetippt haben	Text	*Schwickert / Wendt* 2000; *Bürlimann* 2001; *Heine* 2001; *Sterne* 2002; *Hukemann* 2004; *Schwarz* 2004; *Weischedel et al.* 2005

Erläuterung und Bedeutung

Die Analyse der Kennzahl häufigste Suchwort extern dient vornehmlich der Auswahl der richtigen Schlüsselwörter zur **Optimierung der Suchmaschineneinträge** sowie zur **Effektivitätssteigerung von Marketingmaßnahmen** und zur **Verbesserung der Marktposition**. Ferner kann anhand dieses Wortes der **(zukünftige) Bedarf an bestimmten Produkten bzw. Produktgruppen** der Internet-Nutzer eruiert werden.

Abbildung 18: (Fortsetzung) *(Fortsetzung auf S. 71)*

4.2 Kennzahlen zur Strukturanalyse im E-Commerce

Kennzahl	Formel	Einheit	Quelle
Meistgenutzte Suchmaschinen	Meistverwendete Suchmaschine, mittels derer der Kunde zum Web-Shop gelangt	Name der Suchmaschine	*Sterne* 2002; *Hukemann* 2004; *Weischedel et al.* 2005
Erläuterung und Bedeutung			
Die Kennzahl meistgenutzte Suchmaschine wird mittels Logfileanalysen erhoben und analysiert, über welche Suchmaschine die Besucher zum Web-Shop gelangt sind. Die Analyse dieser Kennzahl unterstützt die **Optimierung der Suchmaschineneintragung** und erlaubt **Aussagen zum Such- und Informationsverhalten der Website-Besucher**.			

Kennzahl	Formel	Einheit	Quelle
Anzahl der Besucher (User, Visitor)	Anzahl der Internet-Nutzer, die den Web-Shop innerhalb eines bestimmten Zeitraums aufgerufen haben	Zahl pro Stunde, Wochentag, Monat, Jahr	*Novak / Hoffman* 1996; *Dreze / Zufryden* 1998; *Bürlimann* 2001; *Heine* 2001; *NetGenesis* 2000; *Agrawal et al.* 2001; *Preißner* 2001; *Friedag / Schmidt* 2001; *Müller* 2001; *Wirtz* 2001; *Schäffer et al.* 2002; *Weischedel et al.* 2005
Erläuterung und Bedeutung			
Die Anzahl der Web-Shop-Besucher kann auf Grund von technischen Unzulänglichkeiten, wie z.B. die Verwendung von dynamischen IP-Adressen oder die Benutzung von Browser-Caches oder Proxyservern, nicht genau gemessen werden. Prinzipiell kann diese Kennzahl differenziert werden in nicht-identifizierte Web-Shop-Besucher, sitzungsbezogene verfolgbare Web-Shop-Besucher, verfolgbare Web-Shop-Besucher (wiederkehrende Besucher) und identifizierte Web-Shop-Besucher (registierte Kunden). Diese Kennzahl eignet sich zur **Attraktivitätsbewertung** des Web-Shops sowie für **innerbetriebliche Zeitvergleiche** und **überbetriebliche Website-Vergleiche**.			

Abbildung 18: (Fortsetzung)   *(Fortsetzung auf S. 72)*

Kennzahl	Formel	Einheit	Quelle
Anzahl der Web-Seiten-Aufrufe (Page impressions, Page views, Page requests, Web-Seiten-Abrufe)	Anzahl der aufgerufenen Web-Seiten während eines Website bzw. Web-Shop-Besuches	Zahl pro Stunde, Wochentag, Monat, Jahr	*Novak / Hoffman* 1996; *Net-Genesis* 2000; *Heuer / Wilken* 2000; *Albers et al.* 2000; *Schwickert / Wendt* 2000; *Skiera / Spann* 2000; *Trautwein / Vorstius* 2001; *Alpar et al.* 2001; *Preißner* 2001; *Wirtz* 2001; *Czekala* 2002; *Sterne* 2002; *Wilke* 2002; *Bhat et al.* 2002; *Schäffer et al.* 2002; *Hukemann* 2004; *Wegener* 2005

Erläuterung und Bedeutung

Die Kennzahl Web-Seiten-Aufrufe ist eine standardisierte und vergleichsweise einfach zu messende Kennzahl, welche mittels Logfileanalyse erhoben wird. Bei der Bewertung der Web-Seiten-Aufrufe ist zu beachten, dass z.B. durch Software-Agenten ebenfalls Web-Seiten-Aufrufe generiert werden und somit die Aussagekraft verzerrt werden kann. Darüber hinaus ist die Aussagekraft dieser Kennzahl im Zusammenhang mit der Web-Shop-Gestaltung zu betrachten. So kann beispielsweise die Anzahl der Web-Seiten-Aufrufe durch lange Website-Pfade oder durch eine umständliche Website-Navigation erhöht werden. Im Rahmen der Erfolgsbewertung des Online-Vertriebs ermöglicht die Anzahl der Web-Seiten-Aufrufe einerseits Aussagen zur **Attraktivität** und **Nutzung** des Web-Shops bzw. einzelner Web-Seiten und andererseits kann mittels dieser Kennzahl die **Effektivität von durchgeführten Marketingmaßnahmen bzw. Werbeträgerleistung** evaluiert und die **Planung von Serverkapazitäten abgeschätzt werden**. Prinzipiell kann angenommen werden, dass das Interesse und die Kaufwahrscheinlichkeit eines Website-Besuchers mit einer steigenden Anzahl an Web-Seiten-Aufrufen zunimmt. Darüber hinaus eignet sich diese Kennzahl sowohl für **innerbetriebliche Zeitvergleiche** als auch für **überbetriebliche Website-Vergleiche**.

Abbildung 18: (Fortsetzung) *(Fortsetzung auf S. 73)*

4.2 Kennzahlen zur Strukturanalyse im E-Commerce

Kennzahl	Formel	Einheit	Quelle
Anzahl der Website-Besuche (Visits, Nutzungsvorgang, Sessions)	Anzahl der zusammenhängenden Benutzungsvorgänge auf einer Website bzw. Zusammenfassung der einzeln registrierten Web-Seiten-Aufrufe innerhalb eines bestimmten Zeitraums Zwei Web-Seiten-Aufrufe = Website-Besuch (Session Visit bzw. Visit)	Zahl pro Stunde, Wochentag, Monat, Jahr	Novak / Hoffman 1996; Net-Genesis 2000; Albers et al. 2000; Heuer / Wilken 2000; Skiera / Spann 2000; Schwickert / Wendt 2000; Molla / Licker 2001; Preißner 2001; Brettel / Heinemann 2001; Müller 2001; Czekala 2002; Sterne 2002; Bhat et al. 2002; Hukemann 2004; Delone / McLean 2004; Weischedel et al. 2005; Wegener 2005; Wu et al. 2005

Erläuterung und Bedeutung

Ein Website-Besuch bedingt Web-Seiten-Aufrufe und endet, wenn der Website-Besucher 15 oder 30 Minuten lang kein Web-Seiten-Element aufruft oder ein anderes Website-Angebot anfordert. Bei der Interpretation der Kennzahl Anzahl der Website-Besuche (Visits, Sessions) ist zu bedenken, dass anhand dieser Kennzahl **keine Aussagen zur Käuferanzahl** möglich sind. Im Rahmen der Erfolgsbewertung des Online-Vertriebs kann diese Kennzahl zur **Messung der Reichweite** des Web-Shops, zur **Festellung des Bekanntheitsgrades**, zur **Analyse des Besucherverhaltens** und für **innerbetriebliche Zeitvergleiche** sowie **überbetriebliche Website-Vergleiche** eingesetzt werden.

Kennzahl	Formel	Einheit	Quelle
Anzahl der wiederkehrenden Website-Besucher (Unique visitors, Unique users, Unique clients)	Anzahl der identifizierten Website-Besucher, die eine Website innerhalb eines bestimmten Zeitraums mindestens einmal aufgerufen haben	Zahl pro Stunde, Wochentag, Monat, Jahr	Novak / Hoffman 1996; Dreze / Zufryden 1998; Alpar et al. 2001; Müller 2001; Trautwein / Vorstius 2001; Wirtz / Becker 2002; Bhat et al. 2002; Sterne 2002; Schäffer et al. 2002; Feng et al. 2004; Hukemann 2004; Weischedel et al. 2005

Erläuterung und Bedeutung

Die Web-Metrik Anzahl der wiederkehrenden Website-Besucher wird mittels Logfileanalysen generiert. Zur Messung dieser Kennzahl ist die Gewährung von Cookies seitens des Clients erforderlich. Trotz der Gewährung von Cookies kann es auf Grund dynamischer IP-Adressen oder der Mehrfachnutzung eines Clients zu Messungenauigkeiten kommen. Eine persönliche Identifizierung des Website-Besuchers ist nicht immer möglich; hierfür sind weiterführende Maßnahmen z.B. das Ausfüllen eines Online-Formulars notwendig. Darüber hinaus sind bei der Auswertung dieser Kennzahl die Zugriffe auf die Website von Software-Agenten herauszufiltern, um ein aussagekräftiges Ergebnis zu erhalten. Im Allgemeinen kann die Kennzahl wiederkehrende Website-Besucher zur **Beurteilung des Besucherverhaltens**, zur **Effektivitätsmessung von Marketingmaßnahmen** zur **Besucherakquise** und zur **Reichweitenmessung** des Web-Shops eingesetzt werden. Darüber hinaus eignet sich diese Kennzahl für **innerbetriebliche Zeitvergleiche** sowie für **überbetriebliche Website-Vergleiche**.

Abbildung 18: (Fortsetzung) *(Fortsetzung auf S. 74)*

Kennzahl	Formel	Einheit	Quelle
Durchschnittliche Verweildauer (Nutzungsdauer, Besuchsdauer, Visit duration, Viewing time, Visit time, View time, Use time)	Summe der Verweildauern der einzelnen Web-Shop-Besucher / Gesamtbesucherzahl des Web-Shops	Zahl in Sekunden, Minuten, Stunden; bevorzugte Angabe sind Minuten	*Novak / Hoffman* 1996; *Brettel / Heinemann* 2001; *Cotter* 2002; *NetGenesis* 2000; *Schwickert / Wendt* 2000; *Alpar et al.* 2001; *Kerkhofs et al.* 2001; *Wirtz* 2001; *Preißner* 2001; *Müller* 2001; *Wilke* 2002, *Bhat et al.* 2002; *Sterne* 2002; *Schäffer et al.* 2002; *Marr et al.* 2002; *Travis* 2003; *Feng et al.* 2004; *Delone / McLean* 2004; *Weischedel et al.* 2005

Erläuterung und Bedeutung

Die durchschnittliche Verweildauer kann differenziert werden in die durchschnittliche **Brutto-Verweildauer** und die durchschnittliche **Netto-Verweildauer**. Die durchschnittliche Brutto-Verweildauer berücksichtigt im Gegensatz zur durchschnittlichen Netto-Verweildauer zusätzlich die Ladezeiten für die einzelnen Web-Seiten. Bei der Messung der durchschnittlichen Verweildauer ist ein systematischer Fehler zu berücksichtigen. Die letzte aufgerufene Web-Seite durch den Web-Shop-Besucher wird zwar im Logfile protokolliert, aber es wird nicht erhoben, wie lange er diese aktiviert hat. Die durchschnittliche Verweildauer umfasst daher nur die Zeit bis zum Aufruf der letzten Web-Seite während eines Web-Shop-Besuches. Da dieser Messfehler jedoch für alle Web-Shop-Besuche gilt, führt eine Betrachtung nicht zu Verzerrungen. Zur genaueren Analyse kann die durchschnittliche Verweildauer für die gesamte Website oder einzelne Web-Seiten ermittelt werden. Eine lange Verweildauer kann beispielsweise darauf hindeuten, dass sich der Web-Shop-Besucher **intensiv mit dem Angebot** und dem Inhalt der Website bzw. den einzelnen Web-Seiten beschäftigt. Es kann davon ausgegangen werden, dass mit **steigender Verweildauer die Kaufwahrscheinlichkeit zunimmt**. Eine kurze durchschnittliche **Verweildauer** hingegen lässt auf eine **oberflächliche Betrachtung** schließen. Eine hohe durchschnittliche Verweildauer ist jedoch nicht auf allen Websites erwünscht. So sollte die durchschnittliche Verweildauer im eigentlichen Verkaufsprozess (Einkaufswagen) oder im Kundenservicebereich eher gering sein. Aus diesen Gründen sollte die durchschnittliche Verweildauer in Verbindung mit Konvertierungsraten betrachtet werden. Zusammenfassend kann ausgesagt werden, dass die durchschnittliche Verweildauer einerseits Aussagen über die **Attraktivität** und die **Benutzerfreundlichkeit** des Web-Shops erlaubt und andererseits als ein Indikator zur **Bestimmung des Besucherinteresses** und der **Besucherzufriedenheit** dienen kann.

Abbildung 18: (Fortsetzung) *(Fortsetzung auf S. 75)*

4.2 Kennzahlen zur Strukturanalyse im E-Commerce

Kennzahl	Formel	Einheit	Quelle
Durchschnittliche Besuchstiefe	Summe der Web-Seiten-Aufrufe / Gesamtanzahl der Web-Shop-Besuche	Zahl	Novak / Hoffman 1996; Preißner 2001; Sterne 2002; Hukemann 2004

Erläuterung und Bedeutung

Die durchschnittliche Besuchstiefe gibt die durchschnittliche Anzahl der Web-Seiten an, die ein Web-Shop-Besucher während eines Web-Shop-Besuches aufgerufen hat. Mittels dieser Kennzahl lassen sich u.a. Aussagen über die **Attraktivität** und die **Benutzerfreundlichkeit** des Web-Shops, das **Interesse an den angebotenen Produkten**, das **Informations- und Suchverhalten** der Web-Shop-Besucher und die **Besucheraktivität** treffen. Folglich kann darüber hinaus anhand dieser Kennzahl auf **Besucherzufriedenheit** mit dem Web-Shop geschlossen werden.

Kennzahl	Formel	Einheit	Quelle
Durchschnittliche Besuchshäufigkeit (Besuchsfrequenz, Frequency)	Gesamtanzahl der Web-Shop-Besuche / Gesamtanzahl der Web-Shop-Besucher Besuchshäufigkeit = Anzahl der Web-Shop-Besuche eines Kunden innerhalb eines Zeitraums	Zahl in Stunden, Tagen, Wochen, Monaten, Jahren	NetGenesis 2000; Heine 2001; Preißner 2001; Trautwein / Vorstius 2001; Bhat et al. 2002; Sterne 2002; Travis 2003

Erläuterung und Bedeutung

Die durchschnittliche Besuchshäufigkeit des Web-Shops ist in Abhängigkeit vom angebotenen Produktsortiment zu betrachten. So liegt die Vermutung nahe, dass beispielsweise die durchschnittliche Besuchshäufigkeit eines Web-Shops, welcher Möbel anbietet, geringer sein wird, als die eines Web-Shops, der Lebensmittel, CDs oder Bücher anbietet. Große Schwankungsbreiten in der durchschnittlichen Besuchshäufigkeit lassen eine Veränderung in der Kundenbeziehung zum Unternehmen schließen. In diesem Fall lässt sich anhand dieser Kennzahl der **Bedarf an Besucherbindungsmaßnahmen** ableiten. Die durchschnittliche Besuchshäufigkeit eignet sich zur **Ermittlung des Kundenlebenszyklus**, zur **Feststellung der Besucherbindung**, zur **Feststellung der Besucherzufriedenheit** sowie zur **Bestimmung der Besucheraktivität**. Ferner kann mittels dieser Kennzahl auf die **Attraktivität** und **Benutzerfreundlichkeit des Web-Shops und der angebotenen Produkte** geschlossen werden.

Abbildung 18: (Fortsetzung) *(Fortsetzung auf S. 76)*

Kennzahl	Formel	Einheit	Quelle
Inhaltseffektivität (**Stickiness, Klebrigkeit**)	Besuchshäufigkeit * durchschnittliche Verweildauer * Besucherquote	Zahl in Sekunden oder Minuten	NetGenesis 2000; *Embellix* 2000; *Kerkhofs et al.* 2001; *Preißner* 2001; *Trautwein / Vorstius* 2001; *Bhat et al.* 2002; *Sterne* 2002; *Schäffer et al.* 2002; *Delone / McLean* 2004; *Wu et al.* 2005

Erläuterung und Bedeutung

Die Inhaltseffektivität ist eine Maßzahl zur **Bestimmung der Benutzerfreundlichkeit** und der **Attraktivität** des Web-Shops bzw. einzelner Web-Seiten. Folglich kann die Inhaltseffektivität als ein Indikator für die **Weckung von Besucherinteresse** betrachtet werden. Je höher der Wert der Inhaltseffektivität ist, desto höher ist das Interesse des Kunden. Eine hohe Inhaltseffektivität ist jedoch nicht für alle Web-Seiten empfehlenswert. So ist beispielsweise im Website-Bereich des Transaktionsabschlusses eher eine geringe Inhaltseffektivität gut, da jeder zusätzliche Klick durch den Web-Shop-Besucher die Wahrscheinlichkeit eines Vorgangsabbruchs birgt.

Kennzahl	Formel	Einheit	Quelle
Fokus	Anzahl der aufgerufenen Web-Seiten pro Web-Shop-Besuch / Gesamtanzahl der verfügbaren Web-Seiten des Web-Shops	Prozentwert	NetGenesis 2000; *Preißner* 2001; *Sterne* 2002

Erläuterung und Bedeutung

Die Höhe des Fokus hängt von der Anzahl der aufgerufenen Web-Seiten ab. Je mehr Web-Seiten durch den Besucher während eines Web-Shop-Besuches aufgerufen werden, desto höher ist der Fokus. Demzufolge eignet sich der Fokus zur **Bestimmung der thematischen Relevanz und Attraktivität** des Web-Shops sowie zur **Feststellung der Benutzerfreundlichkeit** des Web-Shops. Prinzipiell unterscheidet man zwischen einem engen und einem weiten Fokus. Ein enger Fokus ist im Website-Bereich des Kundenservice vorteilhaft, ein weiter Fokus ist im Transaktionsbereich der Website wünschenswert. Die Interpretation des Fokus-Wertes sollte in Verbindung mit der Inhaltseffektivität erfolgen.

Abbildung 18: (Fortsetzung) *(Fortsetzung auf S. 77)*

4.2 Kennzahlen zur Strukturanalyse im E-Commerce

Kennzahl	Formel	Einheit	Quelle
Meistgenutzte Einstiegs- und Ausstiegsseite (Top request page, Top entry page, Top exit page)	Häufigst genutzte Einstiegs- und Ausstiegsseite des Web-Shops	Url der jeweiligen Einstiegsseite bzw. Ausstiegsseite	*Schwickert / Wendt* 2000; *Bhat et al.* 2002; *Sterne* 2002; *Schwarz* 2004; *Weischedel et al.* 2005; *Welling / White* 2006

Erläuterung und Bedeutung

Die Kennzahl meistgenutzte Einstiegs- und Ausstiegsseite ist vor allem zur **Gestaltung des Web-Shops**, zur **Effektivitätsbestimmung von Partnerschaften** und zur **Analyse des Such- und Informationsverhaltens der Web-Shop-Besucher** von Bedeutung. Normalerweise weist die Startseite der Website die größte Anzahl an Besuchern auf. Sollten andere Web-Seiten als Einstieg gewählt sein, kann dies auf Links von möglichen Partnern hinweisen. Eine Analyse der meistgenutzten Ausstiegsseite kann auf **unattraktive Angebote oder unverständliche Inhalte** hinweisen. Darüber hinaus eignen sich die meistgenutzten Einstiegs- und Ausstiegsseiten besonders zur **Platzierung von Sonderangeboten**.

Kennzahl	Formel	Einheit	Quelle
Meistgenutzte Klickpfade (Nutzungsverlauf)	Häufigste Reihenfolge der aufgerufenen Web-Seiten, die durch die Web-Shop-Besucher angeklickt wurden	Url-Abfolge	*Schwickert / Wendt* 2000; *NetGenesis* 2000; *Bhat et al.* 2000; *Preißner* 2001; *Sterne* 2002; *Cotter* 2002; *Weischedel et al.* 2005

Erläuterung und Bedeutung

Die Analyse der meistgenutzten Klickpfade erlaubt einerseits **Aussagen zu den bereitgestellten Web-Angeboten** und andererseits zur **Inhaltsqualität** und **Benutzerfreundlichkeit** des Web-Shops. Folglich kann diese Kennzahl zur **Optimierung der Website** herangezogen werden. Darüber hinaus eignet sich diese Kennzahl zur **Beobachtung des Such- und Informationsverhaltens der Website-Besucher**. Schleifen und Kreisläufe im Klickverhalten deuten auf eine schwierige Orientierung oder unübersichtliche Informationen hin. Sprünge in den Klickpfaden entstehen, wenn der Besucher auf Web-Seiten zugreift, die nicht über einen Link der zuletzt besuchten Web-Seite erreichbar sind. Gründe für die Sprünge im Nutzungsverhalten können auf einem **Desinteresse** oder auf der **Konstruktion einer eigenen Kontextbeziehung durch den Web-Shop-Besucher** beruhen.

Abbildung 18: (Fortsetzung) *(Fortsetzung auf S. 78)*

Kennzahl	Formel	Einheit	Quelle
Filialsucher-Einstiegs- und Ausstiegsquote	Anzahl der wiederkehrenden Website-Besucher, die entweder gleich zu Beginn oder am Ende des Web-Shop-Besuches den Filialsucher anklicken / Gesamtzahl der wiederkehrenden Website-Besucher	Prozentwert	*Teltzrow / Günter* 2004

Erläuterung und Bedeutung

Die Kennzahlen Filialsucher-Einstiegs- und Ausstiegsquote sind **Mehrkanalkennzahlen** und können zur **Abbildung von Synergieeffekten zwischen dem Online-Vertrieb und dem stationären Einzelhandel** sowie zur **Ableitung des Integrationsgrades beider Vertriebskanäle** eingesetzt werden. In diesem Zusammenhang kann die Filialsucher-Einstiegs- und Ausstiegsquote als ein Indikator für das **Wechselkanalverhalten** bei einem Mehrkanaleinzelhändler interpretiert werden.

Abbildung 18: (Fortsetzung)

4.2.2.2 Kennzahlen zur Beschreibung der Kundenstruktur im E-Commerce

Im Rahmen der Kundenstrukturanalyse wird bewertet, inwieweit mittels des Web-Shops neue Kunden gewonnen und Stammkunden betreut werden (vgl. *Palloks* 1995, S. 1139f.; *Reichmann* 2001, S. 484). Eine umfassende Analyse der Kundenstruktur kann wichtige Hinweise über die vorhandenen Risiken und Versäumnisse der Vertriebsleitung liefern (vgl. *Preißner* 2001, S. 229; *Rehbach* 2003). In Rahmen dessen können eine Vielzahl an Kennzahlen aus dem Bereich des Kundencontrollings im stationären Einzelhandel angewendet werden (vgl. *Krey* 2002; *Schröder / Schettgen* 2002; *Becker / Winkelmann* 2006). Folgende Kennzahlen können zur Bewertung der Kundenstruktur im E-Commerce herangezogen werden:

- Deckungsbeitrag je Kunde,
- Anzahl der Erstkäufer,
- Anzahl der Wiederholungskäufer,
- durchschnittlicher Bestellwert pro Erstkäufer,
- durchschnittliche Anzahl der Bestellungen pro Wiederholungskäufer und
- durchschnittlicher Bestellwert pro Wiederholungskäufer.

Im Zuge der Analyse der Kundenstruktur lassen sich zur Messung der Synergieeffekte zwischen dem Web-Shop und dem stationären Einzelhandel die Kennzahlen einsetzen (vgl. *Teltzrow / Günther* 2004):

- Geschäftszahlerrate und
- Zahlungsabwanderungsrate.

4.2 Kennzahlen zur Strukturanalyse im E-Commerce

Kennzahl	Formel	Einheit	Quelle
Deckungsbeitrag je Kunde	Web-Shop-Gesamtumsatz - variable Kosten des Web-Shops / Gesamtanzahl der Web-Shop-Kunden	Zahl in Geldeinheiten	*Brettel / Heinemann* 2001; *Müller* 2001

Erläuterung und Bedeutung

Die Kennzahl Deckungsbeitrag je Kunde kann als ein Indikator für den **ökonomischen Erfolg** des Web-Shops herangezogen werden. Der Deckungsbeitrag pro Kunde im Web-Shop kann sowohl periodenübergreifend als auch in Abhängigkeit vom Kundensegment ermittelt werden. Aus dieser Berechnung kann **die Zuordnung von Kunden zu bestimmten Rentabilitätsgruppen** erfolgen und ein **Kundenportfolio** des Web-Shops abgeleitet werden. In diesem Sinne kann die Kennzahl Deckungsbeitrag je Kunde **zur betrieblichen Steuerung und Planung** eingesetzt werden und eine **marktorientierte Unternehmensführung** unterstützen.

Kennzahl	Formel	Einheit	Quelle
Anzahl der Erstkäufer	Anzahl der Erstkäufer im Web-Shop	Zahl pro Tag, Woche, Monat, Jahr	*NetGenesis* 2000; *Barua et al.* 2001; *Preißner* 2001; *Agrawal et al.* 2001; *Knust / Schindera* 2001; *Müller* 2001; *Wirtz* 2001; *Sterne* 2002; *Grimm / Röhricht* 2003; *Feng et. al* 2004

Erläuterung und Bedeutung

Anhand der Kennzahl Anzahl der Erstkäufer im Web-Shop kann einerseits die **Effektivitätsbestimmung von durchgeführten Marketingmaßnahmen zur Kundenakquise** werden und andererseits die **Qualität des angebotenen Sortiments** bewertet werden. In diesem Zusammenhang ist darauf hinzuweisen, dass die Kosten für Akquise von Erstkäufern unbedingt in der Erfolgsbetrachtung berücksichtigt werden müssen. Darüber hinaus eignet sich diese Kennzahl zum **inner- und überbetrieblichen Erfolgsvergleich** und kann im Rahmen des **Mehrkanalcontrollings** eingesetzt werden.

Abbildung 19: Kennzahlen zur Beschreibung der Kundenstruktur

(Fortsetzung auf S. 80)

4 Kennzahlen zur Erfolgsbestimmung von E-Commerce bei einem Mehrkanaleinzelhändler

Kennzahl	Formel	Einheit	Quelle
Anzahl der Wiederholungskäufer[36]	Anzahl der Wiederholungskäufer im Web-Shop	Zahl pro Tag, Woche, Monat, Jahr	*NetGenesis* 2000; *Barua et al.* 2001; *Preißner* 2001; *Agrawal et al.* 2001; *Müller* 2001

Erläuterung und Bedeutung

Die Kennzahl Anzahl der Wiederholungskäufer im Web-Shop kann als ein Indikator zur **Bestimmung der Kundenzufriedenheit** mit dem Web-Shop und zur **Kundenbindung** herangezogen werden. Sinkt die Anzahl der Wiederholungskäufer im Web-Shop, ist die Durchführung von Marketingmaßnahmen notwendig. Sollte sich die Anzahl über einen längeren Zeitraum kontinuierlich verringern, sind strategische Entscheidungen erforderlich. Ferner eignet sich diese Kennzahl zum **inner- und überbetrieblichen Website-Vergleich** und kann im Rahmen des **Mehrkanalcontrollings** eingesetzt werden.

Kennzahl	Formel	Einheit	Quelle
Durchschnittlicher Bestellwert pro Erstkäufer	Gesamtbestellwert der Erstkäufer im Web-Shop / Anzahl der Erstkäufer	Zahl in Geldeinheiten	*Agrawal et al.* 2001; *Heine* 2001; *Wirtz* 2001; *Sterne* 2002, *Grimm / Röhricht* 2003; *Hukemann* 2004

Erläuterung und Bedeutung

Die Ermittlung des durchschnittlichen Bestellwertes pro Erstkäufer im Web-Shop kann zur **Bestimmung des Kundenwertes** und zur **Ableitung und Planung von zukünftigen Marketingmaßnahmen** in Bezug auf die Erhöhung des Bestellwertes von Erstkäufern eingesetzt werden. Die Steigerung des durchschnittlichen Bestellwertes pro Erstkäufer im Web-Shop trägt wesentlich zur Steigerung des E-Commerce-Umsatzes bei. Aus diesem Grund sollte die Erhöhung des durchschnittlichen Bestellwertes zentrales Ziel des Web-Shop-Betreibers darstellen.

Abbildung 19: (Fortsetzung) *(Fortsetzung auf S. 81)*

---

[36] Wiederholungskäufer bedeutet in diesem Zusammenhang auch Stammkunde, d. h. Kunden, die mehr als einmal im Webshop gekauft haben.

4.2 Kennzahlen zur Strukturanalyse im E-Commerce

Kennzahl	Formel	Einheit	Quelle
Durchschnittliche Anzahl der Bestellungen pro Wiederholungskäufer	Gesamtanzahl der Online-Bestellungen von Wiederholungskäufer / Gesamtanzahl der Wiederholungskäufer	Zahl pro Tag, Woche, Monat, Jahr	*Agrawal et al.* 2001

Erläuterung und Bedeutung

Die Kennzahl durchschnittliche Anzahl der Bestellungen pro Wiederholungskäufer im Web-Shop kann einerseits zur **Bestimmung des Kundenwertes** und andererseits **zur Ermittlung der Kundenzufriedenheit und der Kundenbindung** des Web-Shops eingesetzt werden. Dementsprechend kann diese Kennzahl zur **Planung von Marketingmaßnahmen zur Kundenbindung** herangezogen werden. Im Zuge der Sortimentsanalyse eignet sich diese Kennzahl zur **Bestimmung der Sortimentsqualität** und **möglicher Verbundseffekte**. Ferner kann diese Kennzahl im Rahmen des **Mehrkanalcontrollings** eingesetzt werden.

Kennzahl	Formel	Einheit	Quelle
Durchschnittlicher Bestellwert pro Wiederholungskäufer	Gesamtbestellwert der Wiederholungskäufer im Web-Shop / Anzahl der Wiederholungskäufer	Zahl in Geldeinheiten	*Agrawal et al.* 2001; *Heine* 2001; *Hukemann* 2004

Erläuterung und Bedeutung

Die Ermittlung des durchschnittlichen Bestellwertes pro Wiederholungskäufer im Web-Shop ist zur **Bestimmung des Kundenwertes im Sinne einer Rentabilitätsbeurteilung** von zentraler Bedeutung. Anhand dieser Kennzahl kann der **Bedarf bzw. die Notwendigkeit von durchzuführenden Marketingmaßnahmen** abgeleitet werden. Darüber hinaus eignet sich diese Kennzahl zu **inner- und überbetrieblichen Website-Vergleichen** und kann im Rahmen des **Mehrkanalcontrollings** eingesetzt werden.

Kennzahl	Formel	Einheit	Quelle
Geschäftszahler-rate	Anzahl der Online-Bestellungen / Anzahl der Online-Bestellungen, die im Ladengeschäft gezahlt wurden	Zahl	*Teltzrow / Günter* 2004

Erläuterung und Bedeutung

Die Kennzahl Geschäftszahlerrate kann sowohl zur **Feststellung von Zahlungspräferenzen der Web-Shop-Kunden** als auch zur **Messung von Synergieeffekten zwischen dem Online-Vertrieb und den Filialen** sowie zur **Kanalbewertung** herangezogen werden. Demzufolge lässt sich anhand dieser Kennzahl der **Integrationsgrad zwischen dem Web-Shop und den stationären Ladengeschäften** nachvollziehen. Darüber hinaus kann mittels dieser Kennzahl das **Kundenkanalverhalten** abgebildet und **zukünftige Unternehmensstrategien hinsichtlich der Gestaltung des Mehrkanalsystems** abgeleitet werden.

Abbildung 19: (Fortsetzung) *(Fortsetzung auf S. 82)*

Kennzahl	Formel	Einheit	Quelle
Zahlungs-abwanderungsrate	Anzahl der Online-Bestellungen von Wiederholungskäufer, die im Ladengeschäft gezahlt wurden / Anzahl der Online-Bestellungen von Wiederholungskäufern, die Web-Shop gezahlt wurden	Zahl	*Teltzrow / Günter* 2004
Erläuterung und Bedeutung			
Die Kennzahl Zahlungsabwanderungsrate kann einerseits zur **Ermittlung der Zahlungspräferenzen von Web-Shop-Kunden** und andererseits zur **Bestimmung von Synergieeffekten** und zur **Feststellung des Integrationsgrades zwischen dem Web-Shop und den stationären Ladengeschäften** sowie zur **Kanalbewertung** herangezogen werden. Ferner kann mittels dieser das **Kundenkanalverhalten** transparent gemacht werden. Demzufolge können **zukünftige Unternehmensstrategien hinsichtlich der Gestaltung des Mehrkanalsystems** abgeleitet werden.			

Abbildung 19: (Fortsetzung)

4.3 Kennzahlen zur Analyse der Wirtschaftlichkeit im E-Commerce

Die Analyse der Wirtschaftlichkeit des Online-Vertriebs ist für die Erfolgsbewertung des E-Commerce von zentraler Bedeutung (vgl. *Hukemann* 2004). Die Umsätze vieler Web-Shops sind bisher wesentlich geringer als die der stationären Ladengeschäfte (vgl. *Statistik Austria* 2005, S. 31; *Statistik Austria* 2006, S. 32). Diese Divergenz erfordert eine ausführliche Analyse der eingesetzten Mittel und Ressourcen des Unternehmens, um bei einer Negativentwicklung entsprechend reagieren zu können. Im Zuge der Wirtschaftlichkeitsanalyse erfolgt daher eine Betrachtung der Effizienz der Vertriebsorganisation (Vertriebsprozesse), eine Erfolgsbewertung der durchgeführten Marketingaktivitäten sowie eine Darstellung des Leistungsbeitrages der Erfolgsträger (Produkte) zum betrieblichen Gesamterfolg (vgl. *Palloks* 1995, S. 1139ff.; *Reichmann* 2001, S. 484f.).

4.3.1 Kennzahlen zur Erfolgsmessung der Vertriebsaktivitäten im E-Commerce

Die Zielsetzung der Erfolgsmessung der Vertriebsaktivitäten besteht darin, die Erfolgswirkung von Marketingmaßnahmen zu bewerten, und eine entsprechende Werbeerfolgskontrolle durchzuführen (vgl. *Bürlimann* 2001). Mittels einer Zeitreihenanalyse kann beispielsweise erfasst werden, inwieweit Umsatzerhöhungen oder zusätzliche Abverkäufe durch die gesetzten Marketingmaßnahmen realisiert worden sind (vgl. *Palloks* 1995, S. 1141; *Reichmann* 2001, S. 485).

Im Vergleich zu den klassischen Offline-Kommunikationsinstrumenten ergeben sich durch die Interaktivität des Internets neue Möglichkeiten der Erfolgskontrolle und -messung der eingesetzten Marketingmaßnahmen. Durch die Protokollierung des Kundenverhaltens in Logfiles kann die direkte Reaktion des Kunden auf eine Marketingmaßnahme nachvollzogen und der Erfolg dieser gemessen werden (vgl. *Wegener* 2005, S. 410). In diesem Zusammenhang muss aufgezeigt werden, dass der Erfolg der Marketingaktivitäten bei Mehrkanaleinzelhändlern durch eine gezielte und abgestimmte Kombination von Offline- und Online-Instrumenten gesteigert und somit Synergieeffekte realisiert werden können (vgl. *Theis* 2002, S. 337).

Darüber hinaus sind mit der Weiterentwicklung des Internets eine Vielzahl an neuen Online-Werbeformen entstanden (vgl. *Skiera / Spann* 2000, S. 417; *Bürlimann* 2001). Die gängigsten Werbeformen im Internet sind: Banner, Button, Skyscraper, Dynamic HtmL, Pop-Up, Pop-Under, Superstitial, Interstitial, Streaming Video, Sponsoring und E-Mail-Werbung (vgl. *Spann / Skiera* 2000, S. 417; *Bachem* 2001, S. 230; *Sterne* 2002, S. 112). Viele Einzelhandelsunternehmen setzen bevorzugt Banner bzw. die verschiedenen Bannerarten zur Kundengewinnung und Newsletter zur Kundenbindung ein (vgl. *Theis* 2002, S. 341; *Wegener* 2005, S. 416). Aus diesem Grund beziehen sich die nachfolgenden Kennzahlen im Wesentlichen auf die Erfolgskontrolle dieser beiden Online-Werbeformen. Zur Erfolgsmessung und -kontrolle der Marketingaktivitäten im E-Commerce können eingesetzt werden:

- Anzahl der Werbemittelsichtkontakte,
- Tausendkontaktpreis,
- Anzahl der Klicks,
- Klickrate,
- Werbekonvertierungsrate,
- Anteil der Ein-Klick-Besuche,
- Anzahl der Newsletter-Abonnenten,
- Newsletter-Öffnungsrate,
- Akquisitionskosten Gesamt,
- Akquisitionskosten pro Kunde,
- Akquisitionskosten pro Erstkäufer und
- Akquisitionskosten pro Wiederholungskäufer.

Kennzahl	Formel	Einheit	Quelle
Anzahl der Werbemittelsichtkontakte (Ad impressions, Ad views, Ad exposures, Werbe-Impressionen)	Anzahl der Werbemittelsichtkontakte mit einer vollständig geladenen Online-Werbemaßnahme	Zahl pro Tag, Woche, Monat, Jahr	*Novak / Hoffman* 1996; *Skiera / Spann* 2000; *Bürlimann* 2001; *Preißner* 2001; *Bachem* 2001; *Sterne* 2002; *Bhat et al.* 2002; *Lohtia et al.* 2003; *Hukemann* 2004; *Rowley* 2004; *Wegener* 2005
Erläuterung und Bedeutung			
Die Kennzahl Anzahl der Werbemittelsichtkontakte ist eine Abwandlung der Web-Seiten-Aufrufe und wird durch den Adserver auf Basis des Web-Browsers generiert und i. d. R. durch den Adserving-Dienstleister an den Web-Shop-Betreiber übermittelt. Diese Kennzahl eignet sich zur **Leistungsmessung einer Online-Werbeform** oder zum **Leistungsvergleich der verschiedenen Online-Werbeformen untereinander**. Aus diesen Gründen bildet diese Kennzahl eine **Entscheidungsgrundlage bei der Mediaplanung** des Web-Shops.			

Kennzahl	Formel	Einheit	Quelle
Tausendkontaktpreis (TKP, Tausenderkontaktpreis, Tausend-Ad Impressions)	Werbekosten / 1.000 Web-Seiten-Aufrufe	Zahl in Geldeinheiten pro 1.000 Online-Werbekontakte	*Preißner* 2001; *Bachem* 2001; *Sterne* 2002; *Lohtia et al.* 2003; *Wegener* 2005
Erläuterung und Bedeutung			
Die Kennzahl Tausendkontaktpreis ist ein **Abrechnungsmodell in der Online-Werbung** und ermittelt die **Kosten einer Online-Werbemaßnahme**. In diesem Zusammenhang eignet sich der Tausendkontaktpreis zur **Mediaplanung** und zum **Leistungs- und Kostenvergleich der verschiedenen Online-Werbeträger** untereinander. Der Tausendkontaktpreis kann differenziert werden in den **qualitativen** und den **quantitativen Tausendkontaktpreis**. Der quantitative Tausendkontaktpreis bezieht sich auf 1.000 Online-Werbemittelsichtkontakte, der qualitative Tausendkontaktpreis auf hingegen 1.000 Klicks auf eine Online-Werbeform. Die Höhe des Tausendkontaktpreises ist abhängig von der Zielgruppe und der Reichweite der gewünschten Website.			

Abbildung 20: Kennzahlen zur Erfolgsmessung der Vertriebsaktivitäten im E-Commmerce

(Fortsetzung auf S. 85)

4.3 Kennzahlen zur Analyse der Wirtschaftlichkeit im E-Commerce

Kennzahl	Formel	Einheit	Quelle
Anzahl der Klicks (Adclicks, Clicks, Advertise-Click)	Anzahl der Klicks durch einen Website-Besucher auf eine Online-Werbeform innerhalb eines bestimmten Zeitraums	Zahl pro Tag, Woche, Monat, Jahr	Novak / Hoffman 1996; Skiera / Spann 2000; Albers et al. 2000; Bürlimann 2001; Preißner 2001; Bachem 2001; Wilke 2002; Bhat et al. 2002; Lohtia et al. 2003; Hukemann 2004; Wegener 2005

Erläuterung und Bedeutung

Die Anzahl der Klicks ist ein **Interaktivitätsmaß** und beschreibt die Reaktion eines Website-Besuchers auf eine Online-Werbemaßnahme. Folglich kann diese Kennzahl als ein Indikator für die **Effektivität einer Online-Werbemaßnahme** betrachtet und zur **Werbeerfolgskontrolle** eingesetzt werden. Vor diesem Hintergrund ist zu bedenken, dass die Klickanzahl von verschiedenen Einflussfaktoren, wie z.B. der Position der Online-Werbeform auf der Website oder der Website-Gestaltung abhängig ist. Die Anzahl der Klicks wird ebenfalls durch den Adserver gemessen.

Kennzahl	Formel	Einheit	Quelle
Klickrate (AdClick-Rate, Click-Through-Rate, Response-Rate)	Anzahl der Klicks / Anzahl der Online-Werbemittelsichtkontakte	Prozentwert	Novak / Hoffman 1996; Schonberg et al. 2000; Lee / Podlaseck 2000; Schwickert / Wendt 2000; Albers et al. 2000; Molla / Licker 2001; Preißner 2001; Bachem 2001; Wilke 2002; Cotter 2002; Sterne 2002; Marr et al. 2002; Lohtia et al. 2003; Hukemann 2004

Erläuterung und Bedeutung

Die Klickrate ist für die **Werbeerfolgskontrolle** von Online-Werbemaßnahmen von Bedeutung. Mittels dieser Kennzahl kann einerseits der **objektive Erfolg einer einzelnen Online-Werbemaßnahme** ermittelt und andererseits dieser mit dem **Erfolg anderer Online-Werbemaßnahmen verglichen** werden. Darüber hinaus eignet sich die Klickrate auch zur **Attraktivitätsbestimmung des Web-Shop-Angebotes**. In diesem Zusammenhang muss darauf hingewiesen werden, dass diese Kennzahl keine Aussagen über die weiteren Schritte des Web-Shop-Besuchers zulässt.

Abbildung 20: (Fortsetzung)   *(Fortsetzung auf S. 86)*

Kennzahl	Formel	Einheit	Quelle
Werbekonvertierungsrate (Ad-Conversion-Rate, Erfolgsrate)	Anzahl der abgeschlossenen Einkaufswagen aus der Online-Werbemaßnahme / Anzahl der Werbemittelsichtkontakte	Prozentwert	*Hukemann* 2004

Erläuterung und Bedeutung

Mittels der Werbekonvertierungsrate kann der direkte **ökonomische Erfolg einer Online-Werbemaßnahme** ermittelt werden. Aus diesem Grund ist die Werbekonvertierungsrate zur **Effizienzbewertung** und zur **Werbeerfolgskontrolle** von Online-Werbemaßnahmen von Bedeutung.

Kennzahl	Formel	Einheit	Quelle
Anteil der Ein-Klick-Besuche (One-Click-Rate)	Ein-Klick-Besuche des Web-Shops / Gesamtanzahl der Web-Shop-Besuche	Prozentwert	*Schwickert / Wendt* 2000

Erläuterung und Bedeutung

Unter Ein-Klick-Besuchen versteht man die Anzahl der Web-Shop-Besucher, die lediglich eine einzelne Web-Seite des Web-Shops besucht und diese sofort wieder verlassen haben. Diese Kennzahl kann als ein Indikator zur **Effektivitätsbewertung einer durchgeführten Online-Werbemaßnahme**, zur **Attraktivitätsbestimmung des Web-Shops** und zur **Qualitätsmessung der angebotenen Produkte** betrachtet werden. Je geringer dieser Wert ist, desto erfolgreicher ist die Online-Werbemaßnahme.

Kennzahl	Formel	Einheit	Quelle
Anzahl der Newsletter-Abonnenten	Anzahl der Newsletter-Abonnenten	Zahl pro Tag, Woche, Monat, Jahr	*Schwarz* 2004; *Wegener* 2005

Erläuterung und Bedeutung

Die Kennzahl Anzahl der Newsletter-Abonnenten kann als ein Indikator für die **theoretische Reichweite des Newsletters** betrachtet und zur **Effektivitätsbewertung des Newsletters** herangezogen werden. In diesem Zusammenhang kann diese Kennzahl zur **Feststellung der Kundenzufriedenheit** und der **Kundenbindung** des Web-Shops sowie zur **Beurteilung des Kundeninteresses am Web-Shop und den angebotenen Produkten** angewendet werden.

Abbildung 20: (Fortsetzung) *(Fortsetzung auf S. 87)*

4.3 Kennzahlen zur Analyse der Wirtschaftlichkeit im E-Commerce

Kennzahl	Formel	Einheit	Quelle
Newsletter-Öffnungsrate (Open-Rate, Opening-Rate)	Anzahl der geöffneten Newsletter / Gesamtanzahl der gesendeten Newsletter	Prozentwert	*Schwarz* 2004; *Wegener* 2005

Erläuterung und Bedeutung

Die Kennnzahl Newsletter-Öffnungsrate beschreibt die **praktische Reichweite des Newsletters** und kann als ein Erfolgskriterium für die **Informations- und Gestaltungsqualität des Newsletters** verstanden werden. Darüber hinaus kann die Newsletter-Öffnungsrate als ein Indikator für ein **Kunden- bzw. Kaufinteresse** gedeutet werden. Bei der Interpretation dieser Kennzahl ist zu bedenken, dass diese Kennzahl durch E-Mail-Clients, die Mails in der Vorschau präsentieren, verfälscht werden kann.

Kennzahl	Formel	Einheit	Quelle
Akquisitionskosten Gesamt (Akquisition costs)	Gesamtkosten für den Einsatz von marketingpolitischen Instrumenten für den Web-Shop	Zahl in Geldeinheiten	*NetGenesis* 2000; *Embellix* 2000; *Kerkhofs et al.* 2001; *Kracklauer et al.* 2001; *Agrawal et al.* 2001; *Bachem* 2001; *Wilke* 2002; *Sterne* 2002; *Hukemann* 2004; *Schröder* 2005

Erläuterung und Bedeutung

Die Akquisitionskosten Gesamt können bei Gegenüberstellung mit den realisierten Erträgen als ein Erfolgskriterium zur **Wirtschaftlichkeitsbewertung der durchgeführten Marketingmaßnahmen zur Besucher- und Erstkäufergewinnung** und zur **Kundenreaktivierung** für den Web-Shop eingesetzt werden. Die Höhe der Akquisitionskosten Gesamt wird wesentlich durch die Anzahl der durchgeführten Marketingmaßnahmen bestimmt. Aus diesem Grund sollten die Akquisitionskosten Gesamt getrennt nach den verschiedenen Kundengruppen bzw. den durchgeführten Marketingmaßnahmen analysiert werden. Auch die Betrachtung der Akquisitionskosten Gesamt im Zeitablauf und im Vergleich zu anderen Vertriebskanälen kann zur **Effizienzbeurteilung der eingesetzten Finanzmittel** herangezogen werden.

Abbildung 20: (Fortsetzung) *(Fortsetzung auf S. 88)*

4 Kennzahlen zur Erfolgsbestimmung von E-Commerce bei einem Mehrkanaleinzelhändler

Kennzahl	Formel	Einheit	Quelle
Akquisitionskosten pro Kunde[37]	Akquisitionskosten Gesamt des Web-Shops / Anzahl der Web-Shop-Besucher	Zahl in Geldeinheiten	*Agrawal et al.* 2001; *Brettel / Heinemann* 2001; *Preißner* 2001; *Bachem* 2001; *Bürlimann* 2001; *Friedag / Schmidt* 2001

Erläuterung und Bedeutung

Die Akquisitionskosten pro Kunde (Besucher) entstehen, wenn marketingpolitische Instrumente zur Besuchergewinnung eingesetzt werden. Der Einsatz von marketingpolitischen Kommunikationsinstrumenten soll im E-Commerce zur Erhöhung der Website-Besuche und in weiterer Folge zur Steigerung des Umsatzes führen. Die Betrachtung der Akquisitionskosten pro Kunde (Besucher) im Zeitablauf ist für die **Festlegung von Marketingstrategien für Website-Besucher** und für die **Budgetaufstellung** des Web-Shops von Bedeutung.

Kennzahl	Formel	Einheit	Quelle
Akquisitionskosten pro Erstkäufe (Cost per first order)	Akquisitionskosten für Erstkäufer des Web-Shops / Anzahl der Erstkäufer im Web-Shop	Zahl in Geldeinheiten	*NetGenesis* 2000; *Embellix* 2000; *Kerkhofs et al.* 2001; *Preißner* 2001; *Agrawal et al.* 2001; *Wirtz* 2001; *Bürlimann* 2001; *Bachem* 2001; *Friedag / Schmidt* 2001; *Wilke* 2002; *Sterne* 2002

Erläuterung und Bedeutung

Die Akquisitionskosten pro Erstkäufer entstehen, wenn Marketingmaßnahmen zur Neukundengewinnung und zur Kaufanregung durchgeführt werden. Diese Kennzahl verdeutlicht, was die **Gewinnung eines Web-Shop-Erstkäufers** kostet. Zur folgerichtigen Interpretation dieser Kennzahl sind die entsprechenden Erträge der Erstkäufer zu berücksichtigen. In diesem Zusammenhang kann diese Kennzahl zur **Bestimmung des Kundenwertes** und zur **Analyse der Erstkäuferstrategie** im Online-Vertrieb herangezogen werden. Die zeitliche Betrachtung der Akquisitionskosten pro Erstkäufer ist zur **Festlegung von Marketingstrategien** und der **Budgetverteilung** des Web-Shops von Bedeutung.

Abbildung 20: (Fortsetzung) *(Fortsetzung auf S. 89)*

---

[37] Kunde bedeutet in diesem Zusammenhang Besucher.

Kennzahl	Formel	Einheit	Quelle
Akquisitionskosten pro Wiederholungskäufer	Akquisitionskosten für Wiederholungskäufer / Anzahl der Wiederholungskäufer	Zahl in Geldeinheiten	NetGenesis 2000; Embellix 2000; Kerkhofs et al. 2001; Preißner 2001; Agrawal et al. 2001; Wirtz 2001; Bachem 2001; Wilke 2002; Sterne 2002

Erläuterung und Bedeutung

Die Akquisitionskosten pro Wiederholungskäufer entstehen, wenn marketingpolitische Instrumente zur Kundenbindung bzw. Kundenwiedergewinnung eingesetzt werden. Diese Kennzahl ermittelt wieviel die Durchführung von Marketingmaßnahmen zur Kundenbindung bzw. Kundenwiedergewinnung kostet. Zur folgerichtigen Interpretation dieser Kennzahl sind auch hier die entsprechenden Erträge der Wiederholungskäufer zu berücksichtigen. Folglich kann diese Kennzahl zur **Feststellung des Kundenwertes** und zur **Analyse der Kunden- bzw.- Unternehmensstrategien** für den Online-Vertrieb eingesetzt werden. Die Betrachtung der Akquisitionskosten pro Wiederholungskäufer im Zeitablauf ist zur **Festlegung von Marketingstrategien für Wiederholungskäufer** und zur **Budgetverteilung** des Web-Shops von Bedeutung.

Abbildung 20: (Fortsetzung)

4.3.2 Kennzahlen zur Effizienzmessung der Vertriebsorganisation im E-Commerce

Die Bewertung der Effizienz der Vertriebsorganisation umfasst einen weiteren wichtigen Teil der Wirtschaftlichkeitsanalyse. Diese Effizienzbetrachtung dient der Auditierung der Vertriebsprozesse und der Enthüllung von Unwirtschaftlichkeiten im Vertrieb. Dieser Bereich der Kennzahlenanalyse orientiert sich vornehmlich an Kennzahlen, die ein Verhältnis zwischen Output- und Inputgrößen abbilden (vgl. *Palloks* 1995, S. 1139; *Reichmann* 2001, S. 486). Im E-Commerce wird die Effizienz der Vertriebsorganisation im Wesentlichen durch die Leistung des IT-Systems und des Abwicklungs- und Logistiksystems[38] bestimmt.

4.3.2.1 Kennzahlen zur Leistungsmessung des Informationssystems im E-Commerce

Die Leistung des Informationssystems ist im Gegensatz zu den stationären Ladengeschäften besonders im Online-Vertrieb von zentraler Bedeutung (vgl. *Rangone / Balocco* 2000; *Rangone et al.* 2002). Die Öffnung der stationären Ladengeschäfte ist prinzipiell auch ohne das Informationssystem (Kassensystem, Warenwirtschaftssystem) möglich. Der Betrieb des Web-Shops hingegen setzt ein fehlerfreies, störungsresistentes und transaktionssicheres Informationssystem voraus (vgl. *Ahlert / Evanschitzky* 2006, S. 23). Aus diesem Grund ist die Leistungsmessung des Informations-

---

[38] Bezugnehmend auf den Betrachtungsschwerpunkt der Arbeit wird unter Logistik der Bereich der Distributionslogistik verstanden (vgl. *Gudehus* 2005, S. 12).

systems von zentraler Bedeutung beim Betrieb eines Web-Shops (vgl. *Giaglis et al.* 1999; *Larsen / Bloniarz* 2000; *Becker / Schütte* 2004, S. 593). Darüber hinaus unterstützt ein leistungsfähiges Informationssystem die Kundenzufriedenheit und trägt damit zur Steigerung des Unternehmenserfolgs bei (vgl. *Molla / Licker* 2001; *Zhu / Kraemer* 2002; *Palmer* 2002; *Delone / McLean* 2004; *Zhu* 2004; *Ahlert / Evanschitzky* 2006). Zur Leistungsbewertung des Informationssystems im Online-Vertrieb können folgende Kennzahlen herangezogen werden:

- Systemverfügbarkeit,
- durchschnittliche Antwortzeit,
- durchschnittliche Downloadzeit,
- Fehlerquote,
- Störungsrate,
- Störungsintensität,
- Auslastung der Übertragungskapazitäten und
- Produktseitenerstellungsdauer.

4.3 Kennzahlen zur Analyse der Wirtschaftlichkeit im E-Commerce

Kennzahl	Formel	Einheit	Quelle
Systemverfügbarkeit	1- [(Wartungszeit + Systemausfallzeit) / Systembetriebsdauer des E-Commerce-Systems]	Zahl zwischen 0 und 1	Sterne 2002; Molla / Licker 2001; Delone / McLean 2004; Hukemann 2004; Welling / White 2006

Erläuterung und Bedeutung

Die Kennzahl Systemverfügbarkeit ermittelt, wie nutzbar bzw. **verfügbar** der Web-Shop und die damit verbundenen Informationstechnologien innerhalb eines bestimmten Zeitraums sind. Demzufolge liefert die Systemverfügbarkeit gute Aussagen zur **Zuverlässigkeit, Sicherheit** und zur **Leistungsfähigkeit des E-Commerce-Systems**. In diesem Zusammenhang kann die Systemverfügbarkeit zur **Qualitätssicherung** und **Planung der verfübaren IT-Kapazitäten** eingesetzt werden. Bei Systemausfällen sollten die Ausfallzeit, der Ausfallgrund, die Ausfalldauer des Systems sowie die Wartungsdauer dokumentiert werden.

Kennzahl	Formel	Einheit	Quelle
Durchschnittliche Antwortzeit	Durchschnittliche Zeitdifferenz zwischen dem Client-Aufruf und der Server-Antwort	Zahl, meist in Sekunden	Schwickert / Wendt 2000; Müller 2001; Molla / Licker 2001; Wilke 2002; Sterne 2002; Plant et al. 2003; Feng et al. 2004; Delone / McLean 2004; Welling / White 2006

Erläuterung und Bedeutung

Die durchschnittliche Antwortzeit des Servers beschreibt die **Schnelligkeit des E-Commerce-Systems** und gibt damit Aufschluss über die **Leistung des Service-Anbieters**. In diesem Rahmen unterstützt die durchschnittliche Antwortzeit des Servers auch die **Benutzerfreundlichkeit** des Web-Shops. Lange Ladezeiten des Servers empfinden Website-Besucher als unangenehm und können zum Sitzungs-abbruch führen. Aus diesem Grund sollten geringe Antwortzeiten angestrebt werden. Eine geringe Antwortzeit des Servers führt seitens der Website-Besucher zu einer besseren Bewertung der Benutzerfreundlichkeit und demzufolge auch zu einer höheren **Website-Besucher- bzw. Kundenzufriedenheit**.

Kennzahl	Formel	Einheit	Quelle
Durchschnittliche Downloadzeit	Summe Übertragungszeit / Gesamtanzahl der Downloads	Zahl, meist in Sekunden	Spiller / Lohse 1998; Schwickert / Wendt 2000; Molla / Licker 2001; Boyd 2002; Palmer 2002; Sterne 2002; Marr et al. 2002; Feng et al. 2004; Delone / McLean 2004

Erläuterung und Bedeutung

Die durchschnittliche Downloadzeit kann ebenfalls zur Beurteilung der **Schnelligkeit des E-Commerce-Systems** bzw. die Leistungsfähigkeit des Web-Servers herangezogen werden. Eine geringe Downloadzeit ist aus Kundensicht von großer Bedeutung. Je geringer die Downloadzeit, desto höher ist die **Benutzerfreundlichkeit** der Website und demzufolge auch die **Kunden- bzw. Besucherzufriedenheit**.

Abbildung 21: Kennzahlen zur Beschreibung der Effizienz des Informationssystems
(Fortsetzung auf S. 92)

Kennzahl	Formel	Einheit	Quelle
Fehlerquote	Summe aller Logfile-Protokolleinträge mit Fehlerstatus / Gesamtanzahl der Website-Aufrufe	Prozentwert	*Schwickert / Wendt* 2000; *Wilke* 2002; *Travis* 2003; *Hukemann* 2004; *Weischedel et al.* 2005

Erläuterung und Bedeutung

Die Fehlerquote bzw. die Analyse der auftretenden Fehlerarten sind im Zusammenhang mit dem Betrieb eines Web-Shops zur **Leistungsbewertung** und zur **Feststellung des Reifegrades des IT-Systems** von Bedeutung. Während des Betriebs des Web-Shops kann es zu client- oder serverseitigen Fehlermeldungen kommen. Diese Fehlermeldungen werden in der Protokolldatei des Web-Servers (Logfile) über das Attribut Status aufgezeichnet. Ein Fehler des E-Commerce-Systems führt dazu, dass dem Website-Besucher bzw. Website-Kunden die gewünschte Web-Seite nicht angezeigt wird. Die häufigsten Fehlermeldungen sind der Seitenfehler 404 (angeforderte Ressource nicht gefunden) und der Serverfehler 503 (Service nicht verfügbar). Diese Fehlermeldungen können entsprechend der Fehlernummer sortiert und ausgewertet werden. Darüber hinaus kann diese Kennzahl u.a. auch zur **Bestimmung des Wartungs- und Weiterentwicklungsbedarfes** des E-Commerce-Systems eingesetzt werden.

Kennzahl	Formel	Einheit	Quelle
Störungsrate	Anzahl der Störungen des E-Commerce-Systems / Nutzungsdauer eines E-Commerce-Systems	Prozentwert	*Schwickert / Wendt* 2000

Erläuterung und Bedeutung

Die Störungsrate ermittelt die Anzahl der Störungen innerhalb eines Zeitraums, die z.B. durch den Web-Server verursacht werden, im Verhältnis zur Gesamtnutzungsdauer des E-Commerce-Systems. Damit beschreibt diese Kennzahl die **Leistungsfähigkeit** und die **Benutzerfreundlichkeit** des E-Commerce-Systems und ist ein Indikator für die **Website-Besucher- bzw. Kundenzufriedenheit**. Die ständige Erreichbarkeit des E-Commerce-Systems ist unerlässlich zur Gewährleistung eines reibungslosen Geschäftsablaufs im Web-Shop. Aus diesem Grund sollte die Störungsrate in regelmäßigen Zeitabständen ermittelt und im **Bedarfsfall ein Maßnahmenplan zur Wiederinbetriebnahme** vorliegen.

Kennzahl	Formel	Einheit	Quelle
Störungsintensität	Ausfallzeit des E-Commerce-Systems durch Störungen / Nutzungsdauer des E-Commerce-Systems	Prozentwert	*Schwickert / Wendt* 2000

Erläuterung und Bedeutung

Die Störungsintensität ermittelt die prozentuelle Zeitdauer der Störungen, die durch das E-Commerce-System verursacht werden und stellt folglich das **Gegenstück zur Systemverfügbarkeit** dar. In diesem Kontext liefert die Störungsintensität hilfreiche Anhaltspunkte zur **Leistungsfähigkeit** und **Einsatzbereitschaft** des E-Commerce-Systems und unterstützt ebenfalls die **Bewertung der Website-Besucher bzw. Kundenzufriedenheit**.

Abbildung 21: (Fortsetzung) *(Fortsetzung auf S. 93)*

Kennzahl	Formel	Einheit	Quelle
Auslastung der Übertragungskapazitäten	Genutzte Bandbreite / Verfügbare Bandbreite	Byte pro Zeiteinheit	*Schwickert / Wendt* 2000; *Marr et al.* 2002
Erläuterung und Bedeutung			
Die Web-Seiten-Aufrufe eines Web-Shops unterliegen zeitlichen Schwankungen. Aus diesem Grund bildet die Analyse der Auslastung der Übertragungskapazitäten vor allem für die **IT-Kapazitätenplanung** eine wichtige Grundlage. Darüber hinaus eignet sich diese Kennzahl für **Argumentationszwecke bei Investitionsentscheidungen** in das E-Commerce-System und bei **Budgetverhandlungen**.			

Kennzahl	Formel	Einheit	Quelle
Produktseitenerstellungsdauer	Zeitdauer für die Erstellung und Wartung einer Produkt-Web-Seite	Zahl, meist in Minuten	*Marr et al.* 2002; *Hukemann* 2004
Erläuterung und Bedeutung			
Die Pflege des Web-Shop-Produktkataloges stellt eine wesentliche Aufgabe des Web-Shop-Betreibers dar und erfordert demzufolge personelle Ressourcen. Die Höhe dieser Kennzahl hängt entscheidend vom Funktionsumfang des Web-Shops und von der gewünschten Qualität der verfügbaren Produktinformationen durch den Web-Shop-Betreiber ab. Darüber hinaus kann diese Kennzahl vor allem für die **Personalplanung** (Zeit- und Kostenplanung) des Web-Shops und zur **Leistungsmessung des Inhaltsmanagementssystems** eingesetzt werden.			

Abbildung 21: (Fortsetzung)

4.3.2.2 Kennzahlen zur Leistungsmessung des Abwicklungs- und Logistiksystems im E-Commerce

Die Gewährleistung eines effizienten Abwicklungs- und Logistiksystems ist besonders im Online-Vertrieb von großer Wichtigkeit, da die Kundenerwartungen in diesem Bereich von denen des stationären Einzelgeschäftes abweichen. Die Kunden erwarten bei Bestellungen über den Web-Shop eine schnelle, zuverlässige und preisgünstige Lieferung an verschiedene Lieferorte zu variablen Lieferzeiten (vgl. *Schnedlitz / Madlberger* 2002, S. 330f.). Demzufolge trägt ein effizientes und kundenorientiertes Abwicklungs- und Logistiksystem entscheidend zur Kundenzufriedenheit und zur Differenzierung gegenüber der Konkurrenz bei. Darüber hinaus ist der Abwicklungsprozess im Online-Vertrieb, wie bereits in Abschnitt 3.5.5.4 erläutert, mit hohen Kosten verbunden, welche eine Effizienzbewertung zur Vermeidung von Unwirtschaftlichkeiten erfordern. Aus diesen Gründen ist die Leistungsmessung des Abwicklungs- und Logistiksystems in Form von Kennzahlen bedeutsam (vgl. *Reindl / Oberniedermaier* 2002; *Dandl* 2005).

Die Erfolgsbewertung des Abwicklungs- und Logistiksystems bei einem Mehrkanaleinzelhändler kann erfolgen mittels:

- Verfügbarkeitsquote,
- Lieferzeit,
- Lagerumschlagshäufigkeit,
- Lieferbereitschaftsgrad,

- Lieferqualität,
- Mahnquote und
- Forderungsausfallquote.

Im Bereich des Abwicklungs- und Logistiksystems können vor allem große Mehrkanaleinzelhändler Synergieeffekte realisieren. Die Realisierung von Synergieeffekten resultiert im Wesentlichen aus Bündelungs- und Spezialisierungseffekten durch die Arbeitsteilung und geringere Prozessvarianten. Das Ausmaß und die Bedingungen zur Erreichung von Synergieeffekten hängen von den Lieferanten, den Kunden, den Produkten, der IT-Struktur, den Mitarbeitern, dem Unternehmens-Know-how und dem Integrationsgrad zwischen dem Web-Shop und dem stationären Einzelhandel ab (vgl. *Dandl* 2005, S. 17f.). Im Zuge der Erfolgsbestimmung des Abwicklungs- und Logistiksystems lassen sich zur Messung der Synergieeffekte zwischen dem Web-Shop und dem stationären Einzelhandel aus der Literatur folgende Kennzahlen ableiten (vgl. *Teltzrow / Günther* 2004):

- Geschäftsabholerrate,
- Lieferungsabwanderungsrate und
- Geschäftsrückgaberate.

Kennzahl	Formel	Einheit	Quelle
Verfügbarkeitsquote	Anzahl nicht verfügbarer Produkte im Web-Shop / Anzahl der nachgefragten Produkte im Web-Shop	Prozentwert	*Marr et al.* 2002
Erläuterung und Bedeutung			
Eine hohe Produktverfügbarkeitsquote ist im Online-Vertrieb von zentraler Bedeutung, da durch die Senkung der Transaktionskosten und durch den direkten Anbietervergleich für den Kunden ein schnellerer Anbieterwechsel (Mausklick) möglich ist. Die Verfügbarkeitsquote kann u.a. für bestimmte Produktgruppen oder einzelne Produkte ermittelt werden. In diesem Zusammenhang kann die Verfügbarkeitsquote einerseits zur **Einkaufs- und Sortimentsplanung** und zur **Bestimmung der Servicequalität** des Web-Shops und andererseits zur **Leistungsbestimmung der internen Abwicklungsprozesse** des Web-Shops herangezogen werden.			

Kennzahl	Formel	Einheit	Quelle
Lagerumschlagshäufigkeit	Warenverbrauch / durchschnittliche Lagerbestand	Prozentwert	*Khan / Motiwalla* 2002; *Zhu / Kraemer* 2002; *Zhu* 2004
Erläuterung und Bedeutung			
Die Lagerumschlagshäufigkeit ermittelt aus absatzlogistischer Sicht, wie schnell die im Lager befindlichen Waren verkauft und durch Neubestellungen ersetzt werden. Somit kann mittels dieser Kennzahl grundsätzlich die **Effektivität der internen Lagerhaltungsprozesse** bewertet werden. In einem weiteren Zusammenhang kann diese Kennzahl als ein Indikator zur **Erfassung von Absatzproblemen** im Web-Shop und zur **Beschreibung der Liquiditätssituation** des Web-Shops betrachtet werden.			

Abbildung 22: Kennzahlen zur Beschreibung der Effizienz des Abwicklungs- und Logistiksystems *(Fortsetzung auf S. 95)*

4.3 Kennzahlen zur Analyse der Wirtschaftlichkeit im E-Commerce

Kennzahl	Formel	Einheit	Quelle
Lieferzeit	Zeitraum ab Versand der Ware bis zur Übergabe der Ware beim Kunden	Zahl in Stunden, Tagen, Wochen, Monaten	Rangone / Balocco 2000; Barua et al. 2001; Wilke 2002, Marr et al. 2002; Hansen et al. 2004; Schnedlitz et al. 2004

Erläuterung und Bedeutung

Die Lieferzeit ist im Online-Vertrieb ein kritischer Erfolgsfaktor und kann als ein entscheidender Einflussfaktor der Kundenzufriedenheit mit dem Web-Shop betrachtet werden. Mittels dieser Kennzahl kann u.a. die **Effektivität sowie das Abstimmungsmaß zwischen den verschiedenen betrieblichen Abwicklungsprozessen** im Online-Vertrieb erfasst werden. Prinzipiell sollte die Lieferzeit gering gehalten und im Sinne einer **Qualitätssicherung des Lieferservices** regelmäßig überprüft werden. Darüber hinaus eignet sich die Lieferzeit zu **überbetrieblichen Web-Shop-Vergleichen**.

Kennzahl	Formel	Einheit	Quelle
Lieferbereitschaftsgrad	Anzahl der termingerecht ausgeführten Online-Bestellungen / Gesamtzahl der Online-Bestellungen	Prozentwert	Palloks 1995

Erläuterung und Bedeutung

Der Lieferbereitschaftsgrad kann zur **Leistungsbeurteilung der Abwicklungsprozesse** im Online-Vertrieb herangezogen werden. In diesem Zusammenhang kann der Lieferbereitschaftsgrad auf **mögliche Lieferverzögerungen** hinweisen und hilfreiche Anhaltspunkte für die **Einkaufs- und Sortimentsplanung** des Web-Shops liefern. Darüber hinaus kann der Lieferbereitschaftsgrad als ein Indikator für die **Servicequalität** (Lieferservice) im Online-Vertrieb betrachtet werden.

Kennzahl	Formel	Einheit	Quelle
Lieferqualität	Anzahl beschwerdefreier Web-Shop-Lieferungen / Gesamtanzahl der Web-Shop-Lieferungen innerhalb einer Periode	Prozentwert	Wilke 2002; Marr et al. 2002; Hansen et al. 2004; Schnedlitz et al. 2004

Erläuterung und Bedeutung

Die Lieferqualität kann ebenfalls zur **Effektivitätsmessung der Abwicklungsprozesse** im Online-Vertrieb eingesetzt werden. Die Gründe für mögliche Beschwerden können aus dem falschen Lieferort, der falschen Lieferzeit oder beschädigten bzw. falsch gelieferten Produkten resultieren. Da die Lieferausführung wesentlich die **Kundenzufriedenheit** mit dem Web-Shop beeinflusst, kann diese als Indikator zur **Ermittlung der Kundenzufriedenheit und Kundenbindung** mit dem Web-Shop herangezogen werden. Darüber hinaus eignet sich die Lieferqualität zur **Bestimmung des Lieferservices** des Web-Shops und zur **Ableitung von Qualitätssicherungs- bzw. steigerungsmaßnahmen** im Bereich der Warenauslieferung.

Abbildung 22: (Fortsetzung) *(Fortsetzung auf S. 96)*

Kennzahl	Formel	Einheit	Quelle
Mahnquote	Gesamtanzahl der Mahnungen von Online-Bestellungen / Gesamtanzahl der Online-Bestellungen auf Rechnung	Prozentwert	*Hukemann* 2004

Erläuterung und Bedeutung

Der Online-Vertrieb setzt bedingt durch das Distanzprinzip eine hohe Vertrauensbasis seitens des Einzelhändlers in den Kunden voraus, die einer gewissen Absicherung durch den Web-Shop-Betreiber bedarf. Aus diesem Grund ist die Analyse der Mahnquote vor allem im Hinblick auf die **Beurteilung der Zahlungsmoral** der Web-Shop-Kunden und der daraus resultierenden **Liquiditätsplanung** von Bedeutung. Ist beispielsweise die Mahnquote relativ hoch, sind **innerbetriebliche Gegenmaßnahmen** festzulegen, um Zahlungsausfälle zu vermeiden. Darüber hinaus kann diese Kennzahl zur **Ableitung des angebotenen Zahlungsartenportfolios** im Web-Shop herangezogen werden.

Kennzahl	Formel	Einheit	Quelle
Forderungs-ausfallquote	Anzahl der ausgefallenen Forderungen von Web-Shop-Bestellungen / Gesamtanzahl aller Forderungen von Web-Shop-Bestellungen	Prozentwert	*Hukemann* 2004

Erläuterung und Bedeutung

Forderungsausfälle stellen für den Web-Shop-Betreiber einen finanziellen Verlust dar. Besonders im Online-Vertrieb ist auf Grund von weltweit möglichen Bestellungen eine Analyse der Forderungsausfallquote und möglicher Forderungsausfallgründe von Bedeutung. In diesem Zusammenhang liefert die Forderungsausfallquote nützliche Hinweise zur **Zahlungsmoral der Web-Shop-Kunden** und zur **Liquiditätsplanung**. Aufbauend auf einer Analyse der Forderungsausfallquote nach deren Anzahl oder Zahlungsart lassen sich **Gegensteuerungsmaßnahmen zur Verringerung von Forderungsausfällen** sowie **Aussagen zum angebotenen Zahlungsportfolio** ableiten.

Abbildung 22: (Fortsetzung) *(Fortsetzung auf S. 97)*

4.3 Kennzahlen zur Analyse der Wirtschaftlichkeit im E-Commerce

Kennzahl	Formel	Einheit	Quelle
Geschäftsabholerrate	Anzahl der Online-Bestellungen / Anzahl der Abholungen von Online-Bestellungen im Ladengeschäft	Zahl	*Teltzrow / Günther* 2004

Erläuterung und Bedeutung

Die Kennzahl Geschäftsabholerrate ist eine Mehrkanalkennzahl, die einerseits zur **Bestimmung der Lieferpräferenzen der Web-Shop-Kunden** und andererseits zur **Messung von Synergieeffekten** zwischen dem Online-Vertrieb und dem stationären Vertrieb herangezogen werden kann. In diesem Zusammenhang stellt die Geschäftsabholerrate einen Indikator für das **Wechselkanalverhalten der Kunden** dar und kann zur **Ermittlung des Integrationsgrades** bei einem Mehrkanaleinzelhändler herangezogen werden. Darüber hinaus ermöglicht diese Kennzahl Aussagen zu den **zukünftigen Lieferungswünschen** der Web-Shop-Kunden und dem daraus resultierenden **logistischen Aufwand**.

Kennzahl	Formel	Einheit	Quelle
Lieferungsabwanderungsrate	Anzahl der Online-Bestellungen durch Wiederholungskäufer mit Abholung im Ladengeschäft / Anzahl der Online-Bestellungen durch Wiederholungskäufer mit direkten Lieferungen	Zahl	*Teltzrow / Günther* 2004

Erläuterung und Bedeutung

Die Lieferungsabwanderungsrate ermöglicht einerseits Aussagen zu den **Lieferungswünschen der Web-Shop-Kunden** und kann andererseits zur **Planung von zukünftigen Logistik-Ressourcen** eingesetzt werden. Sinkt diese Kennzahl, kann davon ausgegangen werden, dass in Zukunft mehr Direktlieferungen zum Kunden anfallen werden. Darüber hinaus ist die Lieferungsabwanderungsrate eine Mehrkanalkennzahl, die sich zur **Messung von Synergieeffekten** zwischen dem Online-Vertrieb und dem stationären Vertrieb eignet. In diesem Zusammenhang kann die Lieferungsabwanderungsrate als ein Indikator für das **Wechselkanalverhalten der Kunden** eingesetzt werden und zur **Ermittlung des Integrationsgrades** zwischen dem Online-Vertrieb und dem stationären Vertrieb herangezogen werden. Aus diesen Gründen eignet sich diese Kennzahl u.a. zur Ableitung von **zukünftigen Unternehmensstrategien** hinsichtlich der Gestaltung des Mehrkanalsystems.

Abbildung 22: (Fortsetzung) *(Fortsetzung auf S. 98)*

Kennzahl	Formel	Einheit	Quelle
Geschäfts-rückgaberate	Anzahl der Produktrückgaben von Online-Bestellungen im Ladengeschäft / Anzahl der Online-Bestellungen	Prozentwert	*Teltzrow / Günther* 2004
Erläuterung und Bedeutung			
Die Kennzahl Geschäftsrückgaberate ist eine Mehrkanalkennzahl und kann zur **Ermittlung von Synergieeffekten zwischen dem Online-Vertrieb und dem stationären Vertrieb** eingesetzt werden. In diesem Zusammenhang kann die Geschäftsrückgabequote als ein Indikator für das **Wechselkanalverhalten der Kunden** angewendet werden und zur **Ermittlung des Integrationsgrades** bei einem Mehrkanaleinzelhändler herangezogen werden. Darüber hinaus ermöglicht diese Kennzahl Aussagen zu den **Servicewünschen** der Web-Shop-Kunden und dem daraus resultierenden **zukünftigen Qualitätsansprüchen**. Aus diesen Gründen eignet sich diese Kennzahl u.a. zur Ableitung von **zukünftigen Unternehmensstrategien hinsichtlich der Gestaltung des Mehrkanalsystems**.			

Abbildung 22: (Fortsetzung)

4.3.3 Kennzahlen zur Erfolgsbestimmung der Leistungsträger im E-Commerce

Die Erfolgsbestimmung der Erfolgsträger umfasst bei einem Einzelhändler im Wesentlichen die Planung, Steuerung und Kontrolle des Sortiments zur Sicherung der Marktposition und der Rentabilität (vgl. *Schnedlitz et al.* 2000, S. 195; *Graßhoff et al.* 2003, S. 22; *Palloks* 1995, S. 1142; *Krey* 2002, S. 35f.). Das Sortiment stellt den zentralen Leistungsbereich eines Einzelhandelsunternehmens dar und übt einen entscheidenden Einfluss auf die übrigen Leistungsbereiche des Handelsunternehmens aus (vgl. *Becker / Winkelmann* 2006, S. 217). Der Aufbau und die Zusammensetzung des Sortiments umfassen strategische Entscheidungen, die durch Kennzahlen unterstützt und überprüft werden müssen (vgl. *Barth et al.* 2002, S. 184ff.; *Becker / Schütte* 2004, S. 400).

Der Aufbau und die Zusammenstellung des optimalen Sortiments[39] ist besonders in einem Web-Shop von zentraler Bedeutung. Dies lässt sich anhand der Senkung der Transaktionskosten für den Endverbraucher veranschaulichen (vgl. *Böing* 2001, S. 235; *Palmer / Lindemann* 2003, S. 24). Die Sortimentsbündelung durch den Einzelhändler ist theoretisch nicht mehr notwendig, da die Kunden mittels des Internets und diversen Preisvergleichsmaschinen die Produkte verschiedenster Einzelhändler mit nur geringem Aufwand vergleichen und erwerben können. Die Bündelung von Artikeln zur Senkung bzw. Niedrighaltung der Transaktionskosten auf der Kundenseite ist nicht mehr notwendig. Eine wesentliche Aufgabe des Web-Shop-Betreibers besteht daher darin, eine entsprechende Qualität bei der (Sortiments)-Vorauswahl auf Basis von Kundenbedürfnissen zu gewährleisten (vgl. *Griebel* 2003, S. 452).

Die Zusammenstellung eines geeigneten und qualitativ guten Sortiments im Web-Shop erfordert eine umfassende Kenntnis der Kundenpräferenzen. Zur Analyse der

---

[39] Siehe dazu *Oehme* 2001, S. 1569.

Kundenpräferenzen kann auf die Informationen der verschiedenen Server zurückgegriffen werden. Der Web-Shop bietet daher im Vergleich zum stationären Einzelhandel verbesserte Möglichkeiten zur Kundenprofilerstellung. Folglich können im Web-Shop gezielter personalisierte Kundenangebote und Verbundkäufe umgesetzt werden (vgl. *Griebel* 2003, S. 452).

Im Rahmen der Sortimentsbetrachtung wird darüber hinaus ein zentraler Vorteil des Web-Shops gegenüber den stationären Einzelhandelsgeschäften deutlich. Während die stationären Einzelhandelsgeschäfte flächenabhängig gebunden sind, ist der Web-Shop theoretisch[40] flächenmäßig nicht beschränkt (vgl. *Albers / Peters* 2000; S. 189; *Hukemann* 2004, S. 141). Demzufolge kann im Web-Shop dem Kunden eine höhere Anzahl an Produkten zu geringeren Kosten bereitgestellt werden und die Erstellung von personalisierten Sortimenten unterstützt werden (vgl. *Albers / Peters* 2000, S. 18).

Das Anbieten von „unbegrenzten" Sortimenten ist jedoch aus Kundensicht verwirrend und kann zur Erhöhung des wahrgenommenen Kaufrisikos seitens der Kunden führen. Aus diesem Grund ist auch im Web-Shop das Category-Management in Verbindung mit Suchfunktionen und Navigationshilfen von Bedeutung. In diesem Zusammenhang muss darüber hinaus darauf hingewiesen werden, dass Kapazitätsengpässe im Web-Shop aus den begrenzten Lagermöglichkeiten resultieren können und diese bei Sortimentszusammenstellung berücksichtigt werden müssen (vgl. *Dach* 2002, S. 114; *Zentes / Schramm-Klein* 2006, S. 9).

Zur Erfolgsbestimmung der Erfolgsträger im Online-Vertrieb können verwendet werden:

- Artikelumsatzquote,
- Deckungsbeitrag pro Artikel,
- Produktseitenaufrufe,
- Produktkonvertierungsrate,
- Look-to-Click-Rate[41],
- Click-to-Basket-Rate[42],
- Basket-to-Buy-Rate[43],
- Anzahl der befüllten Einkaufswagen,
- Anzahl der abgebrochenen Einkaufswagen,
- Cross-Selling-Klickrate,
- Cross-Selling-Konvertierungsrate,
- Produktbeschwerdequote und
- Rücksendequote.

---

[40] Es kann der Speicherplatz (theoretisch) beliebig erweitert werden.
[41] Derzeit liegt in der deutschsprachigen Literatur keine sinnvolle Übersetzung für die Look-to-Click-Rate vor, daher wird der englische Begriff verwendet.
[42] Derzeit liegt in der deutschsprachigen Literatur keine sinnvolle Übersetzung für die Click-to-Basket-Rate vor, daher wird der englische Begriff verwendet.
[43] Derzeit liegt in der deutschsprachigen Literatur keine sinnvolle Übersetzung für die Basket-to-Buy-Rate vor, daher wird der englische Begriff verwendet.

Kennzahl	Formel	Einheit	Quelle
Artikelumsatzquote	Umsatz pro Artikel im Web-Shop / Web-Shop-Gesamtumsatz	Prozentwert	Becker / Winkelmann 2006

Erläuterung und Bedeutung

Die Kennzahl Artikelumsatzquote beschreibt das **akquisitorische Potenzial** bzw. **die Verkaufsleistung des jeweiligen Produktes** im Web-Shop und liefert somit **Anhaltspunkte für das Gewinnpotenzial** der jeweiligen Produkte. In diesem Kontext ermöglicht die Artikelumsatzquote Aussagen zu **Kundenwünschen bzw. Kaufgewohnheiten** im Web-Shop und ist daher für die **lang- und kurzfristige Sortimentsplanung** des Web-Shops von Bedeutung. Darüber hinaus kann die Artikelumsatzquote bei **Preisfestsetzungsentscheidungen** und zur **Gestaltung von Verbundsangeboten** im Web-Shop herangezogen werden. Im Rahmen von **inner- und überbetrieblichen Website-Vergleichen** können mittels dieser Kennzahl Aussagen zur **Verbesserung der Marktabdeckung** des Web-Shops abgeleitet werden.

Kennzahl	Formel	Einheit	Quelle
Deckungsbeitrag pro Artikel	Verkaufspreis – Einkaufspreis des Artikels / Einkaufspreis des Artikels	Zahl in Geldeinheiten	Embellix 2000; Barua et al. 2001; Wilke 2002; Barth et al. 2002; Zhu / Kraemer 2002; Hukemann 2004

Erläuterung und Bedeutung

Der Deckungsbeitrag pro Artikel ermittelt den Erfolgsbeitrag des jeweiligen Web-Shop-Artikels und spiegelt damit nach Abzug der fixen Kosten den **ökonomischen Erfolg des Produktes** wider. Demzufolge ist der Deckungsbeitrag pro Artikel für die **kurz- und langfristige Sortimentsplanung** und die **Preisgestaltung** des Web-Shops bedeutsam. Im Rahmen der produktbezogenen Erfolgsrechnung stellt die **Handelspanne**, ein Sonderform des Deckungsbeitrages pro Artikel, ein **zentrales Erfolgskriterium** im Einzelhandel dar. Die Handelsspanne dient der Deckung der Handlungskosten und kann in Abhängigkeit der Warengruppe, des Sortiments oder als Betriebshandelsspanne ermittelt werden.

Kennzahl	Formel	Einheit	Quelle
Produktseitenaufrufe (Product impressions)	Anzahl der Web-Seiten-Aufrufe eines Produktes	Zahl pro Tag, Woche, Monat, Jahr	Gomory et al. 2000; Lee / Podlaseck 2000; Hukemann 2004

Erläuterung und Bedeutung

Mittels der Produktseitenaufrufe kann eine Rangliste der am häufigsten aufgerufenen Produkt-Web-Seiten innerhalb des Web-Shops und demzufolge eine **Rangliste der attraktivsten Produkte** erstellt werden. Diese Rangliste kann wertvolle Aussagen zu **Kundenwünschen** liefern und demzufolge wichtige Anhaltspunkte zur **Sortimentsgestaltung und -planung** des Web-Shops und zur **Planung von Marketingmaßnahmen** liefern. Prinzipiell kann davon ausgegangen werden, dass je höher die Web-Seiten-Aufrufe einzelner Produkte oder Produktgruppen sind, desto größer ist das Kundeninteresse und desto höher ist die Kaufwahrscheinlichkeit. In diesem Zusammenhang muss jedoch darauf hingewiesen werden, dass anhand der Produktseitenaufrufe **keine Aussagen über den ökonomischen Erfolg einzelner Produkte** getroffen werden, sondern ausschließlich Vermutungen zum möglichen Kaufverhalten der Web-Shop-Kunden abgeleitet werden können.

Abbildung 23: Kennzahlen zur Beschreibung der Erfolgsträger

(Fortsetzung auf S. 101)

4.3 Kennzahlen zur Analyse der Wirtschaftlichkeit im E-Commerce

Kennzahl	Formel	Einheit	Quelle
Produktkonvertierungsrate (Product conversion rate, Look-to Buy-Rate)	Anzahl der abgeschlossenen Einkaufswagen, die ein bestimmtes Produkt enthalten / Anzahl der Produktseitenaufrufe eines bestimmten Produktes	Prozentwert	Lee / Podlaseck 2000; Teltzrow et al. 2004; Hukemann 2004

Erläuterung und Bedeutung

Die Produktkonvertierungsrate verdeutlicht wie häufig ein Produkt im Web-Shop angesehen wurde, bevor es gekauft wurde. Mittels der Produktkonvertierungsrate kann somit ein **Vergleich zwischen dem Informationsverhalten und dem Kaufverhalten der Web-Shop-Kunden** durchgeführt werden. Im Zuge der Leistungsträgerbewertung kann die Produktkonvertierungsrate zur **Beurteilung des gesamten akquisitorischen Potenzials des Web-Shops bzw. einzelner Produkte** sowie zur **Planung von Marketingmaßnahmen** eingesetzt werden. Darüber hinaus liefert die Produktkonvertierungsrate wichtige Hinweise zur **Sortimentsplanung** des Web-Shops.

Kennzahl	Formel	Einheit	Quelle
Look-to-Click-Rate	Anzahl der Web-Shop-Besucher, die eine Produkt-Web-Seite angeklickt und nächste Transaktionsschritte (Klicks) eingeleitet haben / Anzahl der Web-Shop-Besucher, die eine Produkt-Website betrachtet haben	Prozentwert	Lee / Podlaseck 2000; Gomory et al. 2000; Teltzrow et al. 2004; Wegener 2005

Erläuterung und Bedeutung

Die Kennzahl Look-to-Click-Rate ist eine **Mikrokonversionsrate und** kann als ein **Indikator für das akquisitorische Potenzial eines Produktes** betrachtet werden. Mittels dieser Kennzahl kann das **Interesse des Kunden an einem Produkt** bzw. auch allgemeine **Kundenbedürfnisse hinsichtlich der angebotenen Produkte** im Web-Shop nachvollzogen werden. Die Kaufbereitschaft kann jedoch anhand dieser Kennzahl nicht ermittelt werden, da der Kunde weitere Produktinformationen bzw. andere Produkte anklicken kann. Prinzipiell kann angenommen werden, dass die Kaufbereitschaft mit steigender Look-to-Click-Rate zunimmt. Ferner kann diese Kennzahl zur **kurz- und langfristigen Sortimentsplanung** sowie zur **Ableitung von Marketingmaßnahmen** für den Web-Shop eingesetzt werden.

Abbildung 23: (Fortsetzung) *(Fortsetzung auf S. 102)*

Kennzahl	Formel	Einheit	Quelle
Click-to-Basket-Rate	Anzahl aller Einkaufswagen, die ein bestimmtes Produkt beinhalten / Anzahl der Web-Seiten-Aufrufe eines bestimmten Produktes	Prozentwert	Lee / Podlaseck 2000; Gomory et al. 2000; Teltzrow et al. 2004; Hukemann 2004; Wegener 2005

Erläuterung und Bedeutung

Die Click-to-Basket-Rate ist ebenfalls eine **Mikrokonversionsrate** und ermittelt die **verkaufsfördernde Wirkung einer Produkt-Web-Seite**. Die Click-to-Basket-Rate beschreibt, wie viele Sichtkontakte einer Produktseite zum Ablegen eines bestimmten Produktes im Einkaufswagen des Web-Shops notwendig sind. Weist beispielsweise ein Produkt eine hohe Anzahl an Web-Seiten-Aufrufen auf, aber eine geringe Click-to-Basket-Rate, kann dies ein Indikator für eine unzureichende Verkaufsförderung (z.B. Sonderangebote) sein. Ferner gibt die Kennzahl konkrete Hinweise auf die **Kaufbereitschaft der Web-Shop-Besucher und Web-Shop-Kunden** und **deren Bedürfnisse**. Der **finanzielle Erfolg des einzelnen Produktes** kann anhand dieser Kennzahl **nicht ermittelt werden**. Darüber hinaus kann die Click-to-Basket-Rate als ein Indikator für die **Benutzerfreundlichkeit** des Web-Shops betrachtet werden.

Kennzahl	Formel	Einheit	Quelle
Basket-to-Buy-Rate	Anzahl aller abgeschlossenen Einkaufswagen mit einem bestimmten Produkt / Anzahl aller Einkaufswagen mit einem bestimmten Produkt	Prozentwert	Lee / Podlaseck 2000; Gomory et al. 2000; Müller 2001; Sterne 2002; Hukemann 2004; Teltzrow et al. 2004; Wegener 2005

Erläuterung und Bedeutung

Die Basket-to-Buy-Rate ist eine **Mikrokonversionsrate** und verdeutlicht das **akquisitorische Potenzial** bzw. die **Verkaufsleistung eines Produktes**. Demzufolge kann anhand der Basket-to-Buy-Rate auf den **finanziellen Wertbeitrag eines Produktes** geschlossen werden. Für weiterführende Analysen hinsichtlich der **Sortimentsgestaltung** kann die Basket-to-Buy-Rate sowohl für Warengruppen als auch für das gesamte Sortiment berechnet werden. In diesem Zusammenhang eignet sich die Basket-to-Buy-Rate zur **Bestimmung der Verkaufseffizienz des angebotenen Produktsortimentes** sowie zur **kurz- und langfristigen Sortimentsplanung** des Web-Shops. Diese Kennzahl sollte nicht isoliert betrachtet werden, sondern mit den Kennzahlen zum Informations- und Suchverhaltenverhalten analysiert werden. Darüber hinaus können anhand dieser Kennzahl **Kundenwünsche und -bedürfnisse** eruiert werden und die **Benutzerfreundlichkeit** des Web-Shops vor allem im Transaktionsbereich der Website beurteilt werden.

Abbildung 23: (Fortsetzung) *(Fortsetzung auf S. 103)*

4.3 Kennzahlen zur Analyse der Wirtschaftlichkeit im E-Commerce

Kennzahl	Formel	Einheit	Quelle
Anzahl der befüllten Einkaufswagen	Anzahl der Web-Shop-Besucher, die mindestens ein Produkt in den Einkaufswagen gelegt haben	Zahl pro Tag, Woche, Monat, Jahr	*Hukemann* 2004

Erläuterung und Bedeutung

Die Kennzahl Anzahl der befüllten Einkaufswagen erlaubt Aussagen zur **Attraktivität des angebotenen Web-Shop-Sortiments** und zur **Kaufbereitschaft der Web-Shop-Besucher bzw. Web-Shop-Kunden**. Mittels dieser Kennzahl können jedoch **keine Aussagen zu weiteren Transkationsschritten** der Web-Shop-Kunden bzw. Web-Shop-Besucher getroffen werden. Hier ist eine weiterführende Analyse des Bestellvorganges notwendig.

Kennzahl	Formel	Einheit	Quelle
Anzahl der abgebrochenen Einkaufswagen	Anzahl der Web-Shop-Besucher, die mindestens ein Produkt in den Einkaufswagen gelegt und dieses dann nicht gekauft haben	Zahl pro Tag, Woche, Monat, Jahr	*Sterne* 2002; *Hukemann* 2004

Erläuterung und Bedeutung

Eine hohe Anzahl an abgebrochenen Einkaufswagen lässt sich nicht ausschließlich auf ein **Desinteresse** seitens der Web-Shop-Besucher zurückführen. Die Anzahl der abgebrochenen Einkaufswagen kann als ein Indikator für das **Kundenvertrauen** in den Web-Shop interpretiert werden. Vielmehr ist eine **Analyse der Gründe des Kaufabbruchs** notwendig. Häufige Gründe für Einkaufswagenabbrüche sind u.a. zu lange oder verwirrende Bestellprozesse oder eine unklare Höhe der Versandkosten. Aus diesen Gründen eignet sich diese Kennzahl als Anhaltspunkt **zur Planung von verkaufsfördernden Maßnahmen** sowie zur **Ableitung von strategischen Entscheidungen** hinsichtlich der **Liefer-, Zahlungs- und Preispolitik sowie der Benutzerfreundlichkeit** des Web-Shops.

Abbildung 23: (Fortsetzung) *(Fortsetzung auf S. 104)*

Kennzahl	Formel	Einheit	Quelle
Cross-Selling-Klickrate (Produkt A)[44] (Cross-Selling-Click-Rate)	Produktseitenaufrufe (Produkt B, Referenzkonversionsprodukt A) / Cross-Selling-Web-Seiten-Aufrufen des Produktes A	Prozentwert	Hukemann 2004

Erläuterung und Bedeutung

Die Cross-Selling-Klickrate ermittelt das Verhältnis zwischen der Anzahl der Produktseitenaufrufe, die durch die Einblendung eines zugehörigen Cross-Selling-Displays erzeugt wurden. Aus dieser Kennzahl wird ersichtlich, ob für den Web-Shop-Kunden bzw. Web-Shop-Besucher ein **Produktzusammenhang erkennbar** ist. Mittels dieser Kennzahl kann **jedoch nicht ermittelt werden, inwieweit eine Verbundsbestellung** durch den Web-Shop-Kunden stattgefunden hat. Prinzipiell kann daher anhand dieser Kennzahl nachvollzogen werden, inwieweit mögliche **Verbundseffekte für einzelne Produkte** und somit mögliche Umsatzsteigerungen durch Zusatzverkäufe realisierbar sind. In diesem Zusammenhang bietet diese Kennzahl gute Anknüpfungspunkte für die **zukünftige Sortimentsgestaltung und -planung** sowie für die **Planung und Durchführung von Marketingmaßnahmen** für den Web-Shop.

Kennzahl	Formel	Einheit	Quelle
Cross-Selling-Konvertierungsrate (Cross-Selling-Conversion-Rate (Produkt A)	Anzahl der abgeschlossenen Einkaufswagen (Produkt B, Referenzkonversionsprodukt A) / Cross-Selling-Web-Seiten-Aufrufe (Produkt A)	Prozentwert	Knust / Schindera 2001; Hukemann 2004

Erläuterung und Bedeutung

Die Cross-Selling-Konvertierungsrate spiegelt die **verkaufsfördernde Wirkung eines Cross-Selling-Displays** wider und verdeutlicht ob **Zusatzverkäufe** zur Umsatzsteigerung des Web-Shops möglich sind. In diesem Zusammenhang bietet diese Kennzahl gute Ausgangspunkte für **die zukünftige Sortimentsgestaltung und -planung** sowie für die **Planung und Durchführung von Marketingmaßnahmen** des Web-Shops.

Abbildung 23: (Fortsetzung) *(Fortsetzung auf S. 105)*

---

[44] Cross-Selling-Displays sind spezielle Produktdisplays, die auf der jeweiligen Produktseite auf verbundene Artikel hinweisen (vgl. *Hukemann* 2004, S. 192).

4.3 Kennzahlen zur Analyse der Wirtschaftlichkeit im E-Commerce

Kennzahl	Formel	Einheit	Quelle
Produktbeschwerdequote	Anzahl der Beschwerden eines bestimmten Produktes / Anzahl der Online-Bestellungen eines bestimmten Produktes	Prozentwert	Boyd 2002; Sterne 2002; Hukemann 2004

Erläuterung und Bedeutung

Die Produktbeschwerdequote kann zur **Qualitätssicherung** und **Qualitätsmessung** der angebotenen **Produkte** im Web-Shop eingesetzt werden. Darauf aufbauend unterstützt diese Kennzahl die **Beurteilung der Lieferantenqualität** (Hersteller) und die **Planung des Web-Shop-Sortiments**. Darüber hinaus ist die Produktbeschwerdequote ein Indikator für die **Kundenzufriedenheit** mit dem Web-Shop.

Kennzahl	Formel	Einheit	Quelle
Rücksendequote (Retourenquote)	Anzahl der retournierten Produkte / Anzahl der ausgelieferten Produkte	Prozentwert	Preißner 2001; Wilke 2002; Marr et al. 2002

Erläuterung und Bedeutung

Die Rücksendung eines Produktes ist für einen Einzelhändler mit einem administrativen Aufwand (Rücküberweisung der Zahlung etc.) und zusätzlichen Versandkosten verbunden, die den Erfolg des Web-Shops schmälern. Da die Rücksendung eines Produktes durch den Web-Shop-Kunden vielfältige Gründe haben kann, ist eine genaue Analyse der Produktrücksendegründe erforderlich. Im Zuge dieser Analyse können Aussagen zur **Lieferantenqualität (Hersteller)** sowie zur **Sortimentsplanung und -gestaltung** des Web-Shops getroffen werden. Weiters ist anzumerken, dass die Produktrücksendung für den Web-Shop-Kunden ebenfalls mit einem Aufwand verbunden ist, daher kann diese Kennzahl auch als ein Indikator für die **Kundenzufriedenheit** und die **Kundenbindung** des Web-Shops herangezogen werden.

Abbildung 23: (Fortsetzung)

4.4 Kennzahlen zur Lageanalyse im E-Commerce

Die Lageanalyse dient der permanenten Beobachtung von marktrelevanten Entwicklungen mit dem Ziel der Sichtbarmachung von zu erwartenden Trends, und der Initiierung von Anpassungsmaßnahmen bei Veränderungen der Rahmenbedingungen im Absatzmarkt. Die zentrale Aufgabe der Lageanalyse besteht daher in der Verknüpfung des operativen und strategischen Vertriebscontrollings. Diese Verknüpfung erfolgt einerseits durch die Betrachtung von Kennzahlen im Zeitablauf, so genannten Vorlaufindikatoren, und andererseits durch die Berücksichtigung von Kennzahlen, die als schwache Signale bezeichnet werden können (vgl. *Palloks* 1995, S. 1143; *Reichmann* 2001, S. 487). Als zentrale Vorlaufindikatoren zur Beschreibung der Lageanalyse können im E-Commerce eingesetzt werden:

- Marktanteilsentwicklung,
- Entwicklung der Besucheranzahl,
- E-Commerce-Umsatzentwicklung und
- Entwicklung der Anzahl der Bestellungen.

In diesem Zusammenhang muss darauf hingewiesen werden, dass im Online-Vertrieb Erfahrungs- und Vergleichswerte noch weitgehend fehlen und daher eine Interpretation der vorgeschlagenen Kennzahlen vorsichtig vorgenommen werden muss (vgl. *Exner* 2003, S. 112). Auch die Länge des Betrachtungszeitraums hängt vom jeweiligen Einzelhandelsunternehmen und dessen Informationsbedürfnissen ab (vgl. *Becker / Winkelmann* 2006, S. 72).

Die Analyse schwacher Signale ist besonders im Online-Vertrieb auf Grund von sich schnell ändernden Kundenbedürfnissen und Umweltbedingungen, z.B. durch Entwicklungen in der Informations- und Kommunikationstechnologie, von zentraler Bedeutung. Im Online-Vertrieb können Kennzahlen, welche in Verbindung mit der Kundenzufriedenheit und der Kundenbindung stehen, als schwache Signale bezeichnet werden (vgl. *Preißner* 2001, S. 244; *Schäffer et al.* 2002, S. 361). Die Kundenzufriedenheit und die daraus resultierende Kundenbindung im E-Commerce sind, wie bereits im Stand der Forschung erläutert, Ergebnisgrößen, die mittels verschiedener Einzelkennzahlen analysiert oder anhand von Kundenbefragungen gemessen werden können (vgl. *Marr et al.* 2001, S. 19). Als schwache Signale zur Beschreibung der Lageanalyse im E-Commerce können daher folgende Kennzahlen eingesetzt werden:

- Konvertierungsrate,
- Abwanderungsrate,
- Erstkäuferabwanderungsrate,
- Wiederholungskäuferkonvertierungsrate,
- Wiederholungskäuferabwanderungsrate,
- Kaufhäufigkeit,
- Weiterempfehlungsquote,
- Beschwerdequote und
- Dauer des Fernbleibens.

4.4 Kennzahlen zur Lageanalyse im E-Commerce

Kennzahl	Formel	Einheit	Quelle
Marktanteils-entwicklung	(Marktanteil des Web-Shops innerhalb der Periode t / Marktanteil des Web-Shops der Basisperiode) *100	Prozentwert	*Knust / Schindera* 2001; *Reichmann* 2001

Erläuterung und Bedeutung

Die Kennzahl Marktanteilsentwicklung ermöglicht in erster Linie die **Ermittlung der zukünftigen Marktposition** des Web-Shops, die **Bestimmung der Marktabdeckung** sowie die **Bewertung der Marktaktivitäten der Konkurrenz**. In diesem Zusammenhang kann daher anhand der Marktanteilsentwicklung auf die **Umsatzentwicklung** des Web-Shops **geschlossen** werden und **entsprechende Marketingmaßnahmen** für den Web-Shop geplant werden. Bei weiterer Betrachtung kann diese Kennzahl auch als ein Indikator für die **Kundenzufriedenheit** und die **Kundenbindung** des Web-Shops interpretiert werden. Folglich kann die Marktanteilsentwicklung zur **Ableitung von strategischen Entscheidungen** in verschiedenen Bereichen des Web-Shops herangezogen werden.

Kennzahl	Formel	Einheit	Quelle
Entwicklung der Besucheranzahl	(Anzahl der Web-Shop-Besucher innerhalb der Periode t / Anzahl der Web-Shop-Besucher der Basisperiode) *100	Prozentwert	*Gomory et al.* 2000; *Lee / Podlaseck* 2000; *Weischedel et al.* 2005; *Nikolaeva* 2005

Erläuterung und Bedeutung

Die Kennzahl Entwicklung der Besucheranzahl verdeutlicht einerseits die **Attraktivität** und andererseits die **Benutzerfreundlichkeit** des Web-Shops. In diesem Betrachtungszusammenhang dient diese Kennzahl der **Beurteilung der Besucherbindung** des Web-Shops. Folglich kann die Entwicklung der Besucheranzahl als ein Indikator für das **akquisitorische Potenzial** des Web-Shops und der angebotenen Produkte betrachtet werden. Darüber hinaus bietet diese Kennzahl gute Anhaltspunkte für die Ableitung von **Maßnahmen für das Suchmaschinenmarketing** sowie für die **Planung von Marketingmaßnahmen** für den Web-Shop.

Abbildung 24: Kennzahlen zur Beschreibung der Lageanalyse im E-Commerce
(Fortsetzung auf S. 108)

Kennzahl	Formel	Einheit	Quelle
E-Commerce-Umsatzentwicklung	(Web-Shop-Gesamtumsatz innerhalb der Periode t / Web-Shop-Gesamtumsatz der Basisperiode) *100	Prozentwert	*Friedag / Schmidt* 2001

Erläuterung und Bedeutung

Die E-Commerce-Umsatzentwicklung kann zur **Beurteilung der gesetzten Absatzziele** sowie zur **Ableitung der zukünftigen Absatzentwicklung** des Web-Shops herangezogen werden. Mittels dieser Kennzahl kann ebenfalls die **Attraktivität und Qualität des Sortiments** sowie die **Preisstrategie** des Web-Shops und die **Effektivität der durchgeführten Marketingmaßnahmen** bewertet werden. Die E-Commerce-Umsatzentwicklung erlaubt Rückschlüsse auf die **Kundenzufriedenheit** und die **Kundenbindung** des Web-Shops und ermöglicht einen **Erfolgsvergleich mit anderen Vertriebskanälen**. Darüber hinaus eignet sich die Kennzahl zur **Argumentation bei Investitionsentscheidungen** und zur **Vorlage bei möglichen Investoren**.

Kennzahl	Formel	Einheit	Quelle
Entwicklung der Anzahl der Bestellungen	(Anzahl der Online-Bestellungen innerhalb der Periode t / Anzahl der Online-Bestellungen der Basisperiode) *100	Prozentwert	*Knust / Schindera* 2001

Erläuterung und Bedeutung

Die Kennzahl Entwicklung der Anzahl der Bestellungen eignet sich einerseits zur **Beurteilung der zukünftigen Umsatz- und Gewinnentwicklung** des Web-Shops und andererseits zur **Bestimmung des akquisitorischen Potenzials** des Web-Shops. Darüber hinaus kann anhand dieser die **Attraktivität des Sortiments** und die damit verbundende **Preisstrategie** beurteilt. Folglich unterstützt diese Kennzahl die **Planung und Durchführung von zukünftigen Marketingmaßnahmen** für den Web-Shop. Die Kennzahl Entwicklung der Anzahl der Bestellungen kann ebenfalls als ein Indikator für die **Kundenzufriedenheit** und die **Kundenbindung** mit dem Web-Shop betrachtet werden.

Abbildung 24: (Fortsetzung) *(Fortsetzung auf S. 109)*

4.4 Kennzahlen zur Lageanalyse im E-Commerce

Kennzahl	Formel	Einheit	Quelle
Konvertierungsrate (Conversion-Rate, Prospect-Conversion-Rate)	Anzahl der Erstkäufer des Web-Shops / Anzahl der Web-Shop-Besucher	Prozentwert	*NetGenesis* 2000; *Embellix* 2000; *Kracklauer et al.* 2001; *Preißner* 2001; *Barua et al.* 2001; *Müller* 2001; *Sterne* 2002; *Marr et al.* 2002; *Grimm / Röhricht* 2003; *Feng et al.* 2004; *Hukemann* 2004; *Weischedel et al.* 2005

Erläuterung und Bedeutung

Die Konvertierungsrate spiegelt die **Attraktivität** und die **Benutzerfreundlichkeit** des Web-Shops wider. In diesem Zusammenhang verdeutlicht die Konvertierungsrate einerseits die **akquisitorische Fähigkeit** und andererseits den **Absatzerfolg** des Web-Shops. Je höher die Konvertierungsrate, desto erfolgreicher (kundenorientierter) ist der Web-Shop. Mittels dieser Kennzahl lassen sich nicht nur Aussagen über die Umwandlung von Web-Shop-Besuchern zu Erstkäufern treffen, sondern auch, ob **bestimmte Marketingmaßnahmen zur Kaufstimulierung gesetzt werden müssen** bzw., ob durchgeführte Marketingmaßnahmen zu einer Absatzsteigerung geführt haben. In diesem Betrachtungszusammenhang ermöglicht diese Kennzahl Aussagen in Bezug auf die **Effektivität des durchgeführten Suchmaschinenmarketings**. Die Konvertierungsrate kann darüber hinaus zur **Bewertung des Sortiments und der angebotenen Produkte** im Web-Shop eingesetzt werden. Ferner kann diese Kennzahl zu **inner- und überbetrieblichen Erfolgsvergleichen** und als Indikator für die **Besucherzufriedenheit** und das **Kundenvertrauen** herangezogen werden.

Kennzahl	Formel	Einheit	Quelle
Abwanderungsrate (Abandonment-Rate)	Anzahl der abgebrochenen Einkaufswagen im Web-Shop / Anzahl der abgeschlossenen Einkaufswagen im Web-Shop	Prozentwert	*NetGenesis* 2000; *Sterne* 2002; *Cotter* 2002; *Teltzrow et al.* 2004; *Weischedel et al.* 2005

Erläuterung und Bedeutung

Die Abwanderungsrate kann als Indikator für die **Benutzerfreundlichkeit**, die **Attraktivität der angebotenen Produkte** und die **Besucherzufriedenheit** mit dem Web-Shop herangezogen werden. In diesem Zusammenhang ermöglicht die Abwanderungsrate u.a. Aussagen zum **Kundenvertrauen** mit dem Web-Shop und signalisiert eine **Kaufbereitschaft** seitens der Web-Shop-Besucher. Bei der Interpretation muss beachtet werden, dass die Gründe für einen Einkaufswagenabbruch vielseitig sein können (z.B. unverständliche Navigation, zu hohe Versandkosten) und daher weiterführende Analysen notwendig sind. Somit ist die Abwanderungsrate zur **Bewertung von durchgeführten Marketingmaßnahmen und zur Planung und Durchführung von zukünftigen Marketingmaßnahmen im Bereich der Web-Shop-Besucher-Akquise** von Bedeutung.

Abbildung 24: (Fortsetzung) *(Fortsetzung auf S. 110)*

Kennzahl	Formel	Einheit	Quelle
Erstkäufer-abwanderungsrate (Attrition-Rate)	Anzahl der abgewanderten Erstkäufer des Web-Shops / Gesamtanzahl der Web-Shop-Kunden	Prozentwert	NetGenesis 2000; *Agrawal et al.* 2001; *Preißner* 2001; *Teltzrow et al.* 2004

Erläuterung und Bedeutung

Die Erstkäuferabwanderungsrate kann interpretiert werden als die Anzahl der Erstkäufer, die nicht mehr im Web-Shop kaufen. Folglich stellt die Erstkäuferabwanderungsrate einen wichtigen Indikator für die **Kundenzufriedenheit** und die **Kundenbindung** mit dem Web-Shop dar. Darauf aufbauend kann die Erstkäuferabwanderungsrate zur **Bewertung der Servicequalität** und zur **Qualitätssicherung und -messung der internen Prozesse** des Web-Shops eingesetzt werden. Die Analyse der Erstkäuferabwanderungsrate ist vor allem unter dem Aspekt der **Bestimmung des Kundenwertes bzw. der Kundensegmentierung** wichtig. Aus dieser Betrachtung heraus können **Marketingmaßnahmen zur Kundenreaktivierung** und betriebliche Entscheidungen hinsichtlich der **zukünftigen Marketingstrategien** des Web-Shops abgeleitet werden. Weiterführende Analysen, beispielsweise in Form von Kundenbefragungen, zur Ermittlung der Abwanderungsgründe von Erstkäufern, sind zur Sicherung des Betriebs des Web-Shops von Bedeutung.

Kennzahl	Formel	Einheit	Quelle
Wiederholungskäufer-konvertierungsrate (Repeat-Customer-Conversion-Rate, Wiederkaufrate)	Gesamtanzahl der Wiederholungskäufer des Web-Shops / Gesamtanzahl der Web-Shop-Kunden	Prozentwert	NetGenesis 2000; *Agrawal et al.* 2001; *Knust / Schindera* 2001; *Preißner* 2001; *Müller* 2001; *Wilke* 2002

Erläuterung und Bedeutung

Die Analyse der Wiederholungskäuferkonvertierungsrate ist im E-Commerce von großer Bedeutung, da anhand dieser der **zukünftige Erfolg** des Web-Shops **abgeleitet** werden kann. Mittels dieser Kennzahl lassen sich vielseitige Aussagen über den Web-Shop treffen. Einerseits kann die Wiederholungskonvertierungsrate zur **Ermittlung der Kundenzufriedenheit** und **Kundenbindung** des Web-Shops und folglich zur **Bewertung von durchgeführten Marketingmaßnahmen zur Kundenreaktivierung** sowie zur **Ableitung von zukünftigen Marketingmaßnahmen zur Kundenreaktivierung** eingesetzt werden. Andererseits dient die Wiederholungskäuferkonvertierungsrate der **Bestimmung des zukünftigen Kundenwertes**, der **Beurteilung des angebotenen Sortiments** und der **Bewertung der Benutzerfreundlichkeit** des Web-Shops. Darüber hinaus spiegelt die Wiederholungskäuferkonvertierungsrate wider, inwieweit **Wechselbarrieren zu anderen Web-Shops** aufgebaut werden konnten.

Abbildung 24: (Fortsetzung) *(Fortsetzung auf S. 111)*

4.4 Kennzahlen zur Lageanalyse im E-Commerce

Kennzahl	Formel	Einheit	Quelle
Wiederholungskäuferabwanderungsrate (Repeat-Customer-Churn-Rate, Churn-Rate, Stammkundenverlustrate)	Anzahl der abgewanderten Web-Shop-Wiederholungskäufer / Gesamtanzahl der Web-Shop-Kunden	Prozentwert	*NetGenesis* 2000; *Kracklauer et al.* 2001; *Agrawal et al.* 2001; *Wirtz* 2001; *Preißner* 2001; *Heine* 2001; *Sterne* 2002; *Teltzrow et al.* 2004

Erläuterung und Bedeutung

Die Wiederholungskäuferabwanderungsrate kann als ein Indikator für die **Kundenzufriedenheit** und die **Kundenbindung** mit dem Online-Vertrieb interpretiert werden. Folglich bietet diese Kennzahl hilfreiche Anhaltspunkte zur **Bewertung von durchgeführten Marketingmaßnahmen zur Kundenreaktivierung** und zur **Ableitung von zukünftigen Kundenbindungsprogrammen** des Web-Shops. Darüber hinaus eignet sich diese Kennzahl zur **Bewertung der Servicequalität** des Web-Shops, zur **Bewertung des Aufbaus von Wechselbarrieren zu anderen Web-Shops** und zur **Qualitätsmessung und -sicherung von internen Prozessen**.

Kennzahl	Formel	Einheit	Quelle
Kaufhäufigkeit	Online-Bestellungen durch Wiederholungskäufer / Anzahl der Web-Shop-Wiederholungskäufer	Zahl in Tagen, Wochen, Monaten, Jahren	*Netgenesis* 2000; *Hukemann* 2004

Erläuterung und Bedeutung

Die Kaufhäufigkeit verdeutlicht, wie oft ein Wiederholungskäufer innerhalb eines Zeitraums im Web-Shop eingekauft hat. Demzufolge spiegelt die Kaufhäufigkeit sowohl die **Kundenzufriedenheit**, das **Kundenvertrauen** bzw. das **Kundenbindungspotenzial** als auch die **Attraktivität und Qualität des angebotenen Sortiments** sowie **das daraus realisierbare Umsatzpotenzial** wider. In diesem Zusammenhang muss beachtet werden, dass die Kaufhäufigkeit wesentlich durch die angebotenen Produkte im Web-Shop bestimmt wird. Darüber hinaus dient die Kaufhäufigkeit der Analyse des **Kundenwertes** und der **Feststellung**, inwieweit **Wechselbarrieren** zu anderen Web-Shops aufgebaut werden konnten.

Abbildung 24: (Fortsetzung)   *(Fortsetzung auf S. 112)*

Kennzahl	Formel	Einheit	Quelle
Weiterempfehlungsquote (Empfehlungskonversion)	Anzahl der Web-Shop-Erstkäufer durch Empfehlung / Anzahl der Web-Shop-Kunden	Prozentwert	*Sterne* 2002; *Hukemann* 2004; *Schröder* 2006

Erläuterung und Bedeutung

Die Empfehlungskonversion stellt das Gegenstück zur Beschwerdequote dar und kann als ein Indikator für die **Kundenzufriedenheit und das Kundenbindungspotenzial** des Web-Shops interpretiert werden. Mittels der Weiterempfehlungsquote lässt sich auch die **Effektivität von Mund-zu-Mund-Marketingmaßnahmen** nachvollziehen. Darüber hinaus kann diese Kennzahl zur **Bewertung der Qualität und Attraktivität des angebotenen Web-Shop-Sortiments** und zur **Beurteilung der Benutzerfreundlichkeit** des Web-Shops herangezogen werden.

Kennzahl	Formel	Einheit	Quelle
Beschwerdequote	Anzahl der Beschwerden / Anzahl der Online-Bestellungen oder Web-Shop-Kunden	Prozentwert	*Boyd* 2002; *Sterne* 2002; *Grimm / Röhricht* 2003; *Hukemann* 2004; *Schröder* 2006

Erläuterung und Bedeutung

Die Beschwerdequote dient der **Messung und Kontrolle der Servicequalität** und der **internen Vertriebsprozessabläufe** sowie der **Erkennung von betrieblichen Schwachstellen** des Online-Vertriebs. Demzufolge kann anhand der Beschwerdequote ein **Verbesserungs- und Entwicklungspotenzial** im Rahmen des Online-Vertriebs aufgedeckt werden. In diesem Zusammenhang kann die Beschwerdequote als ein Indikator für die **Kundenzufriedenheit, die Kundenbindung und die Kundenorientierung** des Web-Shops betrachtet werden. Darüber hinaus kann die Beschwerdequote die **Notwendigkeit und die Organisation eines Beschwerdemanagements** im Rahmen des Online-Vertriebs verdeutlichen.

Abbildung 24: (Fortsetzung)   *(Fortsetzung auf S. 113)*

Kennzahl	Formel	Einheit	Quelle
Dauer des Fernbleibens (Recency)	Zeitspanne seit dem letzten Kundenereignis, z.B. dem Kauf im Web-Shop	Zahl in Stunden, Tagen, Wochen, Monaten, Jahren	*NetGenesis* 2000; *Schwickert / Wendt* 2000; *Preißner* 2001; *Friedag / Schmidt* 2001; *Bhat et al.* 2002; *Sterne* 2002, *Wu et al.* 2005
Erläuterung und Bedeutung			
Die Kennzahl Dauer des Fernbleibens ermöglicht Aussagen zum **Kundenverhalten**, zur **Kundenbindung** und zur **Kundenzufriedenheit** mit dem Web-Shop. Je geringer die Dauer des Fernbleibens, desto höher die Kundenbindung und desto **stärker die Kundenbeziehung**. Vergrößert sich die Dauer des Fernbleibens, sinkt die Wahrscheinlichkeit einer Kundenaktivität. Wird ein bestimmter Zeitraum überschritten, kann der Kunde als „verloren" betrachtet werden. Daher ist die Dauer des Fernbleibens für die **Kundenwertanalyse und zur Ableitung von Marketingmaßnahmen** von Bedeutung. In diesem Zusammenhang muss jedoch beachtet werden, dass die Dauer des Fernbleibens wesentlich durch das angebotene Sortiment des Web-Shops bestimmt wird.			

Abbildung 24: (Fortsetzung)

4.5 Theoretisches Ausgangsmodell

Zur besseren Übersicht der vorgestellten Kennzahlen und zur Verdeutlichung der beschriebenen Zusammenhänge wird das theoretische Ausgangsmodell noch einmal in der nachfolgenden Abbildung dargestellt.

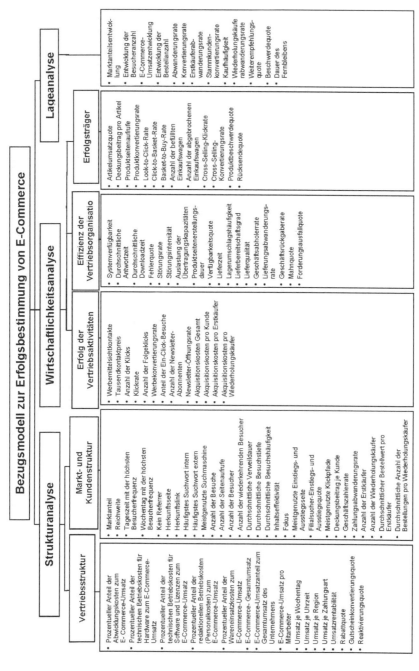

Abbildung 25: Theoretisches Ausgangsmodell der vorliegenden Forschungsarbeit

5 Ergebnisse der Online-Delphi-Studie und Modellableitung

Im nachfolgenden Kapitel erfolgt zunächst eine kurze Vorstellung der Delphi-Methode als Forschungsmethode sowie eine Erläuterung des Untersuchungsdesigns der vorliegenden Online-Delphi-Studie. Im Anschluss daran werden die Ergebnisse der Online-Delphi-Studie vorgestellt. Darauf aufbauend wird das Kennzahlenmodell zur Erfolgsmessung von E-Commerce bei einem Mehrkanaleinzelhändler präsentiert und mögliche Vergleichsmöglichkeiten zum stationären Einzelhandel aufgezeigt.

5.1 Definition und Merkmale der Delphi-Methode

In der wissenschaftlichen Literatur liegt auf Grund der unterschiedlichen Anwendungsmöglichkeiten und Anwendungsfeldern eine Vielzahl an Definitionen zur Delphi-Methode[45] vor. Trotz verstärkter Bemühungen verschiedener Autoren ist es bisher nicht gelungen, eine Standarddefinition für die Delphi-Methode zu entwickeln und zu etablieren.

Für die vorliegende Arbeit wird, wie bereits in der Einleitung dargelegt, die Begriffsbestimmung von *Neubäumer* herangezogen. *Neubäumer* (1988, S. 328) definiert die Delphi-Methode wie folgt: „Es handelt sich um eine strukturierte, iterativ durchgeführte Gruppenbefragung, die sich auf das Wissen und die Prognosefähigkeit von Experten stützt. Dabei wird das Ziel verfolgt, nach mehreren Befragungsrunden zu einem Gruppenurteil zu kommen, das einen möglichst weitreichenden Konsens der Befragten widerspiegelt." Auch *Lindemann* (1975, S. 435) beschreibt die Delphi-Methode ähnlich: „The Delphi-technique ... involves the use of a series of questionnaires designed to produce group consensus". *Walker / Selfe* (vgl. 1996, S. 680) gehen in diesem Zusammenhang noch einen Schritt weiter und betonen mit der Aussage „the Delphi method was originally developed in order to gain consensus" die ursprüngliche Zielsetzung der Delphi-Methode.

Trotz der Definitionsvielfalt lassen sich einige zentrale Merkmale ableiten, die für alle Delphi-Studien gleichermaßen charakteristisch sind und über die weitgehend wissenschaftstheoretische Einigkeit besteht (vgl. *Wechsler* 1978, S. 24; *Häder* 2002, S. 25; *Ammon* 2005, S. 118):

- Verwendung eines Fragenbogens,
- Befragung von Experten,

---

[45] Synonyme Begriffe sind Delphi, Delphi-Studie, Delphi-Prognose, klassische Delphi, Konferenz-Delphi, Entscheidungs-Delphi, Delphi-Technik, Delphi-Untersuchung, Delphi-Ansatz, Delphi-Methodik, Delphi-Befragung usw. (vgl. *Mullen* 2003, S. 39).

- Anonymität der Einzelantworten und Teilnehmer/innen,
- Ermittlung einer statistischen Gruppenantwort,
- Information der Teilnehmer/innen über die Gruppenantwort in statistischer oder verbaler Form zu jeder Befragungsrunde und
- (mehrfache) Wiederholung der Befragung.[46]

5.2 Anwendungsmöglichkeiten und Klassifikationsmöglichkeiten der Delphi-Methode

Fehlende methodische Standards bei der Verwendung der Delphi-Methode haben in der Wissenschaft zu einer Vielzahl an Anwendungsmöglichkeiten und Anwendungsfeldern der Delphi-Methode geführt (vgl. *Häder* 2002, S. 26; *Pfohl / Freichel* 1990, S. 14f.; *Ammon* 2005, S. 118). Die häufigsten Anwendungsmöglichkeiten der Delphi-Methode umfassen nach *Dichtl / Müller* (vgl. 1992, S. 9):

- Erstellung von Prognosen,
- Problemlösung,
- Beurteilung von Problemsituationen anhand bestimmter Kriterien,
- Zielbildung,
- Ideenfindung und
- Konsensbildung.

Aufgrund der verschiedenen Anwendungsfelder und -möglichkeiten sowie der Vielzahl an Ausgestaltungsvarianten hat sich bisher in der Wissenschaft kein einheitliches Klassifikationsschema für die Delphi-Methode durchgesetzt. Ausgehend von der zugrunde gelegten Zielsetzung der Arbeit wird daher auf das Klassifikationsschema von *Häder* (vgl. 2002) Bezug genommen, der folgende vier Typen von Delphi-Befragungen unterscheidet:

- Delphi-Befragung zur Ideenaggregation,
- Delphi-Befragung zur Vorhersage (Prognose) diffuser Sachverhalte bzw. deren genauerer Bestimmung,
- Delphi-Befragung zur Ermittlung und Qualifikation von Expertenmeinungen über einen unzureichend abgegrenzten Sachverhalt und
- Delphi-Befragung zur Konsensfindung unter den Befragungsteilnehmern.

Besondere Eignung wird der Delphi-Methode bei diffusen und komplexen Problemstellungen sowie beim Fehlen historischer statistischer Daten zugesprochen (vgl. *Seeger* 1979, S. 28; *Häder* 2002, S. 31). *Seeger* (vgl. 1979, S. 29) hebt in diesem Zusammenhang die Bedeutung der Delphi-Methode bei der Strukturentwicklung von Modellen hervor. Diese beiden Argumente bilden die Grundlage für die Anwendung der Delphi-Studie im Rahmen dieser Arbeit.

---

[46] Auch als klassische Delphi-Methode bzw. Standard-Delphi bezeichnet.

5.3 Vorgangsweise und Aufgabenbereiche der Monitorgruppe bei einer klassischen Delphi-Methode

Die klassische Delphi-Methode umfasst in Anlehnung an *Brockhoff* (vgl. 1979, S. 2) neun Schritte. Im ersten Schritt erfolgt die Auswahl und Definition des Forschungsproblems. Ausgehend von dieser Problemstellung werden in einem zweiten Schritt geeignete Personen, d. h. Experten, für die Befragung ausgewählt und der Fragebogen erstellt und vorab getestet. Dieser zweite Schritt beinhaltet damit grundsätzliche Planungsaufgaben und kann als Vorbereitungsphase der Delphi-Studie betrachtet werden. Nach der Erstellung des Fragebogens werden in einem dritten Schritt die Experten individuell und anonym befragt. Die Befragung kann sowohl schriftlich als auch per Online-Fragebogen durchgeführt werden. Im vierten Schritt erfolgt aus dem vorliegenden Fragebogen eine individuelle Informationssammlung durch die Experten (vierter Schritt) und die Beantwortung der Fragen durch den Experten (fünfter Schritt). Im sechsten Schritt werden die Antworten der Experten qualitativ und quantitativ ausgewertet. Im Bedarfsfall, d. h. bei Extremurteilen bzw. Extremabweichungen, werden die Experten um Begründung ihrer Angaben gebeten (siebter Schritt). Die statistische Auswertung sollte zur Darstellung der Gruppenmeinung mindestens den Median und die Standardabweichung beinhalten. Im nächsten Schritt (achter Schritt) werden die Ergebnisse der ersten Befragungsrunde allen Befragungsteilnehmern übermittelt. Die Bekanntgabe der Ergebnisse (Gruppenmeinung) erfolgt oftmals in Verbindung mit dem Fragebogen der nächsten (zweiten) Befragungsrunde (neunter Schritt).

Der beschriebene Befragungsprozess wird solange wiederholt, bis ein Gruppenkonsens erreicht ist. Der Gruppenkonsens leitet sich entsprechend aus den Ergebnissen der letzten Befragungsrunde[47] ab. Hinsichtlich der notwendigen Rundenanzahl zur Erzielung eines Gruppenkonsenses gibt es in der Literatur keine konkreten Vorgaben. Nach *Wechsler* (vgl. 1978, S. 142) sind mindestens zwei Runden zur Durchführung einer Delphi-Studie erforderlich, wobei die Ermittlung der notwendigen Befragungsrundenanzahl ex post oder ex ante erfolgen kann.

Die Delphi-Befragung wird immer durch eine Monitorgruppe bzw. Monitorperson begleitet. Diese Monitorgruppe bzw. Monitorperson übernimmt im Rahmen der Delphi-Befragung eine Vielzahl an Gestaltungs,- Durchführungs- und Auswertungsaufgaben (vgl. *Wechsler* 1978, S. 32f.). Die Gestaltungsaufgaben umfassen die Abgrenzung des Forschungsfeldes, die Auswahl der Expertengruppe, die Fragebogenerstellung, die Festlegung der Befragungsrundenanzahl und der Befragungsrundendauer sowie die Planung und Konzeption der Feedbackprozesse. Die Durchführungsaufgaben beinhalten die Motivation der Experten zur Verringerung der Panelmortalität, die Ausführung der Befragung(en) sowie die Bekanntgabe der Gruppenergebnisse nach jeder Befragungsrunde. Die problemspezifische Auswertung der Gruppen- und Einzelurteile sowie die methodenspezifische Interpretation der Ergebnisse sind wesentliche Auswertungsaufgaben der Monitorgruppe bzw. der Monitorperson. Im Rahmen der vorliegenden Arbeit werden die beschriebenen Arbeitsbereiche der Monitorperson von der Autorin wahrgenommen.

---

[47] Man spricht in diesem Zusammenhang auch von Befragungswelle.

Die nachfolgende Abbildung stellt die oben beschriebene Vorgangsweise der Standard-Delphi-Methode graphisch dar und verdeutlicht die jeweiligen Aufgaben der beteiligten Personen am Delphi-Prozess (vgl. *Wechsler* 1978, S. 25).

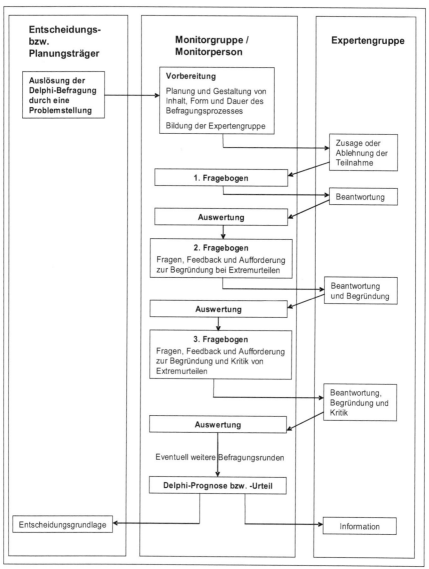

Abbildung 26: Ablauf einer Standard-Delphi-Befragung
Quelle: in Anlehnung an *Wechsler* 1978, S. 25

5.4 Vorgehensweise der vorliegenden Online-Delphi-Studie

Zur besseren Verständlichkeit der Arbeit erfolgt in den nachfolgenden Abschnitten eine Beschreibung der durchgeführten Online-Delphi-Studie[48]. Die Beschreibung der Vorgangsweise umfasst die Auswahl und Zusammensetzung der Expertengruppe sowie den zeitlichen Ablauf der Online-Delphi-Studie.

5.4.1 Auswahl und Zusammensetzung der Expertengruppe der Online-Delphi-Studie

Im Rahmen dieser Arbeit wird ein Experte bezugnehmend auf *Becker* (vgl. 1974, S. 146) als eine Person charakterisiert, die:

- über eine große Menge hoch qualifizierter und relevanter Informationen zum untersuchten Sachverhalt verfügt,
- bereit ist, wahrheitsgetreu entsprechend ihrem Wissen und ihren Erfahrungen relevante Aussagen zum untersuchten Sachverhalt zu treffen,
- bereit und in der Lage ist, ihre Aussagen vor dem Hintergrund der Aussagen und Anmerkungen anderer Befragungsteilnehmer kritisch zu hinterfragen und
- bereit und in der Lage ist, ihre Aussagen vor dem Hintergrund eines neuen Erkenntnisstandes zu revidieren.

Für die vorliegende Arbeit bedeutet dies, dass folgende Personen als Experten ausgewählt wurden:

- Leiter von Web-Shops bei einem Mehrkanaleinzelhändler bzw. Personen, die mit der Betreuung des Web-Shops betraut sind,
- Wissenschaftler mit den Forschungsgebieten E-Commerce und/oder Einzelhandel (Mehrkanaleinzelhandel),
- Mitglieder von Branchenverbänden, z. B. Handelsverband, und Zertifizierungsstellen, z. B. österreichische Internet-Siegel E-Commerce Quality und
- Unternehmensberater mit den Beratungsschwerpunkten E-Commerce und/oder Marketing- und Vertriebscontrolling.

---

[48] Online-Befragungen können als web-basierte Befragungen oder als E-Mail-Befragungen durchgeführt werden. Es gibt drei Gestaltungsformen von web-basierten Fragebögen. Typ 1 (open web) ist Teil einer Website und kann von jedem Besucher aufgerufen werden. Typ 2 (closed web) erfordert die Kenntnis eines Passwortes zur Öffnung des Fragebogens. Bei Typ 3 (hidden web) erfolgt die Auswahl der Befragungsteilnehmer durch einen vorab festgelegten Auswahlmechanismus, z. B. die Besucheranzahl. Zu dieser Gruppe gehören auch die Pop-Up-Befragungen. Bei den E-Mail-basierten Fragebögen wird ebenso zwischen drei Gestaltungsvarianten unterschieden. Unter Gestaltungstyp 1 wird lediglich eine e-Mail mit Fragen verstanden. Beim Gestaltungstyp 2 wird der e-Mail der Fragebogen in Form eines Attachments beigefügt. Bei Typ 3 (embedded Url) enthält die e-Mail einen Link, der die Öffnung des Online-Fragebogens in einem zusätzlichen Browserfenster ermöglicht (vgl. *Bradley* 1999, S. 390). Zur genaueren Darstellung der Vorteile und Nachteile von Onlinebefragungen siehe *Evans / Mathur* 2005.

Die Auswahl der Experten erfolgte einerseits mittels Literatur- und Internet-Recherche, andererseits durch Empfehlung durch die Experten selbst. Um dem Anspruch der unterschiedlichen Herkunft der Experten gerecht zu werden, wurden die Experten sowohl aus Deutschland als auch aus Österreich rekrutiert. An der ersten Befragungsrunde nahmen folgende Personen teil:

- sechs Web-Shop-Leiter,
- drei Wissenschaftler mit den Forschungsgebieten E-Commerce und/oder Einzelhandel,
- vier Mitglieder von Branchenverbänden und Zertifizierungsstellen und
- fünf Unternehmensberater mit den Beratungsschwerpunkten E-Commerce und/oder Marketing- und Vertriebscontrolling.

An der zweiten Befragungsrunde nahmen noch einmal vierzehn Experten teil. Die Expertengruppe aus der zweiten Befragungsrunde setzte sich wie folgt zusammen:

- vier Web-Shop-Leiter,
- drei Wissenschaftler mit den Forschungsgebieten E-Commerce und/oder Einzelhandel,
- drei Mitglieder von Branchenverbänden und Zertifizierungsstellen und
- vier Unternehmensberater mit den Beratungsschwerpunkten E-Commerce und/oder Marketing- und Vertriebscontrolling.

Die nachfolgende Abbildung fasst die Anzahl und Zusammensetzung der Expertengruppe in Abhängigkeit der Delphi-Runden zusammen.

Runde	Teilnehmer insgesamt	Web-Shop-Leiter	Wissenschaftler	Mitglieder von Branchenverbänden / Zertifizierungsstellen	Unternehmensberater
1. Runde	18	6	3	4	5
2. Runde	14	4	3	3	4

Abbildung 27: Anzahl und Zusammensetzung der Expertengruppe an der Online-Delphi-Studie

5.4.2 Zeitlicher Ablauf der Online-Delphi-Studie

Im Zeitraum von September 2006 bis Oktober 2006 wurden der erste Online-Fragebogen programmiert sowie 40 Experten telefonisch oder per E-Mail kontaktiert. Im Zuge dieses Rekrutierungsprozesses wurden die Experten gefragt, ob:

- sie sich in der Lage sehen, Kennzahlen zur Erfolgsbewertung von E-Commerce nach ihrer Wichtigkeit einzuschätzen,
- sie als Experte an der Delphi-Studie teilnehmen möchten und
- sie noch weitere Experten benennen können.

5.4 Vorgehensweise der vorliegenden Online-Delphi-Runde

Eine Woche vor Beginn der ersten Befragungsrunde wurde noch einmal eine E-Mail an alle Experten mit einer Erläuterung des geplanten zeitlichen Ablaufs der Delphi-Studie, dem zentralen Ziel der Untersuchung und einer Aufstellung der zu bewertenden Kennzahlen zur Erfolgsmessung von E-Commerce versandt.

Die erste Befragungsrunde fand im Zeitraum vom 1. November bis zum 8. November 2006 statt. Eine Nachfassrunde für die erste Befragungsrunde wurde vom 10. November bis zum 16. November 2006 per Mail und per Telefon durchgeführt. Im Zeitraum vom 16. bis zum 22. November wurden die Ergebnisse der ersten Befragungsrunde ausgewertet und der zweite Online-Fragebogen mit den aggregierten Ergebnissen (Mittelwert, Standardabweichung) der ersten Befragungsrunde erstellt. Zur Darstellung der Gruppenmeinung wurden der Mittelwert und die Standardabweichung gewählt.

Die zweite Befragungsrunde wurde im Zeitraum vom 24. November bis zum 4. Dezember durchgeführt. Auch hier war eine Nachfassrunde im Zeitraum vom 5. bis zum 9. Dezember notwendig. Die Auswertung und Versendung der Ergebnisse der zweiten Delphi-Runde erfolgte vom 12. Dezember bis zum 23. Dezember 2006.

Die nachfolgende Darstellung fasst den zeitlichen Ablauf der Online-Delphi-Studie zusammen.

Untersuchungsschritt	Zeitraum
Kontaktierung der Experten und Erstellung (Programmierung, Pretest) des ersten Online-Fragebogens	Anfang September bis Anfang Oktober 2006
Versand einer Vorab-Informationsmail an die Experten	Ende Oktober
Durchführung der ersten Befragungsrunde	1. November 2006 bis zum 8. November 2006
Nachfassrunde für die erste Befragungsrunde	10. November 2006 bis zum 16. November 2006
Auswertung der Ergebnisse der ersten Befragungsrunde und Erstellung (Programmierung, Pretest) des zweiten Online-Fragebogens	17. November 2006 bis zum 22. November 2006
Durchführung der zweiten Befragungsrunde	23. November 2006 bis zum 4. Dezember 2006
Nachfassrunde für die zweite Befragungsrunde	5. Dezember 2006 bis zum 11. Dezember 2006
Auswertung der Ergebnisse der zweiten Befragungsrunde	12. Dezember 2006 bis zum 23. Dezember 2006

Abbildung 28: Zeitlicher Ablauf der Online-Delphi-Studie

Zur Erstellung der Online-Fragebögen wurde die Software www.2ask.at verwendet. Die Entscheidung zur Verwendung dieser Software begründet sich auf der Auswahlvielfalt bei der Fragengestaltung und der übersichtlichen Bedienbarkeit des Softwareprogramms. Die beiden Online-Fragebögen sind dem Anhang (Anlage 1, Anlage 2) zu entnehmen.

5.5 Ergebnisse der ersten Online-Delphi-Runde

5.5.1 Untersuchungsziele und Vorgangsweise der ersten Online-Delphi-Runde

Das zentrale Ziel der ersten Online-Delphi-Runde bildete die Bewertung der Kennzahlen des theoretischen Ausgangsmodells nach ihrer Wichtigkeit. Insgesamt waren in dieser Befragungsrunde 101 Kennzahlen innerhalb der verschiedenen Kategorien durch die Experten zu beurteilen. Darüber hinaus wurden die Experten gebeten, fehlende Kennzahlen zur Erfolgsmessung des Online-Vertriebs zu ergänzen, und Kennzahlen zur Messung von Kannibalisierungs- und Synergieeffekten zwischen dem Web-Shop und dem stationären Einzelhandel zu nennen.

Der erste Online-Fragebogen umfasste 26 Fragen, wobei der erste Fragenblock aus fünf Einstimmungsfragen zur Erfolgsmessung von E-Commerce bestand und die qualitative Vorrunde der Delphi-Studie ersetzen sollte. Der zweite Fragenblock beinhaltete 21 Fragen und diente der Bewertung der Wichtigkeit der einzelnen Kennzahlen zur Erfolgsmessung des Online-Vertriebs bei einem Mehrkanaleinzelhändler entsprechend den vorgegebenen Kategorien. Die einzelnen Kennzahlen wurden anhand einer Skala von eins bis fünf (1 = sehr unwichtig, 2 = unwichtig, 3 = weder noch, 4 = wichtig und 5 = sehr wichtig) durch die Experten[49] bewertet.

5.5.2 Wichtigkeit der Kennzahlen zur Beschreibung der Vertriebsstruktur

5.5.2.1 Wichtigkeit der Kennzahlen zur Beschreibung der Vertriebskostenstruktur

Die wichtigsten Kennzahlen zur Messung der Vertriebskostenstruktur stellten aus Sicht der Experten der prozentuelle Anteil der redaktionellen Betriebskosten (Personalkosten) am E-Commerce-Umsatz mit einem Mittelwert von 4,17 (Standardabweichung[50] 1,10) und der prozentuelle Anteil der Abwicklungskosten am E-Commerce-Umsatz mit einem Mittelwert von 4,11 (Standardabweichung 1,18) dar. Die Gründe für diese Bewertung lassen sich vermutlich darauf zurückführen, dass die Personalkosten und die Abwicklungskosten die größten (laufenden) Kostentreiber eines Web-Shops darstellen (vgl. *Larsen / Bloniarz* 2000).

Als weniger wichtig wurden durch die Experten die Kennzahlen prozentueller Anteil der technischen Betriebskosten für Software / Lizenzen mit einem Mittelwert von 3,83 (Standardabweichung 1,15), prozentueller Anteil der technischen Betriebskosten für Hardware am E-Commerce-Umsatz mit einem Mittelwert von 3,67 (Standardabweichung 1,19) und der prozentuelle Anteil der Wareneinsatzkosten am E-Commerce-Umsatz mit einem Mittelwert von 3,67 (Standardabweichung 1,24) beurteilt.

Als wichtige Kennzahlen zur Bewertung der Vertriebskostenstruktur ergänzten einige Experten den prozentuellen Anteil der Werbekosten am E-Commerce-Umsatz

---

[49] n = 18

[50] Die Standardabweichung ist eine Streuungsmaßzahl und berechnet sich aus der Wurzel der Varianz (vgl. *Brannath / Futschik* 1999, S. 30). In der vorliegenden Arbeit ist die Standardabweichung wie folgt zu interpretieren: Je geringer die Standardabweichung, desto größer ist die Einigkeit der Experten untereinander.

5.5 Ergebnisse der ersten Online-Delphi-Runde

und den prozentuellen Anteil der Zahlungsabwicklungskosten (z.B. Kosten für Kreditkartenzahlung) am E-Commerce-Umsatz. Diese beiden Kennzahlen wurden entsprechend in der zweiten Befragungsrunde berücksichtigt.

Die nachfolgende Abbildung fasst noch einmal die Mittelwerte, die Standardabweichungen und die Prozentwerte der einzelnen Kennzahlen zur Beschreibung der Vertriebskostenstruktur, geordnet nach dem höchsten Mittelwert, zusammen.

Kennzahl	Mittelwert	Standardabweichung	Sehr unwichtig (in % und absoluten Zahlen)	Unwichtig (in % und absoluten Zahlen)	Weder noch (in % und absoluten Zahlen)	Wichtig (in % und absoluten Zahlen)	Sehr wichtig (in % und absoluten Zahlen)
Prozentueller Anteil der redaktionellen Betriebskosten am E-Commerce-Umsatz	4,17	1,10	-	16,67 (3)	-	33,33 (6)	50,00 (9)
Prozentueller Anteil der Abwicklungskosten am E-Commerce-Umsatz	4,11	1,18	5,56 (1)	5,56 (1)	11,11 (2)	27,78 (5)	50,00 (9)
Prozentueller Anteil der technischen Betriebskosten für Software / Lizenzen am E-Commerce-Umsatz	3,83	1,15	-	22,22 (4)	5,56 (1)	38,89 (7)	33,33 (6)
Prozentueller Anteil der technischen Betriebskosten für Hardware am E-Commerce-Umsatz	3,67	1,19	5,56 (1)	16,67 (3)	5,56 (1)	50,00 (9)	22,22 (4)
Prozentueller Anteil der Wareneinsatzkosten am E-Commerce-Umsatz	3,67	1,24	5,56 (1)	16,67 (3)	11,11 (2)	38,89 (7)	27,78 (5)

Abbildung 29: Wichtigkeit der Kennzahlen zur Bewertung der Vertriebskostenstruktur, erste Delphi-Runde[51]

5.5.2.2 Wichtigkeit der Kennzahlen zur Beschreibung der Umsatz- und Auftragsstruktur

Die Umsatzrentabilität und den E-Commerce-Gesamtumsatz bewerteten die Experten als die wichtigsten Kennzahlen zur Beschreibung der Umsatz- und Auftragsstruktur des Web-Shops. Die Umsatzrentabilität weist mit einem Mittelwert von 4,56 (Standardabweichung 0,86) und einem Prozentwert von 72,22% bei sehr wichtig die höchsten Werte auf. Der E-Commerce-Gesamtumsatz zeigt ebenfalls einen hohen Mittelwert von 4,39 (Standardabweichung 0,85) auf und zählt damit zu den zentralen Kennzahlen zur Erfolgsbewertung eines Web-Shops.[52]

Bis auf die Kennzahl E-Commerce-Umsatz am Gesamtumsatz des Unternehmens mit einem Mittelwert von 3,89 wurden die anderen Kennzahlen zur Messung der Umsatz- und Auftragsstruktur von den Befragungsteilnehmern eher als unter-

---

[51] Mögliche Abweichungen von 100% resultieren aus der Auf- und Abrundung der Nachkommastellen.
[52] Siehe Abbildung 39.

durchschnittlich wichtig bewertet. Am unwichtigsten in dieser Kategorie wurde der Indikator E-Commerce-Umsatz je Uhrzeit mit einem Mittelwert von 2,44 eingeschätzt und ist im Gesamtkennzahlenvergleich[53] die unwichtigste Kennzahl zur Erfolgsmessung von E-Commerce überhaupt. Auch die Kennzahlen E-Commerce-Umsatz je Wochentag (Mittelwert 2,61) und E-Commerce-Umsatz pro Mitarbeiter (Mittelwert 2,78) wurden aus Sicht der Experten als unwichtig zur Erfolgsmessung des Web-Shops betrachtet und weisen neben der Kennzahl E-Commerce-Umsatz je Uhrzeit die geringsten Mittelwerte im Gesamtkennzahlenvergleich auf.[54] Als zusätzliche Kennzahl zur Bewertung der Umsatz- und Auftragsstruktur wurde durch einen Experten der Deckungsbeitrag genannt.

Die nachfolgende Abbildung fasst noch einmal die Mittelwerte, die Standardabweichungen und die Prozentwerte der einzelnen Kennzahlen zur Erfolgsmessung der Umsatz- und Auftragsstruktur, geordnet nach dem höchsten Mittelwert, zusammen.

Kennzahl	Mittelwert	Standardabweichung	Sehr unwichtig (in % und absoluten Zahlen)	Unwichtig (in % und absoluten Zahlen)	Weder noch (in % und absoluten Zahlen)	Wichtig (in % und absoluten Zahlen)	Sehr wichtig (in % und absoluten Zahlen)
Umsatzrentabilität	4,56	0,86	-	5,56 (1)	5,56 (1)	16,67 (3)	72,22 (13)
E-Commerce-Gesamtumsatz	4,39	0,85	-	5,56 (1)	5,56 (1)	33,33 (6)	55,56 (10)
E-Commerce-Umsatz zum Gesamtumsatz des Unternehmens	3,89	1,02	-	11,11 (2)	22,22 (4)	33,33 (6)	33,33 (6)
E-Commerce-Umsatz je Region (Bundesland, Postleitzahl)	3,50	0,79	5,56 (1)	-	33,33 (6)	61,11 (11)	-
E-Commerce-Umsatz je Zahlungsart	3,33	1,24	11,11 (2)	11,11 (2)	27,78 (5)	33,33 (6)	16,67 (3)
E-Commerce-Umsatz pro Mitarbeiter	2,78	1,06	5,56 (1)	44,44 (8)	22,22 (4)	22,22 (4)	5,56 (1)
E-Commerce-Umsatz je Wochentag	2,61	1,20	16,67 (3)	38,89 (7)	16,67 (3)	22,22 (4)	5,56 (1)
E-Commerce-Umsatz je Uhrzeit	2,44	1,29	27,78 (5)	33,33 (6)	11,11 (2)	22,22 (4)	5,56 (1)

Abbildung 30: Wichtigkeit der Kennzahlen zur Bewertung der Umsatz- und Auftragsstruktur, erste Delphi-Runde

5.5.2.3 Wichtigkeit der Kennzahlen zur Beschreibung der Rabattstruktur

Zur Beschreibung der Rabattstruktur eines Web-Shops wurden drei Kennzahlen ausgewählt, die durch die Experten bewertet werden sollten. Diese Kennzahlen sind die Rabattquote, die Gutscheinkonvertierungsquote und die Reaktivierungsquote. Die Reaktivierungsquote wurde im Mittel von den Befragungspersonen mit 4,06 (Standardabweichung 0,94) bewertet. Dieser Wert erscheint hoch, muss jedoch im Gesamtkennzahlenvergleich eher im unteren Drittel der wichtigsten Kennzahlen zur

---

[53] Anhand des Mittelwertes.
[54] Siehe Abbildung 39.

Erfolgsmessung des Web-Shops eingeordnet werden.[55] Die Gutscheinkonvertierungsquote weist einen Mittelwert von 3,94 und eine Standardabweichung von 1,11 auf. Für die Rabattquote wurde ein Mittelwert von 3,44 ermittelt. Dieser Wert ist im Gesamtkennzahlenvergleich anhand des Mittelwertes als unterdurchschnittlich wichtig zu bewerten.[56] Darüber hinaus weist die Rabattquote mit einem Wert von 1,42 die höchste Standardabweichung von allen abgefragten Kennzahlen auf. Dieser Wert unterstreicht die geringe Bedeutung der Rabattquote zur Erfolgsmessung von E-Commerce, lässt jedoch gleichzeitig eine große Uneinigkeit unter den Experten erkennen. Zur Messung der Rabattstruktur im E-Commerce wurden durch die Experten keine weiteren Kennzahlen ergänzt.

Die nachfolgende Abbildung fasst die Mittelwerte, die Standardabweichungen und die Prozentwerte der einzelnen Kennzahlen zur Erfolgsmessung der Rabattstruktur, geordnet nach dem höchsten Mittelwert, zusammen.

Kennzahl	Mittelwert	Standardabweichung	Sehr unwichtig (in % und absoluten Zahlen)	Unwichtig (in % und absoluten Zahlen)	Weder noch (in % und absoluten Zahlen)	Wichtig (in % und absoluten Zahlen)	Sehr wichtig (in % und absoluten Zahlen)
Reaktivierungsquote	4,06	0,94	-	5,56 (1)	22,22 (4)	33,33 (6)	38,89 (7)
Gutscheinkonvertierungsquote	3,94	1,11	5,56 (1)	5,56 (1)	11,11 (2)	44,44 (8)	33,33 (6)
Rabattquote	3,44	1,42	16,67 (3)	11,11 (2)	5,56 (1)	44,44 (8)	22,22 (4)

Abbildung 31: Wichtigkeit der Kennzahlen zur Bewertung der Rabattstruktur, erste Delphi-Runde

5.5.3 Wichtigkeit der Kennzahlen zur Messung der Markt- und Kundenstruktur

5.5.3.1 Wichtigkeit der Kennzahlen zur Messung der Markt- und Konkurrenzstruktur

Zur Beschreibung der Markt- und Konkurrenzstruktur wurden insgesamt 21 Kennzahlen durch die Experten bewertet. Als die wichtigsten Kennzahlen innerhalb dieser Kategorie wurden durch die Befragungsteilnehmer der Marktanteil (Mittelwert 4,28), die Anzahl der wiederkehrenden Besucher (Mittelwert 4,28), die durchschnittliche Besuchshäufigkeit (Mittelwert 4,06) und das häufigste Suchwort extern (Mittelwert 4,06) eingestuft. Die hohe Bedeutsamkeit der Kennzahl häufigstes Suchwort extern erscheint zunächst überraschend bzw. unerwartet. Bei genauerer Überlegung lässt sich dieser Wert jedoch auf die große Bedeutung der Website-Optimierung zur Auffindung des Web-Shops im Internet durch den Kunden zurückführen (vgl. *Nysveen / Pedersen* 2005, S. 288–306).

Die Kennzahlen Wochentag und Tageszeit mit den höchsten Besucherzahlen wurden von Experten im Mittel mit 3,06 bewertet, und wurden zur Erfolgsmessung der

---

[55] Siehe Abbildung 39.
[56] Siehe Abbildung 39.

Markt- und Konkurrenzstruktur als weder wichtig noch unwichtig erachtet. Innerhalb dieser Kategorie wurden diese Kennzahlen als am unwichtigsten eingeschätzt. Die hohe Standardabweichung von 1,30 beider Kennzahlen lässt jedoch eine Uneinigkeit unter den Experten erkennen. Der Grund hierfür kann durchaus die unterschiedliche berufliche Tätigkeit der Experten darstellen.

Weiters ist innerhalb dieser Kennzahlenkategorie auffällig, dass die Kennzahl häufigstes Suchwort intern von fast der Hälfte der Experten (44,44%) als sehr wichtig bewertet worden ist. Auch die Kennzahl häufigstes Suchwort extern wurde noch von 44,44% der Experten mit sehr wichtig in dieser Kategorie gereiht. Ebenfalls hervorhebenswert sind die hohen Bewertungen durch die Experten in der Bewertungskategorie wichtig bei den Kennzahlen Anzahl der Besuche mit 83% und Inhaltseffektivität mit 61,11%.

Insgesamt kommt es in dieser Kennzahlenkategorie zu einer gleichmäßigeren Verteilung der Mittelwerte im Vergleich zu anderen Kennzahlenkategorien. Der mögliche Grund hierfür kann die große Anzahl der zu bewertenden Kennzahlen sein. Bei der Frage zur Nennung fehlender Kennzahlen in dieser Kategorie wurden durch die Experten keine weiteren Kennzahlen ergänzt.

Abbildung 32 stellt die Mittelwerte, die Standardabweichungen und die Prozentwerte der einzelnen Kennzahlen zur Erfolgsmessung der Markt- und Konkurrenzstruktur geordnet nach der Größe des Mittelwertes dar.

Kennzahl	Mittelwert	Standardabweichung	Sehr unwichtig (in % und absoluten Zahlen)	Unwichtig (in % und absoluten Zahlen)	Weder noch (in % und absoluten Zahlen)	Wichtig (in % und absoluten Zahlen)	Sehr wichtig (in % und absoluten Zahlen)
Marktanteil	4,28	0,57	-	-	5,56 (1)	61,11	33,33 (6)
Anzahl der wiederkehrenden Besucher	4,28	0,75	-	5,56 (1)	-	55,56 (10)	38,89 (7)
Ø Besuchshäufigkeit	4,06	0,64	-	-	16,67 (3)	61,11 (11)	22,22 (4)
Häufigstes Suchwort extern	4,06	1,16	5,56 (1)	5,56 (1)	11,11 (2)	33,33 (6)	44,44 (8)
Anzahl der Besuche	3,94	0,80	5,56 (1)	-	-	83,33 (15)	11,11 (2)
Häufigstes Suchwort intern	3,89	1,28	5,56 (1)	11,11 (2)	16,67 (3)	22,22 (4)	44,44 (8)
Ø Besuchstiefe	3,83	0,92	-	11,11 (2)	16,67 (3)	50,00 (9)	22,22 (4)
Ø Verweildauer	3,83	1,04	-	5,56 (1)	11,11 (2)	55,56 (10)	22,22 (4)
Meistgenutzte Klickpfade	3,83	1,04	-	16,67 (3)	11,11 (2)	44,44 (8)	27,78 (5)
Herkunftsseite	3,78	1,06	5,56 (1)	5,56 (1)	16,67 (3)	50,00 (9)	22,22 (4)
Reichweite	3,72	0,89	-	11,11 (2)	22,22 (4)	50,00 (9)	16,67 (3)
Inhaltseffektivität	3,72	0,89	5,56 (1)	-	22,22 (4)	61,11 (11)	11,11 (2)
Meistgenutzte Einstiegs- und Ausstiegsseite	3,72	0,96	-	11,11 (2)	27,78 (5)	38,89 (7)	22,22 (4)
Meistgenutzte Suchmaschine	3,50	1,20	5,56 (1)	16,67 (3)	22,22 (4)	33,33 (6)	22,22 (4)
Anzahl Web-Seiten-Aufrufe	3,44	0,98	5,56 (1)	11,11 (2)	22,22 (4)	55,56 (10)	5,56 (1)
Herkunftslink	3,44	1,10	5,56 (1)	16,67 (3)	16,67 (3)	50,00 (9)	11,11 (2)
Kein Referrer	3,39	0,98	5,56 (1)	5,56 (1)	44,44 (8)	33,33 (6)	11,11 (2)
Fokus	3,28	0,89	5,56 (1)	11,11 (2)	33,33 (6)	50,00 (9)	-
Filialsucher Einstiegs- und Ausstiegsquote	3,11	1,18	5,56 (1)	33,33 (6)	16,67 (3)	33,33 (6)	11,11 (2)
Wochentag mit der höchsten Besucherfrequenz	3,06	1,30	16,67 (3)	16,67 (3)	22,22 (4)	33,33 (6)	11,11 (2)
Tageszeit mit der höchsten Besucherfrequenz	3,06	1,30	16,67 (3)	16,67 (3)	22,22 (4)	33,33 (6)	11,11 (2)

Abbildung 32: Wichtigkeit der Kennzahlen zur Bewertung der Markt- und Konkurrenzstruktur, erste Delphi-Runde

5.5.3.2 Wichtigkeit der Kennzahlen zur Messung der Kundenstruktur

Innerhalb der Kategorie Kundenstruktur waren acht Kennzahlen von den Experten nach ihrer Wichtigkeit zu bewerten. Die wichtigsten Kennzahlen zur Beschreibung der Kundenstruktur sind die Anzahl der Wiederholungskäufer (Mittelwert 4,67), die Anzahl der Erstkäufer (Mittelwert 4,50), der Deckungsbeitrag je Kunde (Mittelwert 4,50), die durchschnittliche Anzahl der Bestellungen pro Wiederholungskäufer (Mittelwert 4,28), der durchschnittliche Bestellwert pro Wiederholungskäufer (4,28) und der durchschnittliche Bestellwert pro Erstkäufer (Mittelwert 4,06). Lediglich die Kennzahlen Zahlungsabwanderungsrate (Mittelwert 3,67) und Geschäftszahlerrate (Mittelwert 3,61) wurden in dieser Kategorie als weniger wichtig beurteilt.

Prinzipiell werden die Kennzahlen der Kategorie Kundenstruktur im Gesamtkennzahlenvergleich, neben den Kategorien IT-System und Abwicklungs- und Logistiksystem, als bedeutend zur Erfolgsmessung von E-Commerce durch die Experten eingeschätzt.[57] Dies lässt sich daran erkennen, dass von acht Kennzahlen sechs als wichtig bzw. sehr wichtig eingestuft wurden. Darüber hinaus wurde keine der angeführten Kennzahlen im Vergleich zu den anderen Kennzahlenkategorien mit sehr unwichtig beurteilt. Dies lässt die Aussage zu, dass die Kennzahlen dieser Kategorie von großer Bedeutung zur Erfolgsmessung des Web-Shops bei einem Mehrkanaleinzelhändler sind. Bei der Frage zur Nennung weiterer Kennzahlen zur Messung der Kundenstruktur im Online-Vertrieb wurden von den Experten keine weiteren Kennzahlen genannt.

Abbildung 33 stellt die Mittelwerte, die Standardabweichungen und die Prozentwerte der einzelnen Kennzahlen zur Erfolgsmessung der Kundenstruktur geordnet nach der Größe des Mittelwertes dar.

Kennzahl	Mittelwert	Standardabweichung	Sehr unwichtig (in % und absoluten Zahlen)	Unwichtig (in % und absoluten Zahlen)	Weder noch (in % und absoluten Zahlen)	Wichtig (in % und absoluten Zahlen)	Sehr wichtig (in % und absoluten Zahlen)
Anzahl der Wiederholungskäufer	4,67	0,49	-	-	-	33,33 (6)	66,67 (12)
Anzahl der Erstkäufer	4,50	0,62	-	-	5,56 (1)	38,89 (7)	55,56 (10)
Deckungsbeitrag je Kunde	4,50	0,86	-	5,56 (1)	5,56 (1)	22,22 (4)	66,67 (12)
Ø Anzahl der Bestellungen pro Wiederholungskäufer	4,28	0,67	-	-	11,11 (2)	50,00 (9)	38,89 (7)
Ø Bestellwert pro Wiederholungskäufer	4,28	0,75	-	5,56 (1)	-	55,56 (10)	38,89 (7)
Ø Bestellwert pro Erstkäufer	4,06	0,73	-	5,56 (1)	5,56 (1)	66,67 (12)	22,22 (4)
Zahlungsabwanderungsrate	3,67	1,03	-	11,11 (2)	38,89 (7)	22,22 (4)	27,78 (5)
Geschäftszahlerrate	3,61	1,04	-	11,11 (2)	44,44 (8)	16,67 (3)	27,78 (5)

Abbildung 33: Wichtigkeit der Kennzahlen zur Bewertung der Kundenstruktur, erste Delphi-Runde

---

[57] Siehe Abbildung 39.

5.5.4 Wichtigkeit der Kennzahlen zur Analyse der Wirtschaftlichkeit

5.5.4.1 Wichtigkeit der Kennzahlen zur Erfolgsmessung der Vertriebsaktivitäten

In der Kategorie zur Erfolgsmessung der Vertriebsaktivitäten waren zwölf Kennzahlen durch die Experten zu bewerten. Die wichtigsten Kennzahlen zur Erfolgsmessung der Vertriebsaktivitäten des Web-Shops sind die Akquisitionskosten pro Kunde (Mittelwert 4,44), die Akquisitionskosten pro Erstkäufer (Mittelwert 4,44), die Akquisitionskosten pro Wiederholungskäufer (4,17) und die Akquisitionskosten Gesamt (Mittelwert 4,00). Aus dieser Aufzählung ist ersichtlich, dass die Experten zur Erfolgsmessung der Vertriebsaktivitäten die Kostenkennzahlen als die entscheidenden Erfolgsindikatoren betrachten.

Die Akquisitionskosten pro Kunde und pro Erstkäufer wurden von den Experten als gleich wichtig bewertet. Die Akquisitionskosten pro Wiederholungskäufer wurden generell auch als wichtig eingestuft, aber nicht als so bedeutend wie die Akquisitionskosten pro Kunde bzw. pro Erstkäufer. Der Grund hierfür resultiert vermutlich aus den höheren Marketingkosten, die für die Akquise von Web-Shop-Besuchern und Erstkäufern aufgewendet werden müssen.

Als weniger wichtig bzw. weder wichtig noch unwichtig zur Erfolgsmessung der Vertriebsaktivitäten wurden die Kennzahlen Anteil der Ein-Klick-Besuche (Mittelwert 3,39) und Anzahl der Klicks (Mittelwert 3,39) bewertet. Auf Basis der Mittelwerte kann die Kennzahlenkategorie Erfolg der Vertriebsaktivitäten als eher unwichtig zur Erfolgsmessung des Web-Shops betrachtet werden.[58]

Bei der Frage zur Nennung noch fehlender Kennzahlen zur Erfolgsmessung der Vertriebsaktivitäten führte ein Experte die Kennzahlen Cost per Recurring Order und Cost per First Order an.

Kennzahl	Mittelwert	Standardabweichung	Sehr unwichtig (in % und absoluten Zahlen)	Unwichtig (in % und absoluten Zahlen)	Weder noch (in % und absoluten Zahlen)	Wichtig (in % und absoluten Zahlen)	Sehr wichtig (in % und absoluten Zahlen)
Akquisitionskosten pro Erstkäufer	4,44	0,86	-	5,56 (1)	5,56 (1)	27,78 (5)	61,11 (11)
Akquisitionskosten pro Kunde (Besucher)	4,44	0,86	-	5,56 (1)	5,56 (1)	27,78 (5)	61,11 (11)
Akquisitionskosten pro Wiederholungskäufer	4,17	0,92	-	5,56 (1)	16,67 (3)	33,33 (6)	44,44 (8)
Akquisitionskosten Gesamt	4,00	1,08	-	16,67 (3)	5,56 (1)	38,89 (7)	38,89 (7)
Werbekonvertierungsrate	3,94	1,16	5,56 (1)	5,56 (1)	16,67 (3)	33,33 (6)	38,89 (7)
Newsletter-Öffnungsrate	3,67	1,19	11,11 (2)	5,56 (1)	5,56 (1)	61,11 (11)	16,67 (3)
Klickrate	3,56	1,25	11,11 (2)	5,56 (1)	22,22 (4)	38,89 (7)	22,22 (4)
Anzahl der Newsletter-Abonnenten	3,50	0,79	-	16,67 (3)	16,67 (3)	66,67 (12)	-
Tausendkontaktpreis	3,50	1,29	11,11 (2)	16,67 (3)	-	55,56 (10)	16,67 (3)
Anzahl der Werbemittelsichtkontakte	3,44	0,98	5,56 (1)	11,11 (2)	22,22 (4)	55,56 (10)	5,56 (1)
Anteil der Ein-Klick-Besuche	3,39	1,24	11,11 (2)	5,56 (1)	38,89 (7)	22,22 (4)	22,22 (4)
Anzahl der Klicks	3,39	1,29	16,67 (3)	5,56 (1)	11,11 (2)	55,56 (10)	11,11 (2)

Abbildung 34: Wichtigkeit der Kennzahlen zur Erfolgsbewertung der Vertriebsaktivitäten, erste Delphi-Runde

---

[58] Siehe Abbildung 39.

5.5 Ergebnisse der ersten Online-Delphi-Runde

Abbildung 34 stellt die Mittelwerte, die Standardabweichungen und die Prozentwerte der einzelnen Kennzahlen zur Erfolgsmessung der Vertriebsaktivitäten dar.

5.5.4.2 Wichtigkeit der Kennzahlen zur Leistungsmessung des Informationssystems des Web-Shops

In der Kennzahlenkategorie Leistungsmessung des Informationssystems wurden fast alle Kennzahlen, d. h. sieben von acht Kennzahlen, mit wichtig bis sehr wichtig beurteilt. Zu den wichtigsten Kennzahlen gehören die Systemverfügbarkeit (Mittelwert 4,78), die durchschnittliche Antwortzeit (Mittelwert 4,67), die Fehlerquote (Mittelwert 4,61), die durchschnittliche Downloadzeit (Mittelwert 4,39), die Störungsrate (Mittelwert 4,39), die Produktseitenerstellungsdauer (Mittelwert 4,33) und die Störungsintensität (Mittelwert 4,28). Diese hohen Mittelwerte verdeutlichen einen wichtigen Stellenwert dieser Kategorie zur Erfolgsmessung des Web-Shops.[59] An dieser Stelle ist hervorzuheben, dass die Kennzahl Systemverfügbarkeit laut der Experten die wichtigste Kennzahl zur Erfolgsmessung von E-Commerce überhaupt ist. Mit einem Mittelwert von 4,78 und einer Standardabweichung von 0,43 ist die Kennzahl Systemverfügbarkeit der zentrale Erfolgsindikator im E-Commerce.

Als zusätzliche Kennzahlen für diese Kategorie wurden durch einen Experten die Skalierbarkeit und der Anteil Normal-Last zur Höchst-Last ergänzt. Ferner führte ein Experte aus, dass die Kennzahlen zur Leistungsmessung des Informationssystems im E-Commerce „Brot-und-Butter-Zahlen" sind „die bei 99,99% liegen sollten."

Abbildung 35 fasst die Kennzahlen zur Leistungsmessung des Informationssystems und die dazugehörigen Werte aus der ersten Delphi-Runde zusammen.

Kennzahl	Mittelwert	Standardabweichung	Sehr unwichtig (in % und absoluten Zahlen)	Unwichtig (in % und absoluten Zahlen)	Weder noch (in % und absoluten Zahlen)	Wichtig (in % und absoluten Zahlen)	Sehr wichtig (in % und absoluten Zahlen)
Systemverfügbarkeit	4,78	0,43	-	-	-	22,22 (4)	77,78 (14)
Ø Antwortzeit	4,67	0,59	-	-	5,56 (1)	22,22 (4)	72,22 (13)
Fehlerquote	4,61	0,78	-	5,56 (1)	-	22,22 (4)	72,22 (13)
Ø Downloadzeit	4,39	0,85	-	5,56 (1)	5,56 (1)	33,33 (6)	55,56 (10)
Störungsrate	4,39	0,85	-	5,56 (1)	5,56 (1)	33,33 (6)	55,56 (10)
Produktseitenerstellungsdauer	4,33	1,14	-	16,67 (3)	-	16,67 (3)	66,67 (12)
Störungsintensität	4,28	1,18	5,56 (1)	5,56 (1)	5,56 (1)	22,22 (4)	61,11 (11)
Auslastung der Übertragungskapazitäten	3,89	1,08	-	11,11 (2)	27,78 (5)	22,22 (4)	38,89 (7)

Abbildung 35: Wichtigkeit der Kennzahlen zur Leistungsmessung des Informationssystems, erste Delphi-Runde

---

[59] Siehe Abbildung 39.

5.5.4.3 Wichtigkeit der Kennzahlen zur Leistungsmessung des Abwicklungs- und Logistiksystems

Die wichtigsten Kennzahlen zur Leistungsbewertung des Abwicklungs- und Logistiksystems sind nach Ansicht der Befragungsteilnehmer die Verfügbarkeitsquote (Mittelwert 4,67), die Lieferzeit (Mittelwert 4,61), die Lieferqualität (Mittelwert 4,56), der Lieferbereitschaftsgrad (Mittelwert 4,39), die Lagerumschlagshäufigkeit (Mittelwert 4,11) und die Forderungsausfallquote (Mittelwert 4,06).

Für die Mahnquote wurde ein Mittelwert von 3,89 und für die Geschäftsrückgabequote von 3,78 ermittelt. Lediglich die Lieferungsabwanderungsrate (Mittelwert 3,44) und die Geschäftsabholerrate (Mittelwert 3,22) wurden als weniger aussagekräftig bzw. als weder wichtig noch unwichtig bewertet. Die Kennzahlenkategorie Abwicklungs- und Logistiksystem weist ebenfalls überdurchschnittlich hohe Mittelwerte im Gesamtkennzahlenvergleich[60] auf und ist daher als eine erfolgstragende Kategorie zur Messung des Erfolges von E-Commerce einzustufen.

Die Kennzahl Gründe für die Retouren wurde als zusätzlicher Messindikator für diese Kategorie durch einen Experten genannt. Auf Grund der schweren Operationalisierbarkeit dieser Kennzahl wurde diese jedoch in der zweiten Befragungsrunde nicht berücksichtigt.

Die nachfolgende Abbildung verdeutlicht die Wichtigkeit der beschriebenen Kennzahlen zur Erfolgsmessung des Abwicklungs- und Logistiksystems im E-Commerce.

Kennzahl	Mittelwert	Standardabweichung	Sehr unwichtig (in % und absoluten Zahlen)	Unwichtig (in % und absoluten Zahlen)	Weder noch (in % und absoluten Zahlen)	Wichtig (in % und absoluten Zahlen)	Sehr wichtig (in % und absoluten Zahlen)
Verfügbarkeitsquote	4,67	0,49	-	-	-	33,33 (6)	66,67 (12)
Lieferzeit	4,61	0,50	-	-	-	38,89 (7)	61,11 (11)
Lieferqualität	4,56	0,70	-	-	11,11 (2)	22,22 (4)	66,67 (12)
Lieferbereitschaftsgrad	4,39	0,61	-	-	5,56 (1)	50,00 (9)	44,44 (8)
Lagerumschlagshäufigkeit	4,11	0,83	-	5,56 (1)	11,11 (2)	50,00 (9)	33,33 (6)
Forderungsausfallquote	4,06	0,80	-	-	27,78 (5)	38,89 (7)	33,33 (6)
Mahnquote	3,89	0,83	-	-	38,89 (7)	33,33 (6)	27,78 (5)
Geschäftsrückgabequote	3,78	1,00	-	5,56 (1)	44,44 (8)	16,67 (3)	33,33 (6)
Lieferungsabwanderungsrate	3,44	1,10	11,11 (2)	-	33,33 (6)	44,44 (8)	11,11 (2)
Geschäftsabholerrate	3,22	1,22	16,67 (3)	-	38,89 (7)	33,33 (6)	27,78 (5)

Abbildung 36: Wichtigkeit der Kennzahlen zur Leistungsmessung des Abwicklungs- und Logistiksystems, erste Delphi-Runde

---

[60] Siehe Abbildung 39.

5.5.4.4 Wichtigkeit der Kennzahlen zur Messung des Leistungsbeitrags der einzelnen Erfolgsträger

Die Rücksendequote (Mittelwert 4,22), der Deckungsbeitrag pro Artikel (Mittelwert 4,22) und die Basket-to-Buy-Rate (Mittelwert 4,00) sind die wichtigsten Kennzahlen zur Messung des Leistungsbeitrags der Erfolgsträger (Produkte) im E-Commerce. Die Artikelumsatzquote, die Anzahl der abgebrochenen Einkaufswagen, die Produktbeschwerdequote, die Produktkonvertierungsrate, die Click-to-Basket-Rate, die Anzahl der befüllten Einkaufswagen und die Look-to-Click-Rate wurden im Mittel zwischen 3,97 bis 3,44 durch die Befragungsteilnehmer bewertet. Die Cross-Selling-Konvertierungsrate (Mittelwert 3,33), die Cross-Selling-Klickrate (Mittelwert 3,22) und die Produktseitenaufrufe (Mittelwert 3,28) wurden entgegen den Erwartungen der Autorin als weder wichtig noch unwichtig zur Erfolgsmessung der Leistungsträger von den Experten beurteilt. In Hinblick auf die Ziele, die mittels E-Commerce erreicht werden sollen, erscheint diese Einschätzung widersprüchlich. Die Gründe für diese Bewertung können aus technischen Schwierigkeiten bei der Messung dieser Kennzahlen und den sich daraus ergebenden Messungenauigkeiten resultieren.

Anhand der Mittelwerte aller Kennzahlen dieser Kennzahlenkategorie ist die Wichtigkeit der Kategorie Leistungsträger zur Messung des Erfolges von E-Commerce eher im Mittelfeld einzuordnen.[61] Auch diese Bewertung war für die Autorin eher unerwartet, da bei Einzelhandelsunternehmen die Erfolgsbetrachtung der angebotenen Produkte einen Controllingschwerpunkt bildet. Als Erklärung für diese Einschätzung durch die Experten kann angeführt werden, dass sich viele Web-Shops

Kennzahl	Mittelwert	Standardabweichung	Sehr unwichtig (in % und absoluten Zahlen)	Unwichtig (in % und absoluten Zahlen)	Weder noch (in % und absoluten Zahlen)	Wichtig (in % und absoluten Zahlen)	Sehr wichtig (in % und absoluten Zahlen)
Rücksendequote	4,22	0,65	-	-	11,11 (2)	55,56 (10)	33,33 (6)
Deckungsbeitrag pro Artikel	4,22	0,94	-	5,56 (1)	16,67 (3)	27,78 (5)	50,00 (9)
Basket-to-Buy-Rate	4,00	0,91	-	11,11 (2)	5,56 (1)	55,56 (10)	27,78 (5)
Artikelumsatzquote	3,94	1,06	-	16,67 (3)	5,56 (1)	44,44 (8)	33,33 (6)
Anzahl der abgebrochenen Einkaufswagen	3,89	1,02	5,56 (1)	5,56 (1)	5,56 (1)	61,11 (11)	22,22 (4)
Produktbeschwerdequote	3,89	1,02	5,56 (1)	-	22,22 (4)	44,44 (8)	27,78 (5)
Produktkonvertierungsrate	3,83	1,10	-	16,67 (3)	16,67 (3)	33,33 (6)	33,33 (6)
Click-to-Basket-Rate	3,72	1,07	5,56 (1)	5,56 (1)	22,22 (4)	44,44 (8)	22,22 (4)
Anzahl der befüllten Einkaufswagen	3,56	1,15	5,56 (1)	11,11 (2)	27,78 (5)	33,33 (6)	22,22 (4)
Look-to-Click-Rate	3,44	0,92	-	16,67 (3)	33,33 (6)	38,89 (7)	11,11 (2)
Cross-Selling-Konvertierungsrate	3,33	0,97	5,56 (1)	11,11 (2)	33,33 (6)	44,44 (8)	5,56 (1)
Produktseitenaufrufe	3,28	0,75	-	16,67 (3)	38,89 (7)	44,44 (8)	-
Cross-Selling-Klickrate	3,22	0,94	5,56 (1)	11,11 (2)	44,44 (8)	33,33 (6)	5,56 (1)

Abbildung 37: Wichtigkeit der Kennzahlen zur Messung der Erfolgsträger, erste Delphi-Runde

---

[61] Siehe Abbildung 39.

möglicherweise noch in einer Entwicklungsphase befinden und daher die Betrachtung einzelner Produkte derzeit eher unwichtig ist. Eine Gesamtbetrachtung der Wirtschaftlichkeit des Web-Shops erscheint daher zum jetzigen Zeitpunkt bedeutsamer.

Bei der Frage zur Nennung fehlender Kennzahlen wurde durch einen Experten die Warenkorbabbruchsquote als zusätzliche Kennzahl in dieser Kategorie genannt. Im Zuge der zweiten Befragungsrunde wurde die Warenkorbabbruchsquote daher entsprechend berücksichtigt.

Abbildung 37 (s. S. 131) stellt die Kennzahlen zur Leistungsmessung der Erfolgsträger mit den dazugehörigen Werten dar.

5.5.5 Wichtigkeit der Kennzahlen zur Bewertung der zukünftigen Entwicklung des Web-Shops

Im Rahmen der zukünftigen Entwicklung des Web-Shops waren durch die Experten 13 Kennzahlen nach ihrer Wichtigkeit zu bewerten. Die zentralen Erfolgsindikatoren zur Messung der zukünftigen Entwicklung des Web-Shops sind aus Sicht der Experten die E-Commerce-Umsatzentwicklung (Mittelwert 4,56), die Entwicklung der Bestellanzahl (Mittelwert 4,39), die Marktanteilsentwicklung des Web-Shops (Mittelwert 4,17), die Beschwerdequote (Mittelwert 4,17), die Entwicklung der Besucheranzahl (Mittelwert 4,06), die Kaufhäufigkeit (Mittelwert 4,00) und die Wiederholungskäuferkonvertierungsrate (Mittelwert 4,00).

Die Wiederholungskäuferabwanderungsrate und die Konvertierungsrate wurden von den Experten jeweils im Mittel mit 3,89 beurteilt. Für die Weiterempfehlungsrate resultierten aus der Bewertung der Experten ein Mittelwert von 3,83 und eine Standardabweichung von 0,71.

Weniger wichtige Kennzahlen in diesem Zusammenhang stellen die Dauer des Fernbleibens (Mittelwert 3,28), die Erstkäuferabwanderungsrate (Mittelwert 3,56) und die Abwanderungsrate (Mittelwert 3,78) dar. Im ersten Moment erscheint die Beurteilung der weniger wichtigen Kennzahlen als unschlüssig. Die Gründe für diese Kennzahleneinschätzung durch die Befragungsteilnehmer können auf technische Messprobleme zurückgeführt werden, die folglich wenig aussagekräftige Kennzahlenwerte liefern.

Als zusätzliche Kennzahlen zur Beurteilung der zukünftigen Entwicklung des Web-Shops wurden der ROI und die Fixkostendegression durch Umsatzwachstum angeführt. Diese beiden Kennzahlen wurden in der zweiten Befragungsrunde entsprechend berücksichtigt.

Die nachfolgende Abbildung fasst die beschriebenen Kennzahlen mit den dazugehörigen Messwerten zusammen.

5.5 Ergebnisse der ersten Online-Delphi-Runde

Kennzahl	Mittelwert	Standardabweichung	Sehr unwichtig (in % und absoluten Zahlen)	Unwichtig (in % und absoluten Zahlen)	Weder noch (in % und absoluten Zahlen)	Wichtig (in % und absoluten Zahlen)	Sehr wichtig (in % und absoluten Zahlen)
E-Commerce-Umsatzentwicklung	4,56	0,62	-	-	5,56 (1)	33,33 (6)	61,11 (11)
Entwicklung der Bestellanzahl	4,39	0,61	-	-	5,56 (1)	50,00 (9)	44,44 (8)
Marktanteilsentwicklung des Webshops	4,17	0,62	-	-	11,11 (2)	61,11 (11)	27,78 (5)
Beschwerdequote	4,17	0,71	-	-	16,67 (3)	50,00 (9)	33,33 (6)
Entwicklung der Besucheranzahl	4,06	0,64	-	-	16,67 (3)	61,11 (11)	22,22 (4)
Kaufhäufigkeit	4,00	0,69	-	-	22,22 (4)	55,56 (10)	22,22 (4)
Wiederholungskäuferkonvertierungsrate	4,00	0,77	-	-	27,78 (5)	44,44 (8)	27,78 (5)
Wiederholungskäuferabwanderungsrate	3,89	0,83	-	5,56 (1)	22,22 (4)	50,00 (9)	22,22 (4)
Konvertierungsrate	3,89	1,02	-	5,56 (1)	38,89 (7)	16,67 (3)	38,89 (7)
Weiterempfehlungsquote	3,83	0,71	-	-	33,33 (6)	50,00 (9)	16,67 (3)
Abwanderungsrate	3,78	1,06	5,56 (1)	5,56 (1)	16,67 (3)	50,00 (9)	22,22 (4)
Erstkäuferabwanderungsrate	3,56	0,78	-	11,11 (2)	27,78 (5)	55,56 (10)	5,56 (1)
Dauer des Fernbleibens	3,28	1,13	5,56 (1)	16,67 (3)	38,89 (7)	22,22 (4)	16,67 (3)

Abbildung 38: Wichtigkeit der Kennzahlen zur Messung der zukünftigen Entwicklung, erste Delphi-Runde

5.5.6 Kennzahlenübersicht zur Erfolgsmessung von E-Commerce aus der ersten Delphi-Runde

Zum besseren Verständnis der beschriebenen Zusammenhänge und zur Verdeutlichung der Kennzahlen, welche in der zweiten Delphi-Runde durch die Experten nach ihrer Wichtigkeit[62] gereiht wurden, erfolgt an dieser Stelle eine Darstellung aller Kennzahlen geordnet nach dem Mittelwert.

---

[62] Alle Kennzahlen mit einem Mittelwert von gleich und größer vier.

-	Kennzahl	Mittelwert
1	Systemverfügbarkeit	4,78
2	Verfügbarkeitsquote	4,67
3	Ø Antwortzeit	4,67
4	Anzahl der Wiederholungskäufer	4,67
5	Lieferzeit	4,61
6	Fehlerquote	4,61
7	Lieferqualität	4,56
8	E-Commerce-Umsatzentwicklung	4,56
9	Umsatzrentabilität	4,56
10	Anzahl der Erstkäufer	4,50
11	Deckungsbeitrag je Kunde	4,50
12	Akquisitionskosten pro Kunde (Besucher)	4,44
13	Akquisitionskosten pro Erstkäufer	4,44
14	Lieferbereitschaftsgrad	4,39
15	Entwicklung der Bestellanzahl	4,39
16	Ø Downloadzeit	4,39
17	Störungsrate	4,39
18	E-Commerce-Gesamtumsatz	4,39
19	Produktseitenerstellungsdauer	4,33
20	Störungsintensität	4,28
21	Ø Anzahl der Bestellungen pro Wiederholungskäufer	4,28
22	Ø Bestellwert pro Wiederholungskäufer	4,28
23	Marktanteil des Web-Shops	4,28
24	Anzahl der wiederkehrenden Besucher	4,28
25	Rücksendequote	4,22
26	Deckungsbeitrag pro Artikel	4,22
27	Marktanteilsentwicklung des Web-Shops	4,17
28	Beschwerdequote	4,17
29	Akquisitionskosten pro Wiederholungskäufer	4,17
30	Prozentueller Anteil der redaktionellen Betriebskosten am E-Commerce-Umsatz	4,17
31	Lagerumschlagshäufigkeit	4,11
32	Prozentueller Anteil der Abwicklungskosten am E-Commerce-Umsatz	4,11
33	Forderungsausfallquote	4,06
34	Entwicklung der Besucheranzahl	4,06
35	Ø Bestellwert pro Erstkäufer	4,06
36	Ø Besuchshäufigkeit	4,06
37	Häufigstes Suchwort extern	4,06
38	Reaktivierungsquote	4,06

Abbildung 39: Alle Kennzahlen zur Erfolgsbewertung von E-Commerce geordnet nach dem größten Mittelwert, erste Delphi-Runde

(Fortsetzung auf S. 135)

5.5 Ergebnisse der ersten Online-Delphi-Runde

39	Kaufhäufigkeit	4,00
40	Wiederholungskäuferkonvertierungsrate	4,00
41	Akquisitionskosten Gesamt	4,00
42	Basket-to-Buy-Rate	4,00
43	Werbekonvertierungsrate	3,94
44	Artikelumsatzquote	3,94
45	Anzahl der Besuche	3,94
46	Gutscheinkonvertierungsquote	3,94
47	Mahnquote	3,89
48	Wiederholungskäuferabwanderungsrate	3,89
49	Konvertierungsrate	3,89
50	Anzahl der abgebrochenen Einkaufswagen	3,89
51	Produktbeschwerdequote	3,89
52	Auslastung der Übertragungskapazitäten	3,89
53	Häufigstes Suchwort intern	3,89
54	E-Commerce-Umsatz zum Gesamtumsatz des Unternehmens	3,89
55	Weiterempfehlungsquote	3,83
56	Produktkonvertierungsrate	3,83
57	Ø Besuchstiefe	3,83
58	Ø Verweildauer	3,83
59	Meistgenutzte Klickpfade	3,83
60	Prozentueller Anteil der technischen Betriebskosten für Software / Lizenzen am E-Commerce-Umsatz	3,83
61	Geschäftsrückgabequote	3,78
62	Abwanderungsrate	3,78
63	Herkunftsseite	3,78
64	Click-to-Basket-Rate	3,72
65	Reichweite des Web-Shops	3,72
66	Inhaltseffektivität	3,72
67	Meistgenutzte Einstiegs- und Ausstiegsseite	3,72
68	Newsletter-Öffnungsrate	3,67
69	Zahlungsabwanderungsrate	3,67
70	Prozentueller Anteil der technischen Betriebskosten für Hardware am E-Commerce-Umsatz	3,67
71	Prozentueller Anteil der Wareneinsatzkosten am E-Commerce-Umsatz	3,67
72	Geschäftszahlerrate	3,61
73	Erstkäuferabwanderungsrate	3,56
74	Klickrate	3,56
75	Anzahl der befüllten Einkaufswagen	3,56
76	Anzahl der Newsletter-Abonnenten	3,50
77	Tausendkontaktpreis	3,50
78	Meistgenutzte Suchmaschine	3,50
79	E-Commerce-Umsatz je Region	3,50
80	Lieferungsabwanderungsrate	3,44
81	Anzahl der Werbemittelsichtkontakte	3,44
82	Look-to-Click-Rate	3,44
83	Anzahl der Web-Seiten-Aufrufe	3,44
84	Herkunftslink	3,44

Abbildung 39: (Fortsetzung) *(Fortsetzung auf S. 136)*

85	Rabattquote	3,44
86	Anteil der Ein-Klick-Besuche	3,39
87	Anzahl der Klicks	3,39
88	Kein Referrer	3,39
89	Cross-Selling-Konvertierungsrate	3,33
90	E-Commerce-Umsatz je Zahlungsart	3,33
91	Dauer des Fernbleibens	3,28
92	Produktseitenaufrufe	3,28
93	Fokus	3,28
94	Geschäftsabholerrate	3,22
95	Cross-Selling-Klickrate	3,22
96	Filialsucher Einstiegs- und Ausstiegsquote	3,11
97	Wochentag mit der höchsten Besucherfrequenz	3,06
98	Tageszeit mit der höchsten Besucherfrequenz	3,06
99	E-Commerce-Umsatz pro Mitarbeiter	2,78
100	E-Commerce-Umsatz je Wochentag	2,61
101	E-Commerce-Umsatz je Uhrzeit	2,44

Abbildung 39: (Fortsetzung)

Die Ordnung nach der größten Standardabweichung aus der ersten Delphi-Runde ergibt folgendes Bild:

-	**Kennzahl**	**Standardabweichung**
1	Rabattquote	1,42
2	Wochentag mit der höchsten Besucherfrequenz	1,30
3	Tageszeit mit der höchsten Besucherfrequenz	1,30
4	Tausendkontaktpreis	1,29
5	Anzahl der Klicks	1,29
6	E-Commerce-Umsatz je Uhrzeit	1,29
7	Häufigstes Suchwort intern	1,28
8	Klickrate	1,25
9	Anteil der Ein-Klick-Besuche	1,24
10	E-Commerce-Umsatz je Zahlungsart	1,24
11	Prozentueller Anteil der Wareneinsatzkosten am E-Commerce-Umsatz	1,24
12	Geschäftsabholerrate	1,22
13	Meistgenutzte Suchmaschine	1,20
14	E-Commerce-Umsatz je Wochentag	1,20
15	Newsletter-Öffnungsrate	1,19
16	Prozentueller Anteil der technischen Betriebskosten für Hardware am E-Commerce-Umsatz	1,19
17	Störungsintensität	1,18
18	Filialsucher Einstiegs- und Ausstiegsquote	1,18
19	Prozentueller Anteil der Abwicklungskosten am E-Commerce-Umsatz	1,18
20	Werbekonvertierungsrate	1,16

Abbildung 40: Alle Kennzahlen zur Erfolgsbewertung von E-Commerce geordnet nach der größten Standardabweichung, erste Delphi-Runde

(Fortsetzung auf S. 137)

5.5 Ergebnisse der ersten Online-Delphi-Runde

21	Häufigstes Suchwort extern	1,16
22	Anzahl der befüllten Einkaufswagen	1,15
23	Prozentueller Anteil der technischen Betriebskosten für Software / Lizenzen am E-Commerce-Umsatz	1,15
24	Produktseitenerstellungsdauer	1,14
25	Dauer des Fernbleibens	1,13
26	Gutscheinkonvertierungsquote	1,11
27	Lieferungsabwanderungsrate	1,10
28	Produktkonvertierungsrate	1,10
29	Herkunftslink	1,10
30	Prozentueller Anteil der redaktionellen Betriebskosten am E-Commerce-Umsatz	1,10
31	Akquisitionskosten Gesamt	1,08
32	Auslastung der Übertragungskapazitäten	1,08
33	Click-to-Basket-Rate	1,07
34	Abwanderungsrate	1,06
35	Artikelumsatzquote	1,06
36	Herkunftsseite	1,06
37	E-Commerce-Umsatz pro Mitarbeiter	1,06
38	Geschäftszahlerrate	1,04
39	Ø Verweildauer	1,04
40	Meistgenutzte Klickpfade	1,04
41	Zahlungsabwanderungsrate	1,03
42	Konvertierungsrate	1,02
43	Anzahl der abgebrochenen Einkaufswagen	1,02
44	Produktbeschwerdequote	1,02
45	E-Commerce-Umsatz zum Gesamtumsatz des Unternehmens	1,02
46	Geschäftsrückgabequote	1,00
47	Anzahl der Werbemittelsichtkontakte	0,98
48	Anzahl der Web-Seiten-Aufrufe	0,98
49	Kein Referrer	0,98
50	Cross-Selling-Konvertierungsrate	0,97
51	Meistgenutzte Einstiegs- und Ausstiegsseite	0,96
52	Deckungsbeitrag pro Artikel	0,94
53	Cross-Selling-Klickrate	0,94
54	Reaktivierungsquote	0,94
55	Akquisitionskosten pro Wiederholungskäufer	0,92
56	Look-to-Click-Rate	0,92
57	Ø Besuchstiefe	0,92
58	Basket-to-Buy-Rate	0,91
59	Reichweite des Web-Shops	0,89
60	Inhaltseffektivität	0,89
61	Fokus	0,89
62	Akquisitionskosten pro Kunde (Besucher)	0,86
63	Akquisitionskosten pro Erstkäufer	0,86
64	Deckungsbeitrag je Kunde	0,86
65	Umsatzrentabilität	0,86
66	Ø Downloadzeit	0,85

Abbildung 40: (Fortsetzung) *(Fortsetzung auf S. 138)*

67	Störungsrate	0,85
68	E-Commerce-Gesamtumsatz	0,85
69	Lagerumschlagshäufigkeit	0,83
70	Mahnquote	0,83
71	Wiederholungskäuferabwanderungsrate	0,83
72	Forderungsausfallquote	0,80
73	Anzahl der Besuche	0,80
74	Anzahl der Newsletter-Abonnenten	0,79
75	E-Commerce-Umsatz je Region	0,79
76	Erstkäuferabwanderungsrate	0,78
77	Fehlerquote	0,78
78	Wiederholungskäuferkonvertierungsrate	0,77
79	Produktseitenaufrufe	0,75
80	Ø Bestellwert pro Wiederholungskäufer	0,75
81	Anzahl der wiederkehrenden Besucher	0,75
82	Ø Bestellwert pro Erstkäufer	0,73
83	Beschwerdequote	0,71
84	Weiterempfehlungsquote	0,71
85	Lieferqualität	0,70
86	Kaufhäufigkeit	0,69
87	Ø Anzahl der Bestellungen pro Wiederholungskäufer	0,67
88	Rücksendequote	0,65
89	Entwicklung der Besucheranzahl	0,64
90	Ø Besuchshäufigkeit	0,64
91	E-Commerce-Umsatzentwicklung	0,62
92	Marktanteilsentwicklung des Web-Shops	0,62
93	Anzahl der Erstkäufer	0,62
94	Lieferbereitschaftsgrad	0,61
95	Entwicklung der Bestellanzahl	0,61
96	Ø Antwortzeit	0,59
97	Marktanteil des Web-Shops	0,57
98	Lieferzeit	0,50
99	Verfügbarkeitsquote	0,49
100	Anzahl der Wiederholungskäufer	0,49
101	Systemverfügbarkeit	0,43

Abbildung 40: (Fortsetzung)

5.5.7 Messung von Kannibalisierungseffekten zwischen dem Web-Shop und dem stationären Einzelhandel

5.5.7.1 Wichtigkeit der Messung von Kannibalisierungseffekten

Die Wichtigkeit der Messung von Kannibalisierungseffekten zwischen dem Web-Shop und dem stationären Einzelhandel bei einem Mehrkanaleinzelhändler beurteilten die befragten Experten als weniger bedeutsam bis wichtig (Mittelwert 3,44). 16,67% der Experten schätzen die Messung als sehr unwichtig, 5,56% als unwichtig, 16,67% als weder noch, 38,89% als wichtig und 22,22% als sehr wichtig ein. Die relativ hohe Standardabweichung von 1,38 lässt eine Uneinigkeit unter den Experten erkennen.

5.5 Ergebnisse der ersten Online-Delphi-Runde

Wichtigkeit der Messung	Mittelwert	Standardabweichung	Sehr unwichtig (in % und absoluten Zahlen)	Unwichtig (in % und absoluten Zahlen)	Weder noch (in % und absoluten Zahlen)	Wichtig (in % und absoluten Zahlen)	Sehr wichtig (in % und absoluten Zahlen)
Kannibalisierungseffekte	3,44	1,38	16,67 (3)	5,56 (1)	16,67 (3)	38,89 (7)	22,22 (4)

Abbildung 41: Wichtigkeit der Messung von Kannibalisierungseffekten zwischen dem Web-Shop und dem stationären Einzelhandel

5.5.7.2 Kennzahlen zur Messung von Kannibalisierungseffekten

Im Rahmen der Frage fünf wurden die Experten gebeten, mögliche Kennzahlen zur Messung von Kannibalisierungseffekten zwischen dem Web-Shop und dem stationären Einzelhandel zu nennen. Folgende Kennzahlen wurden in diesem Zusammenhang von den Experten genannt:

- Umsatzüberschneidung (viermal genannt),
- Kundenüberschneidung (dreimal genannt),
- gekaufte Artikel im Web-Shop zu gekauften Artikeln im stationären Handel (zweimal genannt),
- Gutscheinkonvertierungsrate (zweimal genannt),
- durchschnittliche Verweildauer (zweimal genannt),
- Zahlungsabwanderungsrate (einmal genannt),
- Geschäftszahlerrate (einmal genannt),
- Anzahl der Erstkäufer (einmal genannt),
- Filialsucher Ein- und Ausstiegsquote (einmal genannt),
- Gesamtumsatz nach Region (einmal genannt),
- kein Referrer (einmal genannt) und
- Margenentwicklung (einmal genannt).

5.5.8 Messung von Synergieeffekten zwischen dem Web-Shop und dem stationären Einzelhandel

5.5.8.1 Wichtigkeit der Messung von Synergieeffekten

Die Messung von Synergieeffekten zwischen dem Web-Shop und dem stationären Einzelhandel wurde aus Sicht der Experten als wichtig eingestuft (Mittelwert 3,72). 16,67% der Experten betrachteten die Messung von Synergieeffekten zwischen dem

Wichtigkeit der Messung	Mittelwert	Standardabweichung	Sehr unwichtig (in % und absoluten Zahlen)	Unwichtig (in % und absoluten Zahlen)	Weder noch (in % und absoluten Zahlen)	Wichtig (in % und absoluten Zahlen)	Sehr wichtig (in % und absoluten Zahlen)
Synergieeffekte	3,72	1,49	16,67 (3)	5,56 (1)	5,56 (1)	33,33 (6)	38,89 (7)

Abbildung 42: Wichtigkeit der Messung von Synergieeffekten zwischen dem Web-Shop und dem stationären Einzelhandel

Web-Shop und dem stationären Einzelhandel als sehr unwichtig, 5,56% als unwichtig, 5,56% als weder noch, 33,33% als wichtig und 38,89% als sehr wichtig. Auch hier unterstreicht die hohe Standardabweichung von 1,49 eine gewisse Uneinigkeit unter den Experten, die möglicherweise auf die unterschiedliche berufliche Tätigkeit zurückgeführt werden kann. Im Vergleich zur Messung der Kannibalisierungseffekte zwischen dem Web-Shop und dem stationären Einzelhandel wurde die Messung der Synergieeffekte als geringfügig wichtiger eingeschätzt.

5.5.8.2 Kennzahlen zur Messung von Synergieeffekten

Im Rahmen der Frage drei wurden die Experten gebeten, mögliche Kennzahlen zur Messung von Synergieeffekten zwischen dem Web-Shop und dem stationären Einzelhandel zu nennen. Folgende Kennzahlen wurden in diesem Zusammenhang durch die Experten genannt:

- durchschnittliche Verweildauer (zweimal genannt),
- Filialbesucher Einstiegs- und Ausstiegsquote (zweimal genannt),
- Markenbekanntheit (einmal genannt),
- Suchwörter intern (einmal genannt),
- Geschäftsrückgaberate (einmal genannt),
- Umsatzverteilung auf Kundenbasis (einmal genannt),
- Kundenüberschneidung (einmal genannt),
- Umsatzentwicklung (einmal genannt),
- Geschäftsabholerrate (einmal genannt),
- Nutzungsverlauf (einmal genannt),
- Anzahl der wiederkehrenden Besucher (einmal genannt),
- Recency (einmal genannt),
- Frequency (einmal genannt),
- Besucherfrequenz von ausländischen Kunden bzw. von Kunden aus den Bundesländern (einmal genannt),
- Geschäftszahlerrate (einmal genannt),
- Zahlungsabwanderungsrate (einmal genannt),
- Gesamtumsatz nach Region (einmal genannt),
- kein Referrer (einmal genannt) und
- Gutscheinkonvertierungsrate (einmal genannt).

Eine Vielzahl der hier aufgeführten Kennzahlen wurde auch zur Messung von Kannibalisierungseffekten durch die Experten vorgeschlagen.

5.6 Ergebnisse der zweiten Online-Delphi-Runde

5.6.1 Untersuchungsziele und Vorgangsweise der zweiten Online-Delphi-Runde

Das zentrale Untersuchungsziel der zweiten Online-Delphi-Runde bestand in der Rangreihung der wichtigsten Kennzahlen aus der ersten Online-Delphi-Runde. Ins-

5.6 Ergebnisse der zweiten Online-Delphi-Runde

gesamt waren noch einmal 42 Kennzahlen innerhalb der verschiedenen Kennzahlenkategorien durch die Experten zu reihen. Dazu wurden den Experten entsprechend der Mittelwert und die Standardabweichung der jeweiligen Kennzahlen im Online-Fragebogen bekanntgegeben. Die wichtigsten Kennzahlen sind jene, die einen Mittelwert größer gleich vier aus der ersten Befragungsrunde vorwiesen. Die Rangreihung der Kennzahlen erfolgte nach dem Schema 1 = am unwichtigsten, 2 = unwichtig, 3 = weder noch, 4 = wichtig und 5 = sehr wichtig.

Im Sinne des Gruppenkonsenses bestand die Möglichkeit kategorieweise noch jene Kennzahlen zu markieren, die in der ersten Delphi-Runde einen kleineren Mittelwert als vier vorwiesen, aber trotzdem als unverzichtbar zur Erfolgsmessung von E-Commerce sind. Darüber hinaus diente die zweite Befragungsrunde der Bewertung der Wichtigkeit einzelner Kennzahlen zur Messung von Synergie- und Kannibalisierungseffekten zwischen dem Web-Shop und dem stationären Einzelhandel, welche in der ersten Befragungsrunde durch die Experten genannt wurden.

5.6.2 Rangreihung der wichtigsten Kennzahlen zur Beschreibung der Vertriebsstruktur

5.6.2.1 Rangreihung der wichtigsten Kennzahlen zur Beschreibung der Vertriebskostenstruktur

Als die wichtigste Kennzahl zur Beschreibung der Vertriebskostenstruktur wurde die Kennzahl prozentueller Anteil der Abwicklungskosten am E-Commerce-Umsatz mit einem Mittelwert von 1,43 und einer Standardabweichung von 0,51 gereiht. Knapp 57% der Experten[63], d. h. acht von 14 Experten, reihten diese Kennzahl als die wichtigste Kennzahl innerhalb der Kategorie Vertriebskostenstruktur.

Als zweitwichtigste Kennzahl innerhalb dieser Messkategorie wurde die Kennzahl prozentueller Anteil der redaktionellen Betriebskosten (Personalkosten) am E-Commerce-Umsatz mit einem Mittelwert von 1,57 und einer Standardabweichung von 0,51 bewertet.

Rang	Kennzahl	Mittelwert	Standard-abweichung	1. Rang (in % und absoluten Zahlen)	2. Rang (in % und absoluten Zahlen)
1	Prozentueller Anteil der Abwicklungskosten am E-Commerce-Umsatz	1,43	0,51	57,14 (8)	42,86 (6)
2	Prozentueller Anteil der redaktionellen Betriebskosten am E-Commerce-Umsatz	1,57	0,51	42,86 (6)	57,14 (8)

Abbildung 43: Rangreihung der wichtigsten Kennzahlen zur Beschreibung der Vertriebskostenstruktur, zweite Delphi-Runde

---

[63] n = 14

5.6.2.2 Fehlende Kennzahlen in der Rangreihung der Vertriebskostenstruktur

Bei der Frage zur Markierung fehlender Kennzahlen in der Rangreihung zur Analyse der Kostenstruktur wurde von zwölf Befragungsteilnehmern, d. h. von knapp 86%, die Kennzahl prozentueller Anteil der Marketingkosten am E-Commerce-Umsatz angekreuzt. Jeweils weitere sechs Experten (42,86%) markierten die Kennzahlen prozentueller Anteil der Kosten für Zahlungssysteme und prozentueller Anteil der technischen Betriebskosten für Hardware am E-Commerce-Umsatz als unverzichtbare Kennzahlen zur Erfolgsmessung der Vertriebskostenstruktur. Fünf Experten (36%) waren der Ansicht, dass die Kennzahl prozentueller Anteil der technischen Betriebskosten für Software / Lizenzen am E-Commerce-Umsatz zur Erfolgsmessung der Vertriebskostenstruktur gemessen werden sollte. Weitere drei Experten (21,43%) markierten den prozentuellen Anteil der Wareneinsatzkosten am E-Commerce-Umsatz. Ein Befragungsteilnehmer war der Ansicht, dass keine weitere Kennzahl zur Beschreibung der Vertriebskostenstruktur im E-Commerce notwendig ist.

Kennzahl	Anzahl der Nennung in %	Anzahl der Nennung in absoluten Zahlen
Prozentueller Anteil der Marketingkosten am E-Commerce-Umsatz	85,71	12
Prozentueller Anteil der Kosten für Zahlungssysteme am E-Commerce-Umsatz	42,86	6
Prozentueller Anteil der technischen Betriebskosten für Hardware am E-Commerce-Umsatz	42,86	6
Prozentueller Anteil der technischen Betriebskosten für Software / Lizenzen am E-Commerce-Umsatz	35,71	5
Prozentueller Anteil der Wareneinsatzkosten am E-Commerce-Umsatz	21,43	3
Würde aus dieser Liste keine weitere(n) Kennzahl(en) markieren.	7,14	1

Abbildung 44: Weitere Kennzahlen zur Beschreibung der Vertriebskostenstruktur, zweite Delphi-Runde

5.6.2.3 Rangreihung der wichtigsten Kennzahlen zur Beschreibung der Umsatz- und Auftragsstruktur und der Rabattstruktur

In den Kategorien Umsatz- und Auftragsstruktur[64] und Rabattstruktur waren durch die Experten drei Kennzahlen nach ihrer Wichtigkeit zu reihen. Die wichtigste Kennzahl innerhalb dieser Kategorien ist die Umsatzrentabilität mit einem Mittelwert von 1,50 und einer Standardabweichung von 0,65. Acht der befragten Experten (57,14%) reihten die Umsatzrentabilität an erste, fünf (35,71%) an zweite und einer (7,14%) an dritte Stelle.

Der E-Commerce-Gesamtumsatz ist in den Kategorien Umsatz- und Auftragsstruktur und Rabattstruktur mit einem Mittelwert von 1,79 und einer Standardabwei-

---

[64] In der zweiten Befragungsrunde wurden die Kennzahlen der Rabattstruktur in der Kategorie Umsatz- und Auftragsstruktur berücksichtigt, da nur die Reaktivierungsquote einen Mittelwert von über vier vorgewiesen hat und daher eine Rangreihung nicht sinnvoll bzw. möglich gewesen wäre.

chung von 0,8 die zweitwichtigste Kennzahl. Sechs Experten (42,86%) ordneten den E-Commerce-Gesamtumsatz an erste, fünf (35,71%) an zweite und drei (21,43%) an dritte Position.

An die dritte Stelle wurde durch die Experten die Reaktivierungsquote mit einem Mittelwert von 2,71 und einer Standardabweichung von 0,47 gereiht. Keiner der befragten Experten reihte die Reaktivierungsquote an erste, vier (28,57%) an zweite und zehn (71,43%) an dritte Stelle.

Rang	Kennzahl	Mittelwert	Standardabweichung	1. Rang (in % und absoluten Zahlen)	2. Rang (in % und absoluten Zahlen)	3. Rang (in % und absoluten Zahlen)
1	Umsatzrentabilität	1,50	0,65	57,14 (8)	35,71 (5)	7,14 (1)
2	E-Commerce-Gesamtumsatz	1,79	0,80	42,86 (6)	35,71 (5)	21,43 (3)
3	Reaktivierungsquote	2,71	0,47	-	28,57 (4)	71,43 (10)

Abbildung 45: Rangreihung der wichtigsten Kennzahlen zur Beschreibung der Umsatz- und Auftragsstruktur und der Rabattstruktur, zweite Delphi-Runde

5.6.2.4 Fehlende Kennzahlen in der Rangreihung der Umsatz- und Auftragsstruktur und der Rabattstruktur

Bei der Frage zur Markierung fehlender Kennzahlen in der Rangreihung zur Analyse der Umsatz- und Auftragsstruktur und der Rabattstruktur wurde von neun Experten (64,29%) der E-Commerce-Gesamtdeckungsbeitrag angekreuzt. Weitere sechs Experten betrachteten die Kennzahl E-Commerce-Gesamtumsatz zum Gesamtumsatz des Unternehmens als eine unerlässliche Kennzahl zur Messung der Umsatz- und Auftragsstruktur und der Rabattstruktur im E-Commerce. Jeweils fünf Experten

Kennzahl	Anzahl der Nennungen in %	Anzahl der Nennungen in absoluten Zahlen
E-Commerce-Gesamtdeckungsbeitrag	64,29	9
E-Commerce-Gesamtumsatz zum Gesamtumsatz des Unternehmens	42,86	6
Cost per order margin	35,71	5
Marge	35,71	5
Rohertrag	28,57	4
Kosten-Umsatz-Relation	28,57	4
Gutscheinkonvertierungsrate	21,43	3
Rabattquote	21,43	3
E-Commerce-Umsatz je Wochentag	14,29	2
E-Commerce-Umsatz je Zahlungsart	7,14	1
E-Commerce-Umsatz pro Mitarbeiter	7,14	1
E-Commerce-Umsatz je Region (Bundesland, Postleitzahl)	7,14	1
E-Commerce-Umsatz je Uhrzeit	7,14	1
Würde aus dieser Liste keine weitere(n) Kennzahl(en) markieren.	7,14	1

Abbildung 46: Weitere Kennzahlen zur Beschreibung der Umsatz- und Auftragsstruktur und der Rabattstruktur, zweite Delphi-Runde

(35,71%) kreuzten die Kennzahlen Marge und Cost per order margin als fehlende Kennzahlen in der Rangreihung zur Messung der Umsatz- und Auftragsstruktur und der Rabattstruktur an. Vier Mal (28,57%) wurden die Kennzahlen Kosten-Umsatz-Relation und Rohertrag durch die Experten markiert. Drei Experten (21,43%) bewerteten die Gutscheinkonvertierungsquote und die Rabattquote als unerlässliche Kennzahlen zur Erfolgsmessung der Umsatz- und Auftragsstruktur und der Rabattstruktur im E-Commerce. Zwei Experten (14,29%) markierten den E-Commerce-Gesamtumsatz je Wochentag als unverzichtbare Kennzahl. Jeweils ein Mal (7,14%) wurden der E-Commerce-Gesamtumsatz je Region, der E-Commerce-Umsatz je Zahlungsart, der E-Commerce-Umsatz je Mitarbeiter und der E-Commerce-Gesamtumsatz je Uhrzeit angekreuzt. Ein Experte befand die obige Rangreihung als ausreichend zur Erfolgsmessung der Umsatz- und Auftragsstruktur und der Rabattstruktur.

5.6.3 Rangreihung der wichtigsten Kennzahlen zur Beschreibung der Markt- und Kundenstruktur

5.6.3.1 Rangreihung der wichtigsten Kennzahlen zur Beschreibung der Markt- und Konkurrenzstruktur

Die wichtigste Kennzahl zur Messung der Markt- und Konkurrenzstruktur ist, wie bereits in der ersten Delphi-Runde, der Marktanteil des Web-Shops mit einem Mittelwert von 1,27 und einer Standardabweichung von 1,02. Zehn Experten (71,43%) reihten den Marktanteil des Web-Shops an erste Stelle.

Die Anzahl der wiederkehrenden Besucher wurde durch die Experten als die zweitwichtigste Kennzahl in der Kategorie Markt- und Konkurrenzstruktur mit einem deutlichen Mittelwert von 2,29 und einer Standardabweichung von 0,99 gereiht. Mit einem Mittelwert von 2,50 und einer Standardabweichung von 0,76 wurde die durchschnittliche Besuchshäufigkeit als die drittwichtigste Kennzahl innerhalb dieser Kategorie bewertet. Zehn Experten (71,43%) betrachteten den qualitativen Indikator häufigstes Suchwort extern als die viertwichtigste Kennzahl zur Messung der Markt- und Konkurrenzstruktur des Web-Shops. Ein Experte (7,14%) beurteilte diese Kennzahl als die wichtigste Kennzahl innerhalb dieser Kategorie. An dieser Stelle sei noch erwähnt, dass die Rangreihung der Kennzahlen innerhalb dieser Kategorie zwischen der ersten und der zweiten Befragungsrunde unverändert geblieben ist.

Rang	Kennzahl	Mittelwert	Standardabweichung	1. Rang (in % und absoluten Zahlen)	2. Rang (in % und absoluten Zahlen)	3. Rang (in % und absoluten Zahlen)	4. Rang (in % und absoluten Zahlen)
1	Marktanteil	1,57	1,02	71,43 (10)	7,14 (1)	14,29 (2)	7,14 (1)
2	Anzahl der wiederkehrenden Besucher	2,29	0,99	21,43 (3)	42,86 (6)	21,43 (3)	14,29 (2)
3	Ø Besuchshäufigkeit	2,50	0,76	7,14 (1)	42,86 (6)	42,86 (6)	7,14 (1)
4	Häufigstes Suchwort extern	3,64	0,63	-	7,14 (1)	21,43 (3)	71,43 (10)

Abbildung 47: Rangreihung der wichtigsten Kennzahlen zur Beschreibung der Markt- und Konkurrenzstruktur, zweite Delphi-Runde

5.6.3.2 Fehlende Kennzahlen in der Rangreihung der Markt- und Konkurrenzstruktur

Im Rahmen der Frage zur Markierung fehlender Kennzahlen in der Rangreihung der wichtigsten Kennzahlen zur Beschreibung der Markt- und Konkurrenzstruktur ergab sich folgendes Bild. Mehr als die Hälfte der Befragungsteilnehmer (57,14%) markierten die Kennzahl meistgenutzte Klickpfade als fehlende Kennzahl in der vorangegangenen Rangordnung. Weitere sieben Mal (50%) wurde die Anzahl der Besuche als erfolgstragende Kennzahl zur Messung der Markt- und Konkurrenzstruktur von den Experten angekreuzt. Sechs Experten (42,86%) bewerteten die durchschnittliche Verweildauer als unerlässliche Kennzahl zur Erfolgsmessung des Web-Shops. Jeweils fünf Mal (35,71%) wurden die Kennzahlen durchschnittliche Besuchstiefe, Herkunftsseite und Reichweite des Web-Shops markiert. Das häufigste Suchwort intern und die meistgenutzte Suchmaschine wurden jeweils durch vier Experten als fehlende Kennzahlen in der obigen Rangreihung gekennzeichnet. Die Kennzahlen Inhaltseffektivität und meistgenutzte Einstiegs- und Ausstiegsseite wurden durch drei Delphi-Teilnehmer (21,43%) als fehlende Kennzahlen in der obigen Rangreihung markiert. Jeweils zwei Mal (14,29%) wurden die Messindikatoren Anzahl der Web-Seiten-Aufrufe, Herkunftslink, Filialsucher Einstiegs- und Ausstiegsquote sowie die Tageszeit und der Wochentag mit der höchsten Besucherfrequenz angekreuzt. Ein Experte (7,14%) betrachtete die Kennzahl kein Referrer als entscheidende Kennzahl zur Messung der Markt- und Kundenstruktur. Kein Experte markierte die Kennzahl Fokus. Zwei Delphi-Teilnehmer (14,29%) vertraten die Ansicht, dass die obige Rangreihung zur Erfolgsmessung des Web-Shops vollständig ist.

Kennzahl	Anzahl der Nennungen in %	Anzahl der Nennung in absoluten Zahlen
Meistgenutzte Klickpfade	57,14	8
Anzahl der Besuche	50,00	7
Ø Verweildauer	42,86	6
Ø Besuchstiefe	35,71	5
Herkunftsseite	35,71	5
Reichweite des Webshops	35,71	5
Häufigstes Suchwort intern	28,57	4
Meistgenutzte Suchmaschine	28,57	4
Inhaltseffektivität	21,43	3
Meistgenutzte Einstiegs- und Ausstiegsseite	21,43	3
Anzahl der Web-Seiten-Aufrufe	14,29	2
Herkunftslink	14,29	2
Filialsucher Einstiegs- und Ausstiegsquote	14,29	2
Wochentag mit der höchsten Besucherfrequenz	14,29	2
Tageszeit mit der höchsten Besucherfrequenz	14,29	2
Kein Referrer	7,14	1
Fokus	-	-
Würde keine weitere(n) Kennzahl(en) aus dieser Liste markieren.	14,29	2

Abbildung 48: Weitere Kennzahlen zur Beschreibung der Markt- und Konkurrenzstruktur, zweite Delphi-Runde

5.6.3.3 Rangreihung der wichtigsten Kennzahlen zur Beschreibung der Kundenstruktur

Im Rahmen der Kundenstruktur waren sechs Kennzahlen durch die Experten zu ordnen. Als die wichtigste Kennzahl zur Messung der Kundenstruktur wurde, wie bereits in der Vorrunde, die Anzahl der Wiederholungskäufer mit einem Mittelwert von 2,21 und einer Standardabweichung von 1,53 gereiht.

Der Deckungsbeitrag je Kunde wurde durch die Experten mit einem kaum merklich abweichenden Mittelwert von 2,43 als die zweitwichtigste Kennzahl innerhalb dieser Kategorie gewertet. Die drittwichtigste Kennzahl in dieser Kategorie ist nach Ansicht der Experten die Anzahl der Erstkäufer mit einem ebenfalls kaum differierenden Mittelwert von 2,57.

Mit einem deutlich höheren Mittelwert von 4,14 ist der durchschnittliche Bestellwert pro Wiederholungskäufer die viertwichtigste Kennzahl. An die fünfte Stelle reihten die Experten die durchschnittliche Anzahl der Bestellungen pro Wiederholungskäufer. Der durchschnittliche Bestellwert pro Erstkäufer wurde von der Hälfte der Experten als die sechstwichtigste Kennzahl mit einem Mittelwert von 5,14 bewertet.

Rang	Kennzahl	Mittelwert	Standardabweichung	1. Rang (in % und absoluten Zahlen)	2. Rang (in % und absoluten Zahlen)	3. Rang (in % und absoluten Zahlen)	4. Rang (in % und absoluten Zahlen)	5. Rang (in % und absoluten Zahlen)	6. Rang (in % und absoluten Zahlen)
1	Anzahl der Wiederholungskäufer	2,21	1,53	35,71 (5)	42,86 (6)	7,14 (1)	-	7,14 (1)	7,14 (1)
2	Deckungsbeitrag je Kunde	2,43	1,45	35,71 (5)	14,29 (2)	35,71 (5)	7,14 (1)	-	7,14 (1)
3	Anzahl der Erstkäufer	2,57	1,45	21,43 (3)	35,71 (5)	28,57 (4)	-	7,14 (1)	7,14 (1)
4	Ø Anzahl der Bestellungen pro Wiederholungskäufer	4,14	1,03	-	7,14 (1)	14,29 (2)	42,86 (6)	28,57 (4)	7,14 (1)
5	Ø Bestellwert pro Wiederholungskäufer	4,50	1,29	7,14 (1)	-	-	42,86 (6)	28,57 (4)	21,43 (3)
6	Ø Bestellwert pro Erstkäufer	5,14	1,10	-	-	14,29 (2)	7,14 (1)	28,57 (4)	50,00 (7)

Abbildung 49: Rangreihung der wichtigsten Kennzahlen zur Beschreibung der Kundenstruktur, zweite Delphi-Runde

5.6.3.4 Fehlende Kennzahlen in der Rangreihung der Kundenstruktur

Bei der Frage nach der Markierung fehlender Kennzahlen in der vorangegangenen Rangreihung waren neun Experten (64,29%) der Ansicht, dass keine weiteren Kennzahlen zur Beschreibung der Kundenstruktur notwendig sind. Vier Experten (28,57%) kreuzten die Zahlungsabwanderungsrate und ein Experte die Geschäftszahlerrate als unerlässliche Indikatoren zur Erfolgsmessung der Kundenstruktur an.

5.6 Ergebnisse der zweiten Online-Delphi-Runde

Kennzahl	Anzahl der Nennungen in %	Anzahl der Nennungen in absoluten Zahlen
Würde aus dieser Liste keine weitere(n) Kennzahl(en) markieren.	64,29	9
Zahlungsabwanderungsrate	28,57	4
Geschäftszahlerrate	7,14	1

Abbildung 50: Weitere Kennzahlen zur Beschreibung der Kundenstruktur, zweite Delphi-Runde

5.6.4 Rangreihung der wichtigsten Kennzahlen zur Analyse der Wirtschaftlichkeit

5.6.4.1 Rangreihung der wichtigsten Kennzahlen zur Erfolgsbestimmung der Vertriebsaktivitäten

Als der zentrale Ausgangsindikator zur Erfolgsbestimmung der Vertriebsaktivitäten wurde durch die Experten die Kennzahl Akquisitionskosten pro Erstkäufer mit einem Mittelwert von 1,86 und einer Standardabweichung von 0,77 gereiht. Keiner der befragten Experten setzte diese Kennzahl auf den vierten Rang.

An zweiter Stelle mit einem Mittelwert von 2,50 und einer Standardabweichung von 1,29 wurde die Kennzahl Akquisitionskosten pro Besucher eingeordnet. Als drittwichtigste Maßzahl in dieser Kategorie wurde die Kennzahl Akquisitionskosten Gesamt mit einem Mittelwert von 2,79 und einer Standardabweichung von 1,42 bewertet. Fünf Experten reihten diese Kennzahl, genau wie die Akquisitionskosten pro Kunde, als die wichtigste Kennzahl innerhalb dieser Kategorie. Weitere sieben Experten hingegen setzten diese Kennzahl an die vierte (letzte) Stelle.

Die Akquisitionskosten pro Wiederholungskäufer wurden innerhalb dieser Kategorie mit einem geringfügig höheren Mittelwert von 2,86 als die viertwichtigste Kennzahl bewertet. Kein Experte betrachtete diese Kennzahl als die wichtigste Kennzahl zur Erfolgmessung der Vertriebsaktivitäten des Web-Shops.

Rang	Kennzahl	Mittelwert	Standardabweichung	1. Rang (in % und absoluten Zahlen)	2. Rang (in % und absoluten Zahlen)	3. Rang (in % und absoluten Zahlen)	4 Rang (in % und absoluten Zahlen)
1	Akquisitionskosten pro Erstkäufer	1,86	0,77	35,71 (5)	42,86 (6)	21,43 (3)	-
2	Akquisitionskosten pro Kunde (Besucher)	2,50	1,29	28,57 (4)	28,57 (4)	7,14 (1)	35,71 (5)
3	Akquisitionskosten Gesamt	2,76	1,42	35,71 (5)	-	14,29 (2)	50,00 (7)
4	Akquisitionskosten pro Wiederholungskäufer	2,86	0,66	-	28,57 (4)	57,14 (8)	14,29 (2)

Abbildung 51: Rangreihung der wichtigsten Kennzahlen zur Erfolgsmessung der Vertriebsaktivitäten, zweite Delphi-Runde

5.6.4.2 Fehlende Kennzahlen in der Rangreihung der Vertriebsaktivitäten

Bei der Möglichkeit zur Markierung fehlender Kennzahlen in der obigen Rangreihung stellt sich die Situation wie folgt dar: Jeweils fünf Experten (35,71%) kreuzten die Kennzahlen Werbekonvertierungsrate, Tausendkontaktpreis und Cost per Recurring Order an. Vier Experten (28,57%) kennzeichneten die Kennzahlen Klickrate und Cost per First Order. Die Kennzahlen Newsletter-Öffnungsrate und Anzahl der Newsletter-Abonnenten betrachteten jeweils drei Experten als unerlässlich zur Erfolgsmessung der Vertriebsaktivitäten eines Web-Shops. Zwei Experten (14,29%) markierten die Kennzahl Anteil der Ein-Klick-Besuche und ein Befragungsteilnehmer (7,14%) die Kennzahl Anzahl der Werbemittelsichtkontakte. Kein Experte sah in der Anzahl der Klicks eine aussagekräftige Kennzahl zur Erfolgsbestimmung der Vertriebsaktivitäten. Vier Experten (28,57%) waren der Ansicht, dass die oben gereihten Kennzahlen zur Erfolgsmessung der Vertriebsaktivitäten eines Web-Shops ausreichen.

Kennzahl	Anzahl der Nennungen in %	Anzahl der Nennungen in absoluten Zahlen
Werbekonvertierungsrate	35,71	5
Cost per Recurring Order	35,71	5
Tausendkontaktpreis	35,71	5
Klickrate	28,57	4
Cost per First Order	28,57	4
Newsletter-Öffnungsrate	21,43	3
Anzahl der Newsletter-Abonnenten	21,43	3
Anteil der Ein-Klick-Besuche	14,29	2
Anzahl der Werbemittelsichtkontakte	7,14	1
Anzahl der Klicks	-	-
Würde aus dieser Liste keine weitere(n) Kennzahl(en) markieren.	28,57	4

Abbildung 52: Weitere Kennzahlen zur Erfolgsmessung der Vertriebsaktivitäten, zweite Delphi-Runde

5.6.4.3 Rangreihung der wichtigsten Kennzahlen zur Leistungsbestimmung des Informationssystems

Die Systemverfügbarkeit ist die wichtigste Kennzahl zur Leistungsmessung des IT-Systems. Alle vierzehn Experten reihten, wie auch in der ersten Delphi-Runde, diese Kennzahl eindeutig mit einem Mittelwert von eins und einer Standardabweichung von Null an die erste Stelle.

Die durchschnittliche Antwortzeit wurde von neun Experten (64,29%) als die zweitwichtigste Kennzahl in dieser Kategorie gereiht. Die drittwichtigste Kennzahl zur Leistungsbestimmung des Informationssystems stellt mit einem Mittelwert von 3,93 die Fehlerquote dar. Die Störungsrate wurde an die vierte Stelle mit einem Mittelwert von 4,36 und einer Standardabweichung von 1,60 gereiht. Die durch-

5.6 Ergebnisse der zweiten Online-Delphi-Runde

schnittliche Downloadzeit ist mit einem Mittelwert von 4,93 nach Ansicht der befragten Experten die fünftwichtigste Kennzahl innerhalb dieser Kategorie. Mit einem geringfügig höheren Mittelwert von 5,29 und einer Standardabweichung von 1,27 ist die Produktseitenerstellungsdauer die sechstwichtigste Kennzahl zur Leistungsmessung des Informationssystems. Die Kennzahl Störungsintensität weist einen Mittelwert von 5,93 auf und ist demzufolge an die siebte Stelle innerhalb dieser Rangreihung einzuordnen.

Rang	Kennzahl	Mittelwert	Standardabweichung	1. Rang (in % und absoluten Zahlen)	2. Rang (in % und absoluten Zahlen)	3. Rang (in % und absoluten Zahlen)	4. Rang (in % und absoluten Zahlen)	5. Rang (in % und absoluten Zahlen)	6. Rang (in % und absoluten Zahlen)	7. Rang (in % und absoluten Zahlen)
1	Systemverfügbarkeit	1,00	-	100 (14)	-	-	-	-	-	-
2	Ø Antwortzeit	2,57	0,94	-	64,29 (9)	21,43 (3)	7,14 (1)	7,14 (1)	-	-
3	Fehlerquote	3,93	1,14	-	7,14 (1)	28,57 (4)	42,86 (6)	7,14 (1)	14,29 (2)	-
4	Störungsrate	4,36	1,60	-	21,43 (3)	7,14 (1)	14,29 (2)	35,71 (5)	14,29 (2)	7,14 (1)
5	Ø Downloadzeit	4,93	1,86	-	7,14 (1)	21,43 (3)	21,43 (3)	7,14 (1)	7,14 (1)	35,71 (5)
6	Produktseitenerstellungsdauer	5,29	1,27	-	-	14,29 (2)	7,14 (1)	28,57 (4)	35,71 (5)	14,29 (2)
7	Störungsintensität	5,93	1,27	-	-	7,14 (1)	7,14 (1)	14,29 (2)	28,57 (4)	42,86 (6)

Abbildung 53: Rangreihung der wichtigsten Kennzahlen zur Leistungsmessung des Informationssystems, zweite Delphi-Runde

5.6.4.4 Fehlende Kennzahlen in der Rangreihung des Informationssystems

Fünf Experten (35,71%) kreuzten die Kennzahl Anteil der Normal-Last zur Höchst-Last als fehlende Kennzahl in der Rangreihung zur Leistungsmessung des Informationssystems an. Ein Experte (7,14%) betrachtete die Kennzahl Auslastung der Übertragungskapazitäten als unverzichtbare Kennzahl zur Leistungsmessung des Informationssystems. Acht Experten (57,14%) befanden die obige Rangreihung als ausreichend zur Erfolgsmessung des Informationssystems des Web-Shops.

Kennzahl	Anzahl der Nennungen in %	Anzahl der Nennungen in absoluten Zahlen
Anteil Normal-Last zur Höchst-Last	35,71	5
Auslastung der Übertragungskapazitäten	7,14	1
Würde aus dieser Liste keine weitere(n) Kennzahl(en) markieren.	57,14	8

Abbildung 54: Weitere Kennzahlen zur Leistungsmessung des Informationssystems, zweite Delphi-Runde

5.6.4.5 Rangreihung der wichtigsten Kennzahlen zur Erfolgsbestimmung des Abwicklungs- und Logistiksystems

Die wichtigste Kennzahl zur Leistungsmessung des Abwicklungs- und Logistiksystems ist, wie auch in der ersten Delphi-Runde, mit einem Mittelwert von 1,64 die Verfügbarkeitsquote. Elf von vierzehn Experten (78,57%) reihten die Verfügbarkeitsquote an die erste Stelle.

Die Lieferzeit wurde von zehn Experten (71,43%) als die zweitwichtigste Kennzahl in dieser Kategorie angegeben. Die Lieferqualität ist nach Ansicht der befragten Experten mit einem Mittelwert von 3,29 und einer Standardabweichung von 1,20 die drittwichtigste Kennzahl zur Leistungsmessung des Abwicklungs- und Logistiksystems.

Mit einem nur geringfügig höheren Mittelwert von 3,86 wurde die Lagerumschlagshäufigkeit an die vierte Stelle gereiht. Die Hälfte der Experten ordnete diese Kennzahl eindeutig an die fünfte Stelle. Der Lieferbereitschaftsgrad weist einen Mittelwert von 4,43 und eine Standardabweichung von 1,28 auf. Folglich ist der Lieferbereitschaftsgrad als die fünftwichtigste Kennzahl innerhalb dieser Kategorie zu betrachten.

Mit einem deutlich höheren Mittelwert von 5,43 und einer Standardabweichung von 1,02 ist die Forderungsausfallquote an sechster Stelle innerhalb dieser Kategorie. Zehn Experten (71,43%) ordneten diese Kennzahl eindeutig an die letzte Stelle. Kein Experte reihte diese Kennzahl an die erste oder zweite Stelle.

Rang	Kennzahl	Mittelwert	Standardabweichung	1. Rang (in % und absoluten Zahlen)	2. Rang (in % und absoluten Zahlen)	3. Rang (in % und absoluten Zahlen)	4. Rang (in % und absoluten Zahlen)	5. Rang (in % und absoluten Zahlen)	6. Rang (in % und absoluten Zahlen)
1	Verfügbarkeitsquote	1,64	1,45	78,57 (11)	7,14 (1)	-	-	14,29 (2)	-
2	Lieferzeit	2,36	0,63	-	71,43 (10)	21,43 (3)	7,14 (1)	-	-
3	Lieferqualität	3,29	1,20	7,14 (1)	7,14 (1)	57,14 (8)	14,29 (2)	7,14 (1)	7,14 (1)
4	Lagerumschlagshäufigkeit	3,86	1,41	7,14 (1)	14,29 (2)	14,29 (2)	14,29 (2)	50,00 (7)	-
5	Lieferbereitschaftsgrad	4,43	1,28	7,14 (1)	-	-	50,00 (7)	21,43 (3)	21,43 (3)
6	Forderungsausfallquote	5,43	1,02	-	-	7,14 (1)	14,29 (2)	7,14 (1)	71,43 (10)

Abbildung 55: Rangreihung der wichtigsten Kennzahlen zur Leistungsmessung des Abwicklungs- und Logistiksystems, zweite Delphi-Runde

5.6.4.6 Fehlende Kennzahlen in der Rangreihung des Abwicklungs- und Logistiksystems

Acht Experten (57,14%) kreuzten die Mahnquote als fehlende Kennzahl in der Rangreihung zur Leistungsmessung des Abwicklungs- und Logistiksystems an. Jeweils fünf Experten (35,71%) betrachteten die Geschäftsabholerrate als eine unverzichtbare Kennzahl zur Leistungsmessung des Abwicklungs- und Logistiksystems. Drei

Befragungsteilnehmer (21,43%) markierten die Geschäftsrückgabequote und zwei (14,29%) die Lieferungsabwanderungsrate als wichtige Kennzahlen innerhalb dieser Kategorie. Drei Experten (21,43%) gaben an, dass sie keine weiteren Kennzahlen in dieser Kategorie markieren würden.

Kennzahl	Anzahl der Nennungen in %	Anzahl der Nennungen in absoluten Zahlen
Mahnquote	57,14	8
Geschäftsabholerrate	35,71	5
Geschäftsrückgabequote	21,43	3
Lieferungsabwanderungsrate	14,29	2
Würde aus dieser Liste keine weitere(n) Kennzahl(en) markieren.	21,43	3

Abbildung 56: Weitere Kennzahlen zur Leistungsmessung des Abwicklungs- und Logistiksystems, zweite Delphi-Runde

5.6.4.7 Rangreihung der wichtigsten Kennzahlen zur Leistungsmessung des Erfolgsbeitrages der einzelnen Leistungsträger

Zur Rangreihung der wichtigsten Kennzahlen innerhalb der Kategorie Leistungsträger waren durch die Befragungsteilnehmer drei Kennzahlen zu bewerten. Die wichtigste Kennzahl zur Leistungsmessung ist nach Ansicht der Experten der Deckungsbeitrag pro Artikel mit einem Mittelwert von 1,36 und einer Standardabweichung von 0,50. Neun Experten (64,29%) betrachteten diese Kennzahl als zentrale Ausgangsgröße zur Messung des Erfolgsbeitrages der einzelnen Leistungsträger. Keiner der befragten Experten reihte den Deckungsbeitrag pro Artikel an die dritte Stelle.

An zweite Stelle ordneten die Experten die Rücksendequote mit einem Mittelwert von 2,07 und einer Standardabweichung von 0,83. Die Basket-to-Buy-Rate wurde mit einem Mittelwert von 2,57 und einer Standardabweichung von 0,65 an die dritte Position gereiht. Über 60% der Delphi-Teilnehmer ordneten die Basket-to-Buy-Rate an die dritte Stelle und unterstreichen damit das eindeutige Ergebnis dieser Rangreihung.

Rang	Kennzahl	Mittelwert	Standardabweichung	1. Rang (in % und absoluten Zahlen)	2. Rang (in % und absoluten Zahlen)	3. Rang (in % und absoluten Zahlen)
1	Deckungsbeitrag pro Artikel	1,36	0,50	64,29 (9)	35,71 (5)	-
2	Rücksendequote	2,07	0,83	28,57 (4)	35,71 (5)	35,71 (5)
3	Basket-to-Buy-Rate	2,57	0,65	7,14 (1)	28,57 (4)	64,29 (9)

Abbildung 57: Rangreihung der wichtigsten Kennzahlen zur Leistungsmessung des Erfolgsbeitrages der einzelnen Leistungsträger, zweite Delphi-Runde

5.6.4.8 Fehlende Kennzahlen in der Rangreihung der Erfolgsträger

Jeweils sechs Experten (42,86%) markierten bei der Frage zur Nennung fehlender Kennzahlen in der obigen Rangreihung die Produktbeschwerdequote, die Cross-Selling-Konvertierungsrate und die Einkaufswagenabbruchsquote. Fünf der Befragungsteilnehmer (35,71%) kreuzten die Kennzahl der abgebrochenen Einkaufswagen als unverzichtbare Kennzahl zur Messung des Leistungsbeitrages der einzelnen Erfolgsträger im Web-Shop an. Je drei Experten (21,43%) kennzeichneten bei dieser Frage die Kennzahlen Anzahl der befüllten Einkaufswagen, die Look-to-Click-Rate und die Cross-Selling-Klickrate. Die Kennzahlen Artikelumsatzquote, Produktkonvertierungsrate, Click-to-Basket-Rate und Page Value wurden jeweils von zwei Experten (14,29%) markiert. Kein Experte war der Ansicht, dass die Kennzahl Produktseitenaufrufe zur Leistungsmessung der Leistungsträger notwendig ist. Zwei Experten (14,29%) betrachteten die obige Rangreihung als vollständig zur Bewertung des Erfolgsbeitrages der einzelnen Leistungsträger.

Kennzahl	Anzahl der Nennungen in %	Anzahl der Nennungen in absoluten Zahlen
Produktbeschwerdequote	42,86	6
Cross-Selling-Konvertierungsrate	42,86	6
Einkaufswagenabbruchsquote	42,86	6
Anzahl der abgebrochenen Einkaufswagen	35,71	5
Anzahl der befüllten Einkaufswagen	21,43	3
Look-to-Click-Rate	21,43	3
Cross-Selling-Klickrate	21,43	3
Click-to-Basket-Rate	14,29	2
Artikelumsatzquote	14,29	2
Produktkonvertierungsrate	14,29	2
Page Value	14,29	2
Produktseitenaufrufe	-	-
Würde aus dieser Liste keine weitere(n) Kennzahl(en) markieren.	14,29	2

Abbildung 58: Weitere Kennzahlen zur Leistungsmessung des Erfolgsbeitrages der Leistungsträger, zweite Delphi-Runde

5.6.5 *Rangreihung der wichtigsten Kennzahlen der Lageanalyse*

5.6.5.1 Rangreihung der wichtigsten Kennzahlen zur Beurteilung der zukünftigen Entwicklung des Web-Shops

In dieser Kategorie waren sieben Kennzahlen durch die Befragungsteilnehmer nach ihrer Wichtigkeit zu reihen. Die E-Commerce-Gesamtumsatzentwicklung wurde von elf der befragten Experten (78,57%) als die wichtigste Kennzahl zur Bewertung der zukünftigen Entwicklung des Web-Shops betrachtet. Lediglich ein Experte (7,14%) reihte diese Kennzahlen an die siebte Stelle in dieser Kategorie.

5.6 Ergebnisse der zweiten Online-Delphi-Runde

Als die zweitwichtigste wurde, wie bereits auch in der ersten Befragungsrunde, die Kennzahl Entwicklung der Bestellanzahl mit einem Mittelwert von 2,79 und einer Standardabweichung von 1,58 durch die Experten gereiht.

Die Kennzahl Entwicklung der Besucheranzahl wurde mit einem Mittelwert von 3,64 eindeutig als die drittwichtigste Kennzahl zur Messung des zukünftigen Erfolges des Web-Shops durch die Experten bewertet. Kein Experte war der Ansicht, dass diese Kennzahl weder die wichtigste noch die unwichtigste Kennzahl in dieser Kategorie ist.

Der Indikator Marktanteilsentwicklung des Web-Shops ist mit einem Mittelwert von 4,57 aus Sicht der Befragungsteilnehmer die viertwichtigste Kennzahl innerhalb dieser Kategorie. Die unterschiedliche Rangreihung dieser Kennzahl und die vergleichsweise hohe Standardabweichung von 1,79 verdeutlichen dabei eine Uneinigkeit unter den Experten.

Die Kaufhäufigkeit wurde mit einem kaum differierenden Mittelwert von 4,64 gegenüber der Marktanteilsentwicklung des Web-Shops als die fünftwichtigste Kennzahl eingeschätzt. Auch hier lassen die vergleichsweise hohe Standardabweichung von 1,86 und die unterschiedlichen Rangreihungen der Experten eine differenzierte Sichtweise unter den Befragungsteilnehmern erkennen.

Die Wiederholungskäuferkonvertierungsrate wurde von den Experten mit einem Mittelwert von 5,14 als die sechstwichtigste Kennzahl innerhalb dieser Kategorie geordnet. Keiner der befragten Experten bewertete die Wiederholungskäuferkonvertierungsrate als die wichtigste Kennzahl in dieser Kategorie.

Die Beschwerdequote wurde von fünf Experten (35,71%) an die siebte Stelle der Wichtigkeit zur Messung der zukünftigen Entwicklung des Web-Shops gereiht. Keiner der befragten Experten ordnete diese Kennzahl als die wichtigste bzw. zweitwichtigste Kennzahl innerhalb dieser Kategorie ein.

Rang	Kennzahl	Mittelwert	Standardabweichung	1. Rang in % und absoluten Zahlen	2. Rang in % und absoluten Zahlen	3. Rang in % und absoluten Zahlen	4. Rang in % und absoluten Zahlen	5. Rang in % und absoluten Zahlen	6. Rang in % und absoluten Zahlen	7. Rang in % und absoluten Zahlen
1	E-Commerce-Umsatzentwicklung	1,71	1,73	78,57 (11)	7,14 (1)	-	7,14 (1)	-	-	7,14 (1)
2	Entwicklung der Bestellanzahl	2,79	1,58	7,14 (1)	57,14 (8)	14,29 (2)	7,14 (1)	7,14 (1)	-	7,14 (1)
3	Entwicklung der Besucheranzahl	3,64	1,15	-	14,29 (2)	35,71 (5)	28,57 (4)	14,29 (2)	7,14 (1)	-
4	Marktanteilsentwicklung des Webshops	4,57	1,79	7,14 (1)	7,14 (1)	14,29 (2)	14,29 (2)	14,29 (2)	35,71 (5)	7,14 (1)
5	Kaufhäufigkeit	4,64	1,86	7,14 (1)	7,14 (1)	14,29 (2)	14,29 (2)	14,29 (2)	28,57 (4)	14,29 (2)
6	Wiederholungskäuferkonvertierungsrate	5,14	1,61	-	7,14 (1)	7,14 (1)	21,43 (3)	21,43 (3)	14,29 (2)	28,57 (4)
7	Beschwerdequote	5,50	1,45	-	-	14,29 (2)	7,14 (1)	28,57 (4)	14,29 (2)	35,71 (5)

Abbildung 59: Rangreihung der wichtigsten Kennzahlen zur Messung der zukünftigen Entwicklung, zweite Delphi-Runde

5.6.5.2 Fehlende Kennzahlen in der Rangreihung der zukünftigen Entwicklung

Sechs Experten (42,86%) kreuzten die Wiederholungskäuferabwanderungsrate als fehlende Kennzahl in der Rangreihung zur Messung der zukünftigen Entwicklung des Web-Shops an. Fünf Experten (35,71%) markierten die Weiterempfehlungsquote als unverzichtbare Kennzahl zur Bewertung der zukünftigen Entwicklung des Web-Shops. Der ROI und die Konvertierungsrate wurden jeweils von vier Experten (28,57%) bei dieser Frage gekennzeichnet. Die Abwanderungsrate und die Erstkäuferabwanderungsrate betrachteten je drei Experten (21,43%) als fehlende Kennzahlen in der obigen Rangreihung. Zwei Experten (14,29%) waren der Ansicht, dass die Fixkostendegression durch Umsatzwachstum eine zentrale Messgröße zur Bestimmung des zukünftigen Erfolges des Web-Shops darstellt. Die Dauer des Fernbleibens wurde von keinem Experten als fehlende Kennzahl in der vorangegangenen Rangordnung gekennzeichnet. Vier Experten betrachteten die obige Rangreihung zur Messung des zukünftigen Erfolges des Web-Shops als ausreichend.

Kennzahl	Anzahl der Nennungen in %	Anzahl der Nennungen in absoluten Zahlen
Wiederholungskäuferabwanderungsrate	42,86	6
Weiterempfehlungsquote	35,71	5
Konvertierungsrate	28,57	4
ROI	28,57	4
Abwanderungsrate	21,43	3
Erstkäuferabwanderungsrate	21,43	3
Fixkostendegression durch Umsatzwachstum	14,29	2
Dauer des Fernbleibens	-	-
Würde aus dieser Liste keine weitere(n) Kennzahl(en) markieren.	28,57	4

Abbildung 60: Weitere Kennzahlen zur Bewertung der zukünftigen Entwicklung, zweite Delphi-Runde

5.6.6 *Wichtigkeit der Kennzahlen zur Messung von Kannibalisierungseffekten zwischen dem Web-Shop und dem stationären Einzelhandel*

Die zentralen Kennzahlen zur Messung der Kannibalisierungseffekte zwischen dem Web-Shop und dem stationären Einzelhandel sind aus Sicht der befragten Experten:

- Anzahl der gekauften Artikel im Web-Shop zur Anzahl der gekauften Artikel im stationären Einzelhandel (Mittelwert von 4,29; Standardabweichung von 0,61),
- Kundenüberschneidungen zwischen dem Web-Shop und dem stationären Einzelhandel (Mittelwert von 4,21; Standardabweichung von 0,97) und
- Umsatzverteilung zwischen dem Web-Shop und dem stationären Einzelhandel (Mittelwert von 4,07; Standardabweichung von 1,14).

Die Kennzahlen Anzahl der Erstkäufer, Margenentwicklung, Gesamtumsatz je Region, Zahlungsabwanderungsrate, Filialsucher Einstiegs- und Ausstiegsquote, Geschäftszahlerrate und Gutscheinkonvertierungsrate sind im Mittel mit 3 bis 3,57

5.6 Ergebnisse der zweiten Online-Delphi-Runde

bewertet worden. Mit einem Mittelwert von 2,86 wurde die Kennzahl kein Referrer als weniger wichtig zur Messung von Kannibalisierungseffekten zwischen dem Web-Shop und dem stationären Einzelhandel bewertet. Auch die durchschnittliche Verweildauer wurde aus Sicht der Experten mit einem Mittelwert von 2,71 als weniger wichtig eingestuft.

Kennzahl	Mittelwert	Standardabweichung	Sehr unwichtig (in % und absoluten Zahlen)	Unwichtig (in % und absoluten Zahlen)	Weder noch (in % und absoluten Zahlen)	Wichtig (in % und absoluten Zahlen)	Sehr wichtig (in % und absoluten Zahlen)
Gekaufte Artikel im Web-Shop zu gekauften Artikeln im stationären Einzelhandel	4,29	0,61	-	-	7,14 (1)	57,14 (8)	35,71 (5)
Kundenüberschneidungen zwischen dem Web-Shop und dem stationären Einzelhandel	4,21	0,97	-	7,14 (1)	14,29 (2)	28,57 (4)	50,00 (7)
Umsatzverteilung zwischen dem Web-Shop und dem stationären Einzelhandel	4,07	1,14	7,14 (1)	-	14,29 (2)	35,71 (5)	42,86 (6)
Anzahl der Erstkäufer	3,57	1,09	7,14 (1)	7,14 (1)	21,43 (3)	50,00 (7)	14,29 (2)
Margenentwicklung	3,36	1,08	-	28,57 (4)	21,43 (3)	35,71 (5)	14,29 (2)
Gesamtumsatz je Region	3,29	0,99	7,14 (1)	7,14 (1)	42,86 (6)	35,71 (5)	7,14 (1)
Zahlungsabwanderungsrate	3,21	1,37	7,14 (1)	35,71 (5)	7,14 (1)	28,57 (4)	21,43 (3)
Filialsucher Einstiegs- und Ausstiegsquote	3,14	1,17	7,14 (1)	28,57 (4)	14,29 (2)	42,86 (6)	7,14 (1)
Geschäftszahlerrate	3,14	1,35	7,14 (1)	35,71 (5)	14,29 (2)	21,43 (3)	21,43 (3)
Gutscheinkonvertierungsrate	3,00	0,96	7,14 (1)	21,43 (3)	35,71 (5)	35,71 (5)	-
Kein Referrer	2,86	0,77	-	35,71 (5)	42,86 (6)	21,43 (3)	-
Durchschnittliche Verweildauer	2,71	1,07	14,29 (2)	21,43 (3)	50,00 (7)	7,14 (1)	7,14 (1)

Abbildung 61: Wichtigkeit der Kennzahlen zur Messung von Kannibalisierungseffekten zwischen dem Web-Shop und dem stationären Einzelhandel, zweite Delphi-Runde

5.6.7 Wichtigkeit der Kennzahlen zur Messung von Synergieeffekten zwischen dem Web-Shop und dem stationären Einzelhandel

Die wichtigsten Kennzahlen zur Messung der Synergieeffekte zwischen dem Web-Shop und dem stationären Einzelhandel sind bezugnehmend auf die Wertungen der Experten die:

- Kundenüberschneidungen zwischen dem Web-Shop und dem stationären Einzelhandel (Mittelwert von 4,50; Standardabweichung von 0,76),
- Markenbekanntheit (Mittelwert von 4,43; Standardabweichung von 0,65) und
- Umsatzverteilung zwischen dem Web-Shop und dem stationären Einzelhandel (Mittelwert von 4,36; Standardabweichung von 0,93).

Die Kennzahlen E-Commerce-Gesamtumsatz, Klickpfade, Geschäftsrückgabequote, Filialsucher Einstiegs- und Ausstiegsquote, Besucherfrequenz, Gesamtumsatz je Region, Suchwörter intern, Anzahl der wiederkehrenden Besucher, Dauer des Fernbleibens und Geschäftszahlerrate wurden zur Messung der Synergieeffekte zwischen dem Web-Shop und dem stationären Einzelhandel von den Experten zwischen 3,57 und 3,00 im Mittel bewertet. Die durchschnittliche Verweildauer und die Zahlungsabwanderungsrate wurden durch die Experten jeweils mit einem Mittelwert von 2,93 als weniger wichtig beurteilt. Mit einem Mittelwert von 2,71 können die Maßzahlen kein Referrer und Gutscheinkonvertierungsquote ebenfalls als weniger wichtig zur Messung der Synergieeffekte betrachtet werden. Anhand dieser Bewertung lässt sich darüber hinaus eine Diskrepanz zwischen den in der Literatur vorgeschlagenen Kennzahlen zur Messung der Synergieeffekte zwischen dem Web-Shop und dem stationären Einzelhandel und den in der betrieblichen Praxis als wichtig erachteten Kennzahlen nachweisen.

Kennzahl	Mittelwert	Standardabweichung	Sehr unwichtig (in % und absoluten Zahlen)	Unwichtig (in % und absoluten Zahlen)	Weder noch (in % und absoluten Zahlen)	Wichtig (in % und absoluten Zahlen)	Sehr wichtig (in % und absoluten Zahlen)
Kundenüberschneidungen zwischen dem Web-Shop und dem stationären Einzelhandel	4,50	0,76	-	-	14,29 (2)	21,43 (3)	64,29 (9)
Markenbekanntheit	4,43	0,65	-	-	7,14 (1)	42,86 (6)	50,00 (7)
Umsatzverteilung zwischen dem Web-Shop und dem stationären Einzelhandel	4,36	0,93	-	7,14 (1)	7,14 (1)	28,57 (4)	57,14 (8)
E-Commerce-Gesamtumsatz	3,57	1,28	7,14 (1)	14,29 (2)	21,43 (3)	28,57 (4)	28,57 (4)
Klickpfade	3,50	0,94	-	21,43 (3)	14,29 (2)	57,14 (8)	7,14 (1)
Geschäftsrückgabequote	3,50	1,09	-	21,43 (3)	28,57 (4)	28,57 (4)	21,43 (3)
Filialsucher Einstiegs- und Ausstiegsquote	3,43	0,85	-	14,29 (2)	35,71 (5)	42,86 (6)	7,14 (1)
Besucherfrequenz	3,29	0,83	-	14,29 (2)	50,00 (7)	28,57 (4)	7,14 (1)
Gesamtumsatz je Region	3,21	1,12	7,14 (1)	21,43 (3)	21,43 (3)	42,86 (6)	7,14 (1)
Suchwörter intern	3,14	1,10	7,14 (1)	21,43 (3)	28,57 (4)	35,71 (5)	7,14 (1)
Anzahl der wiederkehrenden Besucher	3,14	1,10	7,14 (1)	21,43 (3)	28,57 (4)	35,71 (5)	7,14 (1)
Dauer des Fernbleibens	3,00	0,88	-	28,57 (4)	50,00 (7)	14,29 (2)	7,14 (1)
Geschäftszahlerrate	3,00	1,04	7,14 (1)	21,43 (3)	42,86 (6)	21,43 (3)	7,14 (1)
Durchschnittliche Verweildauer	2,93	0,73	-	28,57 (4)	50,00 (7)	21,43 (3)	-
Zahlungsabwanderungsrate	2,93	1,00	7,14 (1)	21,43 (3)	50,00 (7)	14,29 (2)	7,14 (1)
Kein Referrer	2,71	0,73	-	42,86 (6)	42,86 (6)	14,29 (2)	-
Gutscheinkonvertierungsrate	2,71	0,99	7,14 (1)	42,86 (6)	21,43 (3)	28,57 (4)	-

Abbildung 62: Wichtigkeit der Kennzahlen zur Messung von Synergieeffekten zwischen dem Web-Shop und dem stationären Einzelhandel, zweite Delphi-Runde

5.7 Kennzahlenmodell zur Erfolgsmessung von E-Commerce bei einem Mehrkanaleinzelhändler

Aus den Ergebnissen der Online-Delphi-Befragung sowie dem zugrunde gelegten literaturbasierten Ausgangsmodell ergibt sich das Kennzahlenmodell zur Erfolgsmessung von E-Commerce bei einem Mehrkanaleinzelhändler. Bei diesem Kennzahlenmodell handelt es sich um ein sachlogisches Ordnungssystem, welches insgesamt 47 sowohl qualitative als auch quantitative Kennzahlen beinhaltet. Das Kennzahlenmodell umfasst einerseits jene Kennzahlen, geordnet nach ihrer Wichtigkeit, die von den Experten als die wichtigsten innerhalb der jeweiligen Kategorien gereiht wurden. Andererseits sind jene Kennzahlen enthalten, die in der zweiten Delphi-Runde von mehr als 75% der befragten Experten als unverzichtbar zur Erfolgsmessung von E-Commerce bewertet wurden sowie jene Kennzahlen, die zur Messung der Synergie- und Kannibalisierungseffekte zwischen dem Web-Shop und dem stationären Einzelhandel als besonders wichtig, d. h. ab einem Mittelwert größer/gleich vier, bewertet wurden. In diesem Zusammenhang ist hinzuzufügen, dass die wichtigsten Kennzahlen zur Messung der Synergie- und Kannibalisierungseffekte zwischen dem Web-Shop und dem stationären Einzelhandel nach systematischen Kriterien den jeweiligen Kategorien zugeordnet wurden. Darüber hinaus können einige Kennzahlen, wie beispielsweise die durchschnittliche Besuchshäufigkeit oder die E-Commerce-Umsatzentwicklung, auch zur Messung von Synergie- und Kannibalisierungseffekten zwischen dem Web-Shop und dem stationären Einzelhandel herangezogen werden.

Zur Erklärung der nachfolgenden Abbildung sei angemerkt, dass dieses alle Kennzahlen geordnet nach ihrer Wichtigkeit innerhalb der Kategorien umfasst. Jene Kennzahlen, die mit einem Punkt markiert sind, dienen der Messung von Kannibalisierungs- und Synergieeffekten zwischen dem Web-Shop und dem stationären Einzelhandel. Zur Präzisierung des Kennzahlenmodells und zur besseren Verdeutlichung der erforderlichen Anforderungen an ein Kennzahlenmodell zur Erfolgsmessung von E-Commerce wurde die Kategorie Effizienz der Vertriebsorganisation in die Bereiche Vertriebsaktivitäten, Informationssystem, Abwicklungs- und Logistiksystem sowie Erfolgsträger unterteilt.

Vertriebskostenstruktur	1.	Prozentueller Anteil der Abwicklungskosten zum E-Commerce-Umsatz
	2.	Prozentueller Anteil der redaktionellen Betriebskosten (Personalkosten) zum E-Commerce-Umsatz
	3.	Prozentueller Anteil der Marketingkosten zum E-Commerce-Umsatz

Abbildung 63: Kennzahlen zur Erfolgsmessung von E-Commerce bei einem Mehrkanaleinzelhändler in tabellarischer Form

(Fortsetzung auf S. 158)

Umsatz-, Auftrags- und Rabattstruktur	1.	Umsatzrentabilität
	2.	E-Commerce-Gesamtumsatz
	3.	Reaktivierungsquote
	•	Umsatzverteilung zwischen dem Web-Shop und dem stationären Einzelhandel
Markt- und Konkurrenzstruktur	1.	Marktanteil des Web-Shops
	2.	Anzahl der wiederkehrenden Besucher
	3.	Durchschnittliche Besuchshäufigkeit
	4.	Häufigstes Suchwort extern
Kundenstruktur	1.	Anzahl der Wiederholungskäufer
	2.	Deckungsbeitrag je Kunde
	3.	Anzahl der Erstkäufer
	4.	Durchschnittliche Anzahl der Bestellungen pro Wiederholungskäufer
	5.	Durchschnittlicher Bestellwert pro Wiederholungskäufer
	6.	Durchschnittlicher Bestellwert pro Erstkäufer
	•	Kundenüberschneidungen zwischen dem Web-Shop und dem stationären Einzelhandel
Vertriebsaktivitäten		Akquisitionskosten pro Erstkäufer
	2.	Akquisitionskosten pro Kunde (Besucher)
		Akquisitionskosten Gesamt
	4.	Akquisitionskosten pro Wiederholungskäufer
	•	Markenbekanntheit

Abbildung 63: (Fortsetzung)   *(Fortsetzung auf S. 159)*

5.7 Kennzahlenmodell zur Erfolgsmessung von E-Commerce

Informationssystem	1. Systemverfügbarkeit
	2. Durchschnittliche Antwortzeit
	3. Fehlerquote
	4. Störungsrate
	5. Durchschnittliche Downloadzeit
	6. Produktseitenerstellungsdauer
	7. Störungsintensität
Abwicklungs- und Logistiksystem	1. Verfügbarkeitsquote
	2. Lieferzeit
	3. Lieferqualität
	4. Lagerumschlagshäufigkeit
	5. Lieferbereitschaftsgrad
	6. Forderungsausfallquote
Erfolgsträger	Deckungsbeitrag pro Artikel
	Rücksendequote
	Basket-to-Buy-Rate
	• Gekaufte Artikel im Web-Shop zu gekauften Artikeln im stationären Einzelhandel
Lageanalyse	E-Commerce-Umsatzentwicklung
	Entwicklung der Bestellanzahl
	Entwicklung der Besucheranzahl
	Marktanteilsentwicklung des Web-Shops
	Kaufhäufigkeit
	Wiederholungskäuferkonvertierungsquote
	Beschwerdequote

Abbildung 63: (Fortsetzung)

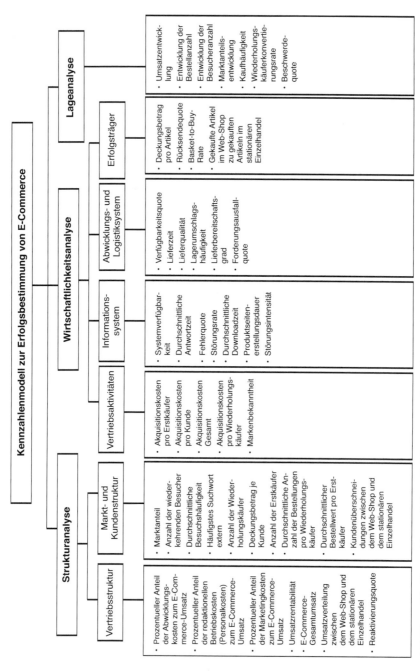

Abbildung 64: Kennzahlenmodell zur Erfolgsmessung des Online-Vertriebs bei einem Mehrkanaleinzelhändler

Die vorhergehende Abbildung veranschaulicht das Kennzahlenmodell zur Erfolgsmessung von E-Commerce bei einem Mehrkanaleinzelhändler zur besseren Übersicht in graphischer Form.

5.8 Vergleichsmöglichkeiten zum stationären Einzelhandel anhand des integrierten Handelcontrollingmodells von *Becker / Winkelmann*

Wie bereits im Abschnitt 1.1. erläutert, erscheint ein Vertriebskanalvergleich zwischen dem Web-Shop und dem stationären Einzelhandel auf Grund der verschiedenen Vertriebsprinzipien und der daraus resultierenden unterschiedlichen Wertigkeit der betrieblichen Einsatzfaktoren und Prozessabläufen schwierig.

Ein Vergleich beider Vertriebskanäle ist jedoch zur Kanaloptimierung und zur Entwicklung einer ganzheitlichen integrierten Vertriebskanalstrategie bei einem Mehrkanaleinzelhändler unerlässlich (vgl. *von Oelsitz* 2006). Aus diesem Grund erfolgt anhand der ermittelten Kennzahlen aus der Online-Delphi-Studie ein Kennzahlenvergleich zum stationären Einzelhandel bezugnehmend auf das integrierte Handelcontrollingmodell von *Becker / Winkelmann* (vgl. 2006). Das Ziel dieser Gegenüberstellung besteht in der Ableitung von Aussagen hinsichtlich der Vergleichbarkeit beider Vertriebskanäle.

An dieser Stelle muss vorab erwähnt werden, dass es sich hierbei um einen theoretischen Kennzahlenvergleich handelt. Dies bedeutet, dass zwar auf mögliche Mess- und Erhebungsprobleme hingewiesen, jedoch die praktische Umsetzbarkeit bzw. Anwendbarkeit außer Acht gelassen wird. Ferner ist zu bedenken, dass die jeweilgen Kennzahlen unterschiedlich berechnet werden können und daraus Wertverzerrungen resultieren, die die Aussagekraft einer Wertgegenüberstellung in Frage stellen.

Zur Erklärung und Interpretation der nachfolgenden Abbildung muss auf folgende Symbole hingewiesen werden. Bei jenen Kennzahlen, die mit einem ✪ markiert sind, können Erhebungs- und Messprobleme auftreten. Jene Kennzahlen, die mit einem ● gekennzeichnet sind, können gegebenfalls mit dem IT-System des stationären Einzelhandels verglichen werden.

Aus der Abbildung ist ersichtlich, dass eine große Anzahl an Kennzahlen, wie beispielsweise die Umsatzrentabilität, die Reaktivierungsquote, der Marktanteil, die Beschwerdequote, die Lagerumschlagshäufigkeit, der Deckungsbeitrag pro Artikel, die Lieferzeit, die Lieferqualität, die Marktanteilsentwicklung, die Umsatzentwicklung usw. miteinander verglichen werden können. Einige Kennzahlen, wie zum Beispiel, die Anzahl der wiederkehrenden Besucher, die Anzahl der Erstkäufer, die Anzahl der Wiederholungskäufer, die Kaufhäufigkeit ermöglichen einen Vergleich beider Vertriebskanäle. Es muss jedoch bedacht werden, dass aus den Mess- und Erhebungsschwierigkeiten im stationären Einzelhandel möglicherweise ungenaue Messwerte resultieren, die zu Interpretationsschwierigkeiten führen können. In diesem Zusammenhang werden die Vorteile des Web-Shops bzw. der damit verbundenden Informations- und Kommunikationstechnologien zur Messung des Kundenverhaltens und der Erhebung von Kundendaten gegenüber dem stationären Einzelhandel deutlich.

Kennzahl Web-Shop	Kennzahl stationärer Einzelhandel
Prozentueller Anteil der Abwicklungskosten zum E-Commerce-Umsatz	Prozentueller Anteil der Abwicklungskosten zum Umsatz des / der stationären Ladengeschäfte(s)
Prozentueller Anteil der redaktionellen Betriebskosten (Personalkosten) zum E-Commerce-Umsatz	Prozentueller Anteil der Personalkosten zum Umsatz des / der stationären Ladengeschäfte(s)
Prozentueller Anteil der Marketingkosten zum E-Commerce-Umsatz	Prozentueller Anteil der Marketingkosten zum Umsatz des / der stationären Ladengeschäfte(s)
Umsatzrentabilität	Umsatzrentabilität
Reaktivierungsquote	Reaktivierungsquote
Umsatzverteilung zwischen dem Web-Shop und dem stationären Einzelhandel	
Marktanteil	Marktanteil
Häufigstes Suchwort extern	-
Anzahl der wiederkehrenden Web-Shop-Besucher	Anzahl der wiederkehrenden Ladenbesucher ☼
Durchschnittliche Besuchshäufigkeit im Web-Shop	Durchschnittliche Besuchshäufigkeit der / des stationären Ladengeschäfte(s)
Deckungsbeitrag je Kunde	Deckungsbeitrag je Kunde
Anzahl der Erstkäufer	Anzahl der Erstkäufer ☼
Durchschnittlicher Bestellwert pro Erstkäufer	Durchschnittlicher Einkaufswert pro Erstkäufer ☼
Durchschnittliche Anzahl der Bestellungen pro Wiederholungskäufer	Durchschnittliche Kaufanzahl pro Wiederholungskäufer bzw. Wiederholungsrate ☼
Durchschnittlicher Bestellwert pro Wiederholungskäufer	Durchschnittlicher Einkaufswert pro Wiederholungskäufer ☼
Kundenüberschneidungen zwischen dem Web-Shop und dem stationären Einzelhandel	
Akquisitionskosten Gesamt	Akquisitionskosten Gesamt
Akquisitionskosten pro Kunde (Besucher)	Akquisitionskosten pro Ladenbesucher ☼
Akquisitionskosten pro Erstkäufer	Akquisitionskosten pro Erstkäufer ☼
Akquisitionskosten pro Wiederholungskäufer	Akquistionskosten pro Wiederholungskäufer ☼
Markenbekanntheit	
Systemverfügbarkeit	- ●
Durchschnittliche Antwortzeit	- ●
Durchschnittliche Downloadzeit	- ●
Fehlerquote	- ●

Abbildung 65: Kennzahlenvergleich zwischen dem Web-Shop und dem stationären Einzelhandel
Quelle: *Becker / Winkelmann* 2006

(Fortsetzung auf S. 163)

5.8 Vergleichsmöglichkeiten zum stationären Einzelhandel

Störungsrate	- ●
Produktseitenerstellungsdauer	-
Störungsintensität	- ●
Lieferzeit	Lieferzeit zum Ladengeschäft / zu den Ladengeschäften
Lagerumschlagshäufigkeit	Lagerumschlagshäufigkeit
Verfügbarkeitsquote	Verfügbarkeitsquote
Lieferbereitschaftsgrad	Lieferbereitschaftsgrad
Lieferqualität	Lieferqualität
Forderungsausfallquote	Forderungsausfallquote
Deckungsbeitrag pro Artikel	Deckungsbeitrag pro Artikel
Basket-to-Buy-Rate	-
Rücksendequote	Rückgabequote bzw. Retourenquote
Gekaufte Artikel im Web-Shop zu gekauften Artikeln im stationären Einzelhandel	
Marktanteilsentwicklung des Web-Shops	Marktanteilsentwicklung der / des stationären Ladengeschäfte(s)
E-Commerce-Umsatzentwicklung	Umsatzentwicklung der / des stationären Ladengeschäfte(s)
Entwicklung der Bestellanzahl	Entwicklung der Kaufanzahl
Wiederholungskäuferkonvertierungsrate	Konvertierungsrate ☼
Kaufhäufigkeit	Kaufhäufigkeit ☼
Beschwerdequote	Beschwerdequote

Abbildung 65: (Fortsetzung)

Die Kennzahlen Systemverfügbarkeit, Störungsrate, Störungsintensität, Fehlerquote, durchschnittliche Downloadzeit und durchschnittliche Antwortzeit erlauben prinzipiell keinen Vergleich zum stationären Einzelhandel. Im Bedarfsfall kann jedoch ein Vergleich mit dem Informationssystem des stationären Einzelhandels durchgeführt werden. Die Kennzahlen Produktseitenerstellungsdauer, Basket-to-Buy-Rate und das häufigste Suchwort extern bieten keine Vergleichsmöglichkeiten zwischen dem Web-Shop und dem stationären Ladengeschäft.

Zusammenfassend kann daher abgeleitet werden, dass trotz der unterschiedlichen Wertigkeit der Einsatzfaktoren und Prozessabläufe zwischen beiden Vertriebskanälen eine gute Vergleichbarkeit besteht, die eine Ableitung von zukünftigen Vertriebsstrategien bei einem Mehrkanaleinzelhändler erlaubt. Ferner bestätigt dieser theoretische Kennzahlenvergleich die Aussage von *Hansen / Neumann* (vgl. 2005, S. 630), dass sich durch E-Commerce zwar die Wertschöpfungskette verändert hat, jedoch die Grundsätze des wirtschaftlichen Handelns die gleichen geblieben sind.

6 Conclusio

> **1. Frage: Welche Kennzahlen muss ein Kennzahlensystem zur Erfolgsbewertung von E-Commerce bei einem Mehrkanaleinzelhändler umfassen?**

Das zentrale Forschungsziel dieser Arbeit bestand in der Entwicklung eines Kennzahlenmodells zur Bewertung des Erfolgs von E-Commerce bei einem Mehrkanaleinzelhändler. Als theoretisches Ausgangsmodell wurde das Vertriebscontrollingmodell von *Palloks* verwendet. Im Rahmen einer Online-Delphi-Studie wurden die vorab definierten Kennzahlen nach ihrer Wichtigkeit zur Erfolgsmessung von E-Commerce bei einem Mehrkanaleinzelhändler durch Experten validiert. Auf Basis der Ergebnisse der Delphi-Befragung hat die Autorin das Kennzahlensystem zur Erfolgsbewertung des Online-Vertriebs bei einem Mehrkanaleinzelhändler erstellt.

Bei dem vorliegenden Kennzahlenmodell[65] handelt es sich um ein sachlogisches Ordnungssystem, welches insgesamt 47 Kennzahlen beinhaltet. Dieses Kennzahlenmodell kann sowohl von klein- und mittelständischen Einzelhändlern als auch von Web-Shop-Leitern großer Mehrkanaleinzelhändler zur Erfolgsmessung von E-Commerce eingesetzt werden. Die Berücksichtigung von Kennzahlen zur Bewertung der zukünftigen Entwicklung des Web-Shops erlaubt darüber hinaus eine Anwendung bei strategischen Betriebsentscheidungen hinsichtlich der Weiterentwicklung des Web-Shops.

Die Gültigkeit des vorliegenden Kennzahlenmodells begrenzt sich im Sinne des Untersuchungsgegenstandes auf Einzelhändler, die ihren Kunden sowohl einen Web-Shop als auch stationäre Einzelhandelsgeschäfte anbieten und mit beweglichen Sachgütern handeln. Das vorliegende Kennzahlenmodell bedarf darüber hinaus noch einer Überprüfung hinsichtlich der Anwendbarkeit in der betrieblichen Praxis. Auch können branchen- (z. B. für den Möbeleinzelhandel) bzw. unternehmensspezifische Kennzahlen noch entsprechend ergänzt werden.

Die Betrachtung der Einzelkennzahlen des Modells lassen einige generelle Aussagen zur Erfolgsbewertung von E-Commerce bei Mehrkanaleinzelhändlern zu. Die Kennzahlen zur Messung der Leistungsfähigkeit des Informationssystems und zur Effizienz des Abwicklungs- und Logistiksystems sind zentrale Messindikatoren im Online-Vertrieb. Im Gegensatz dazu sind die Web-Metriken, wie beispielsweise, die Anzahl der Web-Seiten-Aufrufe, die Klickpfade, die durchschnittliche Verweildauer, die durchschnittliche Besuchstiefe, die Inhaltseffektivität, der Fokus, die wöchentliche Besucherfrequenz und die tägliche Besucherfrequenz laut der befragten Experten von untergeordneter Bedeutung zur Erfolgsmessung des Online-Vertriebs. Dies widerlegt die Aussage von *Weischedel et al.* (vgl. 2005), die den Web-Metriken eine

---

[65] Siehe Abschnitt 6.3.

strategische Bedeutung bei der Erfolgsmessung von E-Commerce beimessen. Die Autorin geht jedoch davon aus, dass durch die fortschreitende Entwicklung der Informations- und Kommunikationstechnologie sowie durch die Entwicklung einheitlicher Begriffsstandards die Bedeutung der Web-Kennzahlen zur Erfolgsmessung von E-Commerce zukünftig steigen wird.

Darüber hinaus lässt sich aus dem vorliegenden Kennzahlenmodell erkennen, dass vor allem kosten- und umsatzorientierte Kennzahlen, wie z. B. die Akquisitionskosten Gesamt, die Akquisitionskosten pro Besucher, der E-Commerce-Gesamtumsatz usw. eine große Rolle bei der Erfolgsmessung von E-Commerce spielen. Diese Beobachtung lässt den Schluss zu, dass sich durch E-Commerce die Grundsätze des wirtschaftlichen Handelns, wie von einigen Autoren propagiert (vgl. *Lee* 2001, S. 349), nicht verändert haben und bestätigt damit die These von *Hansen / Neumann* (vgl. 2005, S. 630).

> **2. Frage: Welche Kennzahlen können zur Messung von Synergie- und Kannibalisierungseffekten zwischen dem Web-Shop und dem stationären Einzelhandel bei einem Mehrkanaleinzelhändler eingesetzt werden?**

In der wissenschaftlichen Literatur werden zur Messung von Kannibalisierungseffekten zwischen dem Web-Shop und dem stationären Einzelhandel keine Kennzahlen vorgeschlagen. Es lassen sich lediglich vereinzelte Hinweise auf allgemeine Kennzahlen, wie zum Beispiel den Deckungsbeitrag je Kunde, den Umsatz oder die Kundenanzahl eruieren.

Im Rahmen der durchgeführten Online-Delphi-Studie konnten jedoch Kennzahlen zur Messung der Kannibalisierungseffekte zwischen dem Web-Shop und dem stationären Einzelhandel ermittelt werden. Die wichtigsten Kennzahlen sind die Anzahl der gekauften Artikel im Web-Shop zur Anzahl der gekauften Artikel im stationären Einzelhandel, die Kundenüberschneidungen zwischen dem Web-Shop und dem stationären Einzelhandel und die Umsatzverteilung zwischen dem Web-Shop und dem stationären Einzelhandel. Diese Kennzahlen wurden entsprechend im Kennzahlenmodell berücksichtigt und stellen daher einen wesentlichen Vorteil dieses Modells gegenüber bisherigen Modellen zur Erfolgsmessung des E-Commerce dar.

Aus Sicht der Autorin bedarf es in diesem Bereich noch weiterer Forschungsarbeit. Vor allem unter dem Gesichtspunkt, dass die Bedeutung des Online-Vertriebs zukünftig weiter steigen, und sich demzufolge die Kannibalisierungswahrscheinlichkeit zwischen den Vertriebskanälen erhöhen wird (vgl. *Dingeldein / Brenner* 2002, S. 86).

Zur Messung der Synergieeffekte zwischen dem Web-Shop und dem statitionären Einzelhandel lassen sich aus der wissenschaftlichen Literatur einige konkrete Kennzahlen, wie die Filialsucher-Einstiegs- und Ausstiegsquote, die Geschäftszahlerrate, die Zahlungsabwanderungsrate, die Geschäftsabholerrate, die Lieferungsabwanderungsrate und die Geschäftsrückgaberate eruieren. Diese Kennzahlen wurden im Rahmen der Online-Delphi-Studie durch die Experten als nicht wichtig bzw. weder noch bewertet und finden sich daher nicht im vorliegenden Kennzahlenmodell wider. Gründe für diese Bewertung durch die Experten konnten im Zuge der Delphi-Befragung auf Grund von zeitlichen Restriktionen nicht erhoben werden. Die Experten haben jedoch zur Messung der Synergieeffekte andere Kennzahlen vorgeschlagen. Die wichtigsten Kennzahlen zur Messung der Synergieeffekte zwischen dem Web-Shop und dem stationären Einzelhandle sind die Kundenüberschneidungen zwischen dem Web-Shop und dem stationären Einzelhandel, die Markenbekanntheit sowie die Umsatzverteilung zwischen dem Web-Shop und dem stationären Einzelhandel. Diese Kennzahlen wurden entsprechend im Kennzahlenmodell berücksichtigt.

Weiters ist anhand der vorgeschlagenen Kennzahlen feststellbar, dass die Experten die Synergie- und Kannibalisierungseffekte zwischen beiden Vertriebskanälen mit fast den gleichen Kennzahlen messen würden. Die Gründe hierfür können einerseits die noch teilweise geringen Online-Umsätze vieler Mehrkanaleinzelhändler, die eine Bewertung dieser Effekte als unwichtig erscheinen lassen und andererseits fehlende Mess- und Erhebungsinstrumente, vor allem im Bereich des Kanalverhaltens der Kunden darstellen. Darüber hinaus ist zu bedenken, dass sich viele Einzelhandelsunternehmen derzeit noch in der Entwicklungs- und Implementierungsphase des Online-Vertriebs befinden und daher wesentlich mit operativen Tätigkeiten, wie z. B. der Kostenerfassung, beschäftigt sind.

Aus Sicht der Autorin bedarf es im Bereich der Messung von Synergieeffekten zwischen dem Web-Shop und dem stationären Einzelhandel ebenfalls weiterer Forschung. Die Entwicklung von Kennzahlen und Kennzahlensystemen zur Messung von Synergieeffekten zwischen dem Web-Shop und dem stationären Einzelhandel wird für die Ableitung von strategischen Entscheidungen, vor allem im Hinblick auf die Kanalbewertung und die daraus resultierende Ressourcenverteilung, zukünftig von Bedeutung sein.

Abschließend ist anzuführen, dass die Entwicklung eines kanalübergreifenden Mehrkanalcontrollingsystems zur effizienten Steuerung des Unternehmens von Wichtigkeit ist. Dieses Mehrkanalcontrollingsystem muss neben kanalspezifischen auch kanalübergreifende Kennzahlen beinhalten, die Ursache- und Wirkungsketten von Synergie- und Kannibalisierungseffekten zwischen den verschiedenen Vertriebskanälen verdeutlichen.

3. Frage: Welche Kennzahlen zur Bewertung des Erfolgs von E-Commerce erlauben einen internen Vergleich mit dem stationären Einzelhandel bei einem Mehrkanaleinzelhändler?

Zu Beginn der Arbeit ist die Autorin davon ausgegangen, dass durch die verschiedenen Vertriebsprinzipien des Web-Shops und des stationären Einzelhandels und der daraus resultierenden unterschiedlichen Wertigkeit der Einsatzfaktoren und der unterschiedlichen Prozessabläufen nur eine sehr eingeschränkte Vergleichbarkeit gegegeben und somit ein Kennzahlenvergleich schwer möglich ist. Anhand eines theoretischen Kennzahlenvergleichs mit dem Handelscontrollingmodell von *Becker /*

Winkelmann (vgl. 2006) lässt sich eine gute Vergleichbarkeit zwischen beiden Vertriebskanälen erkennen. Viele Kennzahlen zur Erfolgsmessung von E-Commerce, wie zum Beispiel die Umsatzrentabilität, der Deckungsbeitrag je Kunde usw., erlauben einen Vergleich zum stationären Einzelhandel. Diese Vergleichbarkeit ermöglicht einerseits eine Ableitung von zukünftigen Vertriebsstrategien im Unternehmen und verdeutlicht andererseits, dass sich die virtuelle und die reale Welt in ihren wirtschaftlichen Prinzipien nicht voneinander unterscheiden.

Literatur- und Quellenverzeichnis

ACTA (Hrsg., 2005): Allensbacher Computer- und Technik-Analyse, Institut für Demoskopie Allensbach
Adolphs, Kai (2004): Markterfolg durch integratives Multichannel-Marketing – Konzeptionelle Grundlagen und empirische Ergebnisse. In: Marketing ZFP, S. 269–281
Agarwal, Ritu / Venkatesh, Viswanath (2002): Assessing a Firms's Web Presence: A heuristic evaluation procedure for the measurement of usability. In: Information Systems Research, S. 168–225
Agrawal, Vikas / Arjona, Luis D. / Lemmens, Ron (2001): E-performance – The path to rational exuberance. In: The McKinsey Quarterly, S. 31–43
Ahlert, Dieter / Evanschitzky, Heiner (2004): Erfolgsfaktoren des Multi-Channel-Managements. Arbeitsbericht Nr. 5, Arbeitsberichte des Kompetenzzentrums Internetökonomie und Hybridität, Münster
Ahlert, Dieter / Evanschitzky, Heiner (2006): Multi-Channel-Management im Spannungsfeld von Kundenzufriedenheit und Organisation. In: Thexis, S. 21–25
Ahlert, Dieter / Evanschitzky, Heiner / Hesse, Josef (2002): Die Erfüllung von Kundenbedürfnissen als Determinante der Kundenzufriedenheit im Electronic Shopping. In: Ahlert, Dieter / Olbrich, Rainer / Schröder, Hendrik (Hrsg.): Jahrbuch Handelsmanagement 2002: Electronic Retailing. Frankfurt/Main, S. 163–190
Ahlert, Dieter / Hesse, Josef (2003): Das Multikanalphänomen – viele Wege führen zum Kunden. In: Ahlert, Dieter / Hesse, Josef / Jullens, John / Smend, Percy (Hrsg.): Multikanalstrategien – Konzepte, Methoden, Erfahrungen, Wiesbaden, S. 5–32
Albers, Sönke / Clement, Michel / Kay, Peters / Skiera, Bernd (2000): e-commerce. 2. überarbeitete und erw. Auflage, Frankfurt/ Main
Albers, Sönke / Peters, Kay (2000): Wertschöpfungsstrukturen und Electronic Commerce – die Wertschöpfungskette des Handels im Zeichen des Internet. In: Wamser, Christoph (Hrsg.): Electronic Commerce, München, S. 185–196
Alpar, Paul / Porembski, Marcus / Pickerodt, Sebastian (2001): Measuring the efficiency of web site traffic generation. In: International Journal of Electronic Commerce, S. 53–74
Ammon, Ursula (2005): Delphi-Befragung. In: Kühl, Stefan / Strodtholz, Petra / Taffertshofer, Andreas (Hrsg.): Quantitative Methoden der Organisationsforschung – Ein Handbuch, Wiesbaden, S. 115–138
Anderson, Rolph / Srinivasan, Srini (2003): E-satisfaction and e-loyalty: A contingency framework. In: Psychology & Marketing, S. 123–138
Atteslander, Peter: (1995): Methoden der empirischen Sozialforschung. 7., bearb. Aufl., Berlin
Auger, Pat / Gallaugher, John (1997): Factors Affecting the Adoption of an Internet-Based Sales Presence for Small Business. In: The information Society, S. 55–74
Ausschuss für Begriffsdefinitionen aus der Handels- und Absatzwirtschaft (1995, Hrsg.): Katalog E: Begriffsdefinitionen aus der Handels- und Absatzwirtschaft, 4. Auflage, Köln
Baal van, Sebastian (2004): Der Wert des Internet im Rahmen des Multi-Channel-Vertriebs. In: Handel im Fokus – Mitteilungen des IfH III/04. S. 182–192
Baal van, Sebastian / Hudetz, Kai (2004): Multi-Channel-Effekte im Handel. Ausgewählte Studien des ECC Handel, Köln

Baal van, Sebastian / Krüger, Malte / Hinrichs, Jens-Werner (2005): Zum Einsatz von Zahlungsverfahren im Internet: Empirische Erkenntnisse und ein theoretischer Erklärungsansatz. In: Handel im Fokus – Mitteilungen des IfH IV/05, S. 254–270

Baal van, Sebastian / Hudetz, Kai (2006): Wechselwirkungen im Multi-Channel-Vertrieb: Empirische Ergebnisse und Erkenntnisse zum Konsumentenverhalten in Mehrkanalsystemen des Handel. Ausgewählte Studien des ECC Handel, Köln

Bachem, Christian (2001): Online-Werbung für E-Commerce. In: Hermanns, Arnold / Sauter, Michael (Hrsg.): Management-Handbuch Electronic Commerce: Grundlagen, Strategien, Praxisbeispiele, München, S. 228–236

Bachem, Christian (2004): „Miteinander" statt „Nebeneinander". In: Merx, Oliver / Bachem, Christian (Hrsg.): Multichannel-Marketing Handbuch, Berlin, S. 29–63

Bagozzi, Richard P. / Fornell, Claes (1982): Theoretical concepts, measurements, and meaning in a second generation of multivariate analysis: measurement and evaluation, ed. Claes Fornell, New York, Praeger, S. 24–38

Bamberger, Ingolf / Wrona, Thomas (2004): Strategische Unternehmensführung: Strategien, Systeme, Prozesse, München

Bansal, Harvir / McDougall, Gordon / Dikolli, Shane / Sedatole, Karen (2004): Relating e-satisfaction to behavioral outcome: an empirical study: In: Journal of Services Marketing, S. 290–302

Barnes, David / Hinton, Matthew / Mieczkowska, Suzsanne (2004): e-commerce in old economy: three case study examples. In: Journal of Manufacturing Technology Management, S. 607–618

Barth, Klaus / Hartmann, Michaela / Schröder, Hendrik (2002): Betriebswirtschaftslehre des Handels, 5. überarb. und erw. Auflage, Wiesbaden

Barua, Anitesh / Konana, Prabhudev / Whinston, Andrew / Yin, Fang (2001): Driving E-Business Excellence. In: MIT Sloan Management Review, S. 36–44

Becker, Dirk (1974): Analyse der Delphi-Methode und Ansätze zu ihrer optimalen Gestaltung, Frankfurt/Main

Becker, Jörg / Schütte, Reinhard (2004): Handelsinformationssysteme: Domänenorientierte Einführung in die Wirtschaftsinformatik, Frankfurt/Main

Becker, Jörg / Winkelmann, Axel (2006): Handelscontrolling: Optimale Informationsversorgung mit Kennzahlen, Berlin

Bensberg, Frank / Weiß, Thorsten (1999): Web Log Mining als Marktforschungsinstrument für das World Wide Web. In: Wirtschaftsinformatik, S. 426–432

Berger, Roland und Partner (1999): Erfolgsfaktoren im Electronic Commerce. Roland Berger und Partner Studie, Frankfurt am Main

Bernhardt, Roland (2004): Multichannel-Management – Vielfalt in der Distribution. In: Merx, Oliver / Bachem, Christian (Hrsg.): Multichannel-Marketing Handbuch, Berlin, S. 205–214

Bhat, Subodh / Bevans, Michael / Sengupta, Sanjit (2002): Measuring user's web activity to evaluate and enhance advertising effectiveness. In: Journal of Advertising, S. 97–106

Biberacher, Johannes (2003): Synergiemanagement und Synergiecontrolling, München

Böing, Christian (2001): Erfolgsfaktoren im Business-to-Consumer-E-Commerce. Schriftenreihe Unternehmensführung und Marketing, Band 38, Wiesbaden

Böing, Christian / Huber, Andreas (2003): Markenmanagement im Multikanalvertrieb – identitätsorientierte Markenführung über alle Absatzkanäle. In: Ahlert, Dieter / Hesse, Josef / Jullens, John / Smend, Percy (Hrsg.): Multikanalstrategien – Konzepte, Methoden, Erfahrungen, Wiesbaden, S. 67–89

Böing, Christian / Jullens, John / Schrader, Marc Falko (2003): Customer Relationship Management im Multikanalvertrieb. In: Ahlert, Dieter / Hesse, Josef / Jullens, John / Smend, Percy (Hrsg.): Multikanalstrategien – Konzepte, Methoden, Erfahrungen, Wiesbaden, S. 33–65

Borchert, Sven (1999): Der Einfluss von E-Commerce auf das operative Management. In: Gora, Walter / Mann, Erika (Hrsg.): Handbuch Electronic Commerce – Kompendium zum elektronischen Handeln, Berlin / Heidelberg, S. 212–220

Bortz, Jürgen / Döring, Nicola (2002): Forschungsmethoden und Evaluation für Human- und Sozialwissenschaftler, 3. überarb. Aufl., Berlin

Boston Consulting Group (2001): The Multichannel Consumer, Boston

Bourne, Mike / Neely, Andy (2003): Why some performance measurement initiatives fail: lessons from the change management literature. In: International Journal of Business Performance Management, S. 245–269

Bourne, Mike / Neely, Andy / Mills, John / Platts, Ken (2003): Implementing performance measurement systems: a literature review. In: International Journal of Business Performance Management, S. 1–24

Boyd, Andrew (2002): The goals, questions, indicators, measures (GOIM) approach to the measurement of customer satisfaction with e-commerce web sites. In: Aslib Proceedings, S. 177–187

Bradley, Nigel (1999): Sampling for internet survey. An examination of respondent selection for internet research. In: Market Research Society, Heft 4, S. 387–395

Brannath, Werner / Futschik, Andreas (1999): Statistik im Studium der Wirtschaftswissenschaften, 2. Auflage, Wien

Brettel, Malte / Heinemann, Florian (2001): Controlling von eBusiness – die praktische Herausforderung am Beispiel der JustBooks.de GmbH. In: krp-Sonderheft 2/2001, S. 21–31

Brockhoff, Klaus (1979): Delphi-Prognosen im Computer-Dialog: experimentelle Erprobung und Auswertung kurzfristiger Prognosen, Tübingen

Brynjolfsson, Erik / Smith, Michael (2000): Frictionless commerce? A comparison of internet and conventional retailers. In: Management Science, S. 563–585

Bürlimann, Martin (2001): Web Promotion – Professionelle Werbung im Internet, 2. Auflage, St. Gallen / Zürich

Buxel, Holger / Wiedmann, Klaus-Peter (2003): Methodik des Customer Profiling im E-Commerce. In: Marketing ZFB, S. 7–24

Cairncross, Francis (1997): The death of distance: how the communications revolution will change our lives, Harvard Business School Press, Boston, Massachusetts

Calkins, John / Farello, Michael / Shi Smith, Christiana (2000): From retailing to e-tailing. In: Electronic Commerce, S. 140–147

Call, Guido (2002): Versandhandel und E-Commerce: Kannibalisierung oder Ergänzung? In: Das Wirtschaftstudium, S. 1535–1540

Cao, Young / Gruca, Thomas / Klemz, Bruce (2003): Internet pricing, price satisfaction, and customer satisfaction. In: International Journal of Electronic Commerce, S. 31–50

Chan, Peng / Pollard, Dennis (2003): Succeeding in the dotcom economy: Challenges for brick & mortar companies. In: International Journal of Management, S. 11–16

Chang, Cha-Jan Jerry / Torkzadeh, Gholamreza / Dhillon, Gurpreet (2003): Re-examinig the measurement models of success for Internet commerce. In: Information & Management, S. 577–584

Chen, Leida / Haney, Steve / Pandzik, Alexander / Spigarelli, John / Jessemann, Chris (2003): Small business internet commerce: A case study. In: Information Resources Management Journal, S. 17–41

Chen, Sandy / Dhillon, Gurpreet (2003): Interpreting dimensions of consumer trust in e-commerce. In: Information Technology and Management, S. 303–318

Clement, Michel / Barrot, Christian (2003): Channel-Konflikte beim Vertrieb über das Internet. In: Albers, Sönke / Hassmann, Volker / Somm, Felix / Tomczak, Torsten (Hrsg.): Kundenmanagement, Vertriebssteuerung, E-Commerce, http://www.verkaufaktuell.defb0513.htm

Coelho, Filipe / Easingwood, Chris (2003): Multiple channel structures in financial services: A framework. In: Journal of Financial Services Marketing, S. 22–35

Cotter, Scott (2002): Taking the measure of e-marketing success. In: The Journal of Business Strategy, S. 30–37

Czekala, Thomas (2002): New Controlling in der New Economy? In: Controlling, S. 347–354

Dach, Christian (2002): Internet Shopping versus stationärer Handel – zum Einkaufsstättenwahlverhalten von Online-Shoppern, Stuttgart

Dandl, Engelbert (2005): Analyse der Integrationsmöglichkeiten des E-Commerce in die Logistik von Handelsunternehmen. In: Scheja, Joachim (Hrsg.): Logistische Entscheidungsprobleme in der Praxis, Festschrift für Günther Diruf zum 65. Geburtstag, Wiesbaden

Dannenberg, Marius / Ulrich, Anja (2004): E-Payment und E-Billing: elektronische Bezahlsysteme für Mobilfunk und Internet, Wiesbaden

Dehning, Bruce / Richardson, Vernon / Urbaczewski, Andrew / Wells, John (2004): Reexamining the value relevance of e-commerce initatives. In: Journal of Management Information Systems, S. 55–82

Deleersnyder, Barbara / Geykens, Inge / Gielens, Katrijn / Dekimpe, Marnik (2002): How cannibalistic is the internet channel? A study of the newspaper industry in the United Kingdom and The Netherlands. In: International Journal of Research in Marketing, S. 337–348

Delone, William / McLean, Ephraim (2004): Measuring e-commerce success: applying the Delone & McLean information systems success model. In: International Journal of Electronic Commerce, S. 31–47

Devaraj, Sarv / Fan, Ming / Kohli, Rajiv (2002): Antecedents of B2C channel satisfaction and preference: Validating e-Commerce Metrics. In: Information Systems Research, S. 316–333

Dichtl, Erwin / Müller, Stefan (1992): Die Herausforderungen für die Markenartikelindustrie – Ergebnisse einer Delphi-Befragung. In: Lebensmittelzeitung, S. 85–86 (Teil 1); S. 65–67 (Teil 2); S. 74–75 (Teil 3)

Diekmann, Andreas (2003): Empirische Sozialforschung – Grundlagen, Methoden, Anwendungen, Hamburg

Dingeldein, Ralf / Brenner, Walter (2002): Totgesagte leben länger: Steuerung von Kanalkonflikten im Electronic Retailing. In: Ahlert, Dieter / Olbrich, Reiner / Schröder, Hendrik (Hrsg.): Jahrbuch Handelmanagement 2002: Electronic Retailing, Frankfurt/Main, S. 68–88

Donthu, Naveen (2001): Does your web site measure up?. In: Marketing management, S. 29–32

Dotan, Tamir (2002): How can eBusiness improve customer satisfaction? Case studies in the financial service industry. In: Journal of Information Technology Cases and Applications, S. 22–48

Dreze, Xavier / Zufryden, Fred (1998): Is Internet Advertising ready for prime time? In: Journal of Advertising, S. 7–18

Embellix (2000): e-Marketing Planning: Accountability and eMetrics. White Paper, http://templatezone.com/pdfs/ems_whitepaper.pdf

Engberding, Klaus / Wastl, Simone (2003): Brick + Brick = Click? – Allianzen der Old Economy zur Erschließung des eBusiness. In: Ahlert, Dieter / Hesse, Josef / Jullens, John / Smend, Percy (Hrsg.): Multikanalstrategien – Konzepte, Methoden, Erfahrungen, Wiesbaden, S. 133–153

Erben, Roland / Wallasch, Christian (2001): Neue IT und e-Business – Implikationen für das Controlling. In: Journal für Betriebswirtschaft 2001, S. 258–264

Erne, Paul (1971): Der Betriebsvergleich als Führungsinstrument: Bildung eines interdependenten Kennzahlensystems, Bern

Evans, Joel / Mathur, Anil (2005): The value of online surveys. In: Internet Research, S. 195–219

Evanschitzky, Heiner / Gawlik, Helmut (2003): Banking im Aufbruch: Kundenbindung durch Multikanal-Management. In: Ahlert, Dieter / Hesse, Josef / Jullens, John / Smend, Percy (Hrsg.): Multikanalstrategien – Konzepte, Methoden, Erfahrungen, Wiesbaden, S. 197–222

Feldbauer-Durstmüller, Birgit (2001): Handels-Controlling – Eine Controlling-Konzeption für den Einzelhandel, Linz

Feng, Yuah-Shuah / Lim, Hyung / Tseng, Douglas (2004): The effects of web operational factors on marketing performance. In: The Journal of American of Business, S. 486–494

Foresee Results (Hrsg., 2005): Customer satisfaction, loyalty, and buying behaviour in the evolving multi-channel retail world, Ann Arbor

Forrester Research (2002): Retailers: Treasure Multichannel Consumer. Cambridge

Francis, Julie / White, Lesley (2002): PIRQUAL: A scale for measuring customer expectations and perceptions of quality in internet retailing. In: American Marketing Association, S. 263–269

Friedag, Herwig / Schmidt, Walter (2001): e-Controlling: der Controlling-Berater zum e-Business in zukunftsorientierten Unternehmen, Freiburg in Breisgau

Fritz, Wolfgang (2002): Der Konsumgüterhandel im Zeichen des Electronic Commerce. In: Ahlert, Dieter / Olbrich, Rainer / Schröder, Hendrik (Hrsg.): Jahrbuch Handelsmanagement 2002: Electronic Retailing, Frankfurt/Main, S. 17–37

Fröhling, Oliver / Oehler, Karsten (2002): E-Business braucht E-Controlling. In: Controlling, S. 179–188

Gälweiler, Aloys (2005): Strategische Unternehmensführung, bearb. und erg. von Markus Schwaninger, 3. Aufl., Frankfurt/Main

Gebrich, Claus (2001): Wie das Internet klassische Vertriebsstrukturen verändert. In: Berndt, Ralph (Hrsg.): E-Business-Management, Berlin etc., S. 210–224

Gensler, Sonja / Böhm, Martin (2006): Kanalverhalten von Kunden in einem Multikanalumfeld. In: Thexis, S. 31–36

Giaglis, George / Paul, Ray / Doukidis, Georgios (1999): Dynamic modeling to assess the business value of electronic commerce. In: International Journal of Electronic Commerce, S. 35–51

Glohr, Carsten (2003): IT-Kennzahlen. In: ZWF, S. 613–618

Gomory, Stephen / Hoch, Robert / Lee, Juhnyoung / Podlaseck, Mark / Schonberg, Edith (2000): E-Commerce intelligence: Measuring, analyzing, and reporting on merchandising effectiveness of online stores. In: Schmid, Bat / Gricar, Joze / Klein, Stefan / Buchet, Brigitte: EM – Selected Papers form '99 Bled. EM – Electronic Markets 01/200, http://www.electronicmarkets.org/modules/pub/view.php./electronicmarkets-97, (07/30/2006)

Göpfert, Ingrid / Herrmann, Jörn (2006): Electronic Shopping – Wachstumshorizonte für den Distanzhandel. In: Göpfert, Ingrid (Hrsg.): Logistik der Zukunft – Logistic for the Future, Wiesbaden, S. 263–291

Gosh, Shikar (1998): Making Business Sense of the Internet. In: Harvard Business Review, S. 126–135

Granello, Darcy Haag / Wheaton, Joe E. (2004): Online data collection: Strategies for research. In: Journal of Counseling & Development, S. 387–393

Graßhoff, Jürgen / Krey, Antje / Marzinzik, Christian / Niederhausen, Peter (2003): Stand und Perspektiven des Handelscontrolling, In: Krey, Antje (Hrsg.): Handelscontrolling – Neue Ansätze aus Theorie und Praxis zur Steuerung von Handelsunternehmen, 2. überarbeitete Auflage, Hamburg, S. 1–53

Griebel, Beate (2003): Controllingschwerpunkte im BtoC aus dem Vergleich der Geschäftsprozesse von stationären Einzelhandel und Online Handel. In: Krey, Antje (Hrsg.): Handelscontrolling: neue Ansätze aus Theorie und Praxis zur Steuerung von Handelsunternehmen, Hamburg, S. 407–443

Grimm, Sebastian / Röhricht, Jürgen (2003): Die Multichannel Company-Strategien und Instrumente für die integrierte Kundenkommunikation, Bonn

Groll, Karl-Heinz (2004): Das Kennzahlensystem zur Bilanzanalyse: Ergebniskennzahlen, Aktienkennzahlen, Risikokennzahlen, 2. erweiterte und aktualisierte Auflage, München / Wien

Gruninger-Hermann, Christian (1997): Zur Bedeutung von Multimedia für den Handel. In: Müller-Hagedorn (Hrsg.): Trends im Handel – Analysen und Fakten zur aktuellen Situation im Handel, Frankfurt/Main, S. 127–166

Gudehus, Timm (2005): Logistik – Grundlagen, Verfahren, Strategien, 2. Auflage, Berlin

Gunter, Barrie / Huntington, Paul / Williams, Peter (2002): Online versus offline research: Implications for evaluating digital media. In: Aslib Proceedings, S. 229–239

Häder, Michael (2002): Delphi-Befragungen: ein Arbeitsbuch, Wiesbaden

Häder, Michael / Häder, Sabine (2000): Die Delphi-Technik in den Sozialwissenschaften: methodische Forschungen und innovative Anwendungen, Wiesbaden

Hans, Lothar / Warschburger, Volker (1999): E-commerce: Chancen und Herausforderungen für das Controlling. In: Scheer, Wilhelm (Hrsg.) Electronic Business und Knowledge Management – Neue Dimensionen für den Unternehmenserfolg, Heidelberg, S. 291–313

Hansen, Hans Robert (1997): Ausschaltung des institutionellen Handels durch Informations- und Kommunikationssysteme. In: Ahlert, Dieter / Beckert, Jörg / Olbrich, Rainer / Schuette, Reinhard (Hrsg.): Informationsysteme für das Handelsmanagement – Konzepte und Nutzung in der Unternehmerpraxis, Stuttgart, S. 123–166

Hansen, Hans Robert (Hrsg.) (1996): Klare Sicht am Info-Highway: Geschäfte via Internet, Wien

Hansen, Hans Robert / Madlberger, Maria / Treiblmaier, Horst / Knotzer, Nicolas / Arami, Mitra (2004): Aktuelle Forschungsfragen im E-Commerce. In: Trommsdorff, Volker (Hrsg.): Handelsforschung 2004 – Neue Erkenntnisse für Praxis und Wissenschaft des Handels, Jahrbuch der FfH – Institut für Markt- und Wirtschaftsforschung GmbH, Köln, S. 541–566

Hansen, Hans Robert / Neumann, Gustaf (2005): Wirtschaftsinformatik: Grundlagen und Anwendungen, 1. Hauptband., 9. Aufl., Stuttgart

Hansen, Hans-Robert / Neumann, Gustav (2002): Wirtschaftsinformatik I – Grundlagen betrieblicher Informationsverarbeitung, 8. völlig neubearbeitete und erweiterte Auflage, Stuttgart

Heine, Michael (2001): E-Commerce-Konzepte und Web-Controlling durch Kundenorientierung zum erfolgreichen E-Commerce-Controlling. In: Hermanns, Arnold / Sauter, Michael (Hrsg.): Management-Handbuch Electronic Commerce: Grundlagen, Strategien, Praxisbeispiele, 2. Auflage, München, S. 160–171

Heng, Stefan (2006): Elektronische Zahlungssysteme. In: WiST, S. 160–163

Hess, Thomas (2001): Controlling eines virtuellen Unternehmens – ein Zwischenbericht. In: Kostenrechnungspraxis Sonderheft 2001, S. 92–100

Heuer, Kai / Wilken, Markus (2000): Ansätze zur Datengewinnung für das Controlling im Online-Marketing. In: Zerres, Michael (Hrsg.): Handbuch Marketing-Controlling, Berlin, S. 309–319

Hoffmann, Anke / Zilch, Andreas (2000): Unternehmensstrategie nach dem E-Business-Hype – Geschäftsziele, Wertschöpfung, Return on Investment, Bonn

Horvath, Peter (1998): Controlling, 7. vollständig überarbeitete Auflage, München

Hruschka, Erich (1966): Aufdeckung und Beseitigung betrieblicher Verlustquellen – Grundlagen zur betriebswirtschaftlichen Beratung von Klein- und Mittelbetrieben, Stuttgart

Hudetz, Kai / Duscha, Andreas (2006): Internet im Handel 2006 – Status quo und Entwicklungen. Band 17; Ausgewählte Studien des ECC Handel, E-Commerce-Center Handel (Hrsg.), Köln

Hukemann, Anita (2004): Controlling im Onlinehandel – Ein kennzahlenorientierter Ansatz für Onlineshops, Berlin

Hukemann, Anita / Weich, Martin (2003): Business Intelligence-Anwendungen für Multikanal-Strategien. In: Ahlert, Dieter / Hesse, Josef / Jullens, John / Smend, Percy (Hrsg.): Multikanalstrategien – Konzepte, Methoden, Erfahrungen, Wiesbaden, S. 226–245

Ilieva, Janet / Baron, Steve / Healey, Nigel (2002): Online surveys in marketing research: pros and cons. In: The Market Research Society, S. 361–382

Kauffman, Robert / Walden, Eric (2001): Economics and electronic commerce: Survey and directions for research. In: International Journal of E-Commerce, S. 5–116

Kaynak, Erdener / Bloom, Jonathan / Leibold, Marius (1994): Using the delphi technique to predict future tourism potential. In: Marketing Intelligence and Planning, S. 18–29

Kerin, Roger / Harvey, Michael / Rother, James (1978): Cannibalism and new product development. In: Business Horizon, S. 25–31

Kerkhofs, Jan / Vanhoof, Keon / Pannemans, Dany (2001): Web usage mining on proxy servers: A case study, http://www.uhasselt.be/iteo/articles/kerkhofs_vanhoof_pannemans.pdf

Ketterer, Karl-Heinz / Stroborn, Karsten (2002): Handbuch e-payment: Zahlungsverkehr im Internet; Systeme, Trends, Perspektiven, Köln

Khan, Riaz / Motiwalla, Luvai (2002): The influence of e-commerce initiatives on corporate performance: An empirical investigation in the United State. In: International Journal of Management, S. 503–510

Kim, Jinwoo / Lee, Jungwon / Han, Kwanghee / Lee, Moonkyu (2002): Business as buildings: Metrics for the architectural quality of internet businesses. In: Information Systems Research, S. 239–254

Knust, Patrick / Frank Schnidera (2001): E-Controlling: Profitable Unternehmenssteuerung im E-Business!? In: Freidank, Carl-Christian / Mayer, Elmar (Hrsg.): Controlling-Konzepte – Neue Strategien und Werkzeuge für die Unternehmenspraxis, 6. Auflage, Wiesbaden, S. 191–217

Köhler, Thomas (1997): Aufbau eines digitalen Vertriebs. In: Thome, Rainer / Schinzer, Heiko (1997, Hrsg.): Electronic Commerce – Anwendungsbereiche und Potenziale der digitalen Geschäftsabwicklung, München, S. 41–50

Kracklauer, Alexander / Mills, Quinn / Passenheim, Olaf / Seifert, Dirk (2001): Online-Marketing-Controlling – Neue Wege in der Erfolgsmessung von Marketingmaßnahmen. In: der markt, S. 151–158

Kracklauer, Alexander / Wegemann, Bernhard / Voigt, Manuela (2004): Multichannel-Management in der Konsumgüterindustrie. In: Merx, Oliver / Bachem, Christian (Hrsg.): Multichannel-Marketing Handbuch, Berlin, S. 125–144

Krause, Jan Vinzenz (2006): Schlüsselfaktoren für Erfolg im E-Commerce, Saarbrücken

Krause, Jörg / Somm, Felix (1998): Online-Marketing. Die perfekte Strategie für Ihren Internet-Auftritt, München

Krey, Antje (2002): Controlling filialisierter Handelsunternehmen: Konzeption für ein empfängerorientiertes Controlling unter Berücksichtigung einer themenorientierten Warenpräsentation, Schriftenreihe Rostocker Beiträge zu Controlling und Rechnungswesen, Hamburg

Krumpholz, Michael / Schüppler, Norbert (2004): „Miteinander" statt „Nebeneinander". In: Merx, Oliver / Bachem, Christian (Hrsg.): Multichannel-Marketing Handbuch, Berlin, S. 147–162

Küpper, Hans-Ulrich (2005): Controlling – Konzeption, Aufgaben und Instrumente, 4. überarbeitete und erweiterte Auflage, Stuttgart

Lachnit, Laurenz (1976): Zur Weiterentwicklung betriebswirtschaftlicher Kennzahlensysteme. In: zfbf, S. 216–230

Lamnek, Siegfried (1995): Qualitative Sozialforschung. Band 2, Methoden und Techniken, Weinheim

Lamnek, Siegfried (2005): Qualitative Sozialforschung. 4. vollst. überarb. Aufl., Weinheim
Larsen, Kai / Bloniarz, Peter (2000): A cost and performance model for Web service investment. In: Communications of the ACM, S. 109–116
Laue, Leonhard (2004): Multichannel-Management – Vielfalt in der Distribution. In: Merx, Oliver / Bachem, Christian (Hrsg.): Multichannel-Marketing Handbuch, Berlin, S. 1–2
Lee, Chung-Shing (2001): An analytical framework for evaluating e-commerce business models and strategies. In: Internet Research, S. 349–359
Lee, Juhnyoung / Podlaseck, Mark (2000): Using a startfield visualization for analyzing product performance of online stores. In: Proceedings of the 2nd ACM conference on Electronic commerce, S. 168–175, http://delivery.acm.org/10.1145/360000/352890/p168-lee.pdf?key1=352890&key2=49968 24511&coll=portal&dl=ACM&CFID=15151515&CFTOKEN =6184618
Lee, Matthew / Turban, Efraim (2001): A trust model for consumer internet shopping. In: International Journal of Electronic Commerce, S. 75–91
Lee, Younghwa / Lee, Zoonky / Larsen, Kai (2003): Coping with internet channel conflict. In: Communications of the ACM, S. 137–142
Li, Zhan / Gery, Nurit (2000): For all products? In: Business Horizons, S. 49–54
Liebmann, Hans-Peter / Zentes, Joachim (2001): Handelsmanagement, München
Liebmann, Hans-Peter / Angerer, Thomas / Forscht, Thomas (2001): Neue Wege des Handels: Durch strategische Erneuerung zu mehr Wachstum und Ertrag. Frankfurt/Main
Lindemann, Charles: (1975): „Delphi survey of priorities in clinical nursing research". In: Nursing Research, S. 434–441
Link, Jörg / Schmidt, Sebastian (2001): E-business und Marketing-Controlling. In: Kostenrechnungspraxis Sonderheft 2001, S. 73–80
Liu, Chang / Arnett, Kirk (2000): Exploring the factors associated with web site success in the context of electronic commerce. In: Information & Management, S. 23–34
Lohse, Gerhard / Spiller, Peter (1998): Electronic Shopping. In: Communications of ACM, S. 81–87
Lothia, Ritu / Donthu, Naveen / Hershberger, Edmund (2003): The impact of content and design elements on banner advertising click-through rates. In: Journal of Advertising Research, S. 410–418
Loiacono, Eleanor / Watson, Richard / Goodhue, Dale (2002): WebQual: a measure of website quality. In: American Marketing Association. Conference Proceedings, S. 432–438
Madlberger, Maria (2002): Internetbasierte Marketinginstrumente und Marktforschungsmethoden für Electronic Retailing. Dissertation vorgelegt an der Wirtschaftsuniversität, Wien
Marr, Bernhard / Andy, Neely / Adams, Chris (2001): Measuring and Managing Performance in eBusinesses. In: Kostenrechnungspraxis Sonderheft 2001, S. 12–26
Marr, Bernhard / Neely, Andy (2001): Organisational performance measurement in the emerging digital age. In: International Journal of Business Performance Management, S. 191–215
Martec Internation (2006): UK Multi-Channel Retailing Research Report 2006, Taunton
McKinney, Vicki / Yoon, Kanghyun / Zahedi, Fatemeh Mariam (2002): The measurement of web-customer satisfaction: An expectation and disconfirmation approach. In: Information System Research, S. 296–315
McKnight, Harrison / Choudhury, Vivek / Kacmar, Charles (2002): Developing and validating trust measures for e-commerce: An integrative typology. In: Information System Research, S. 334–361
Meyer, Claus (1993): Betriebswirtschaftliche Kennzahlen und Kennzahlen-Systeme, 2. erw. und überab. Auflage, Stuttgart

Mills, John / Platts, Ken / Huw, Richards / Gregory, Mike / Bourne, Mike (2000): Performance measurement system a design: Developing and testing a process-based approach. In: International Journal of Operations & Production Management, S. 1119–1145

Molla, Alemayehu / Licker, Paul (2001): E-Commerce system success: An attempt to extend and respecify the Delone and MacLean model of IS success. In: International Journal of Electronic Commerce, S. 131–141

Mullen, Penelope M. (2003): Delphi: myths and reality. In: Journal of Health Organization and Management, S. 37–52

Müller, Arno (2001): e-Profit: Controlling-Instrumente für erfolgreiches e-Business; von der Strategie bis zur Umsetzung; Checklisten, Softwaretools, Erfahrungsberichte, Freiburg im Breisgau / München / Berlin

Müller, Brigitte / Chandon, Jean-Louis (2003): The impact of visiting a brand website on brand personality. In: Electronic Markets, S. 210–221

Müller-Hagedorn, Lothar (1998): Der Handel, Stuttgart

Müller-Hagedorn, Lothar (2001): Kundenbindung mit System. In: Müller-Hagedorn, Lothar (Hrsg.): Kundenbindung im Handel, 2. Auflage, Frankfurt/Main, S. 11–45

Müller-Hagedorn, Lothar (2002): Controlling im Handel: Neue Entwicklungen. In: Müller-Hagedorn, Lothar (Hrsg.): Handel im Fokus – Mitteilungen des IfH, S. 262–273

Neely, Andy / Gregory, Mike / Platts, Ken (1995): Performance measurement systems design. In: International Journal of Operations & Production Management, S. 80–104.

NetGenesis (2000): E-Metrics – Business metrics for the new economy, http://www.netgen.com/emetrics/.

Neubäumer, Renate (1988): Begriffe, die man kennen muß: Delphi-Methode. In: WISU, S. 328ff.

Nieschlag, Robert / Dichtl, Erwin / Hörschgen, Hans (2002): Marketing. 19. überarb. und erg. Auflage, Berlin

Nikolaeva, Ralitza (2005): Strategic determinants of web site traffic in on-line retailing. In: International Journal of E-Commerce, S. 113–132

Novak, Thomas / Hoffman, Donna (1996): New metrics for new media: Toward the development of web measurement standards, http://elab.vanderbilt.edu/reasearch/papers/html/manuscripts/web.standards/webstand.html

Nysveen, Herbjorn / Pedersen, Per (2005): Search mode and purchase intention in online shopping behaviour. In: International Journal of Internet Marketing and Advertising 2005, S. 288–306

o.V. (2001): Der Profit-Pionier. In: Markant HandelsMagazin, S. 40–41

OC&C (2001): Multichannel Retailing, Düsseldorf

Oehme, Wolfgang (2001): Sortimentskontrolle. In: Diller, Hermann (Hrsg.): Vahlens Großes Marketinglexikon, 2. Auflage, München, S. 1569

Oelsitz von, Dietrich (2006): Der strategische Mehrkanal-Vertrieb und seine Anforderungen an das betriebliche Informationsmanagement. In: Information Management & Consulting, S. 43–48

Palloks, Monika (1995): Absatzwirtschaftliche Kennzahlen. In: Tietz, Bruno / Köhler, Richard / Zentes, Joachim (Hrsg.): Handwörterbuch des Marketing, 2. vollständig überarbeitet Auflage, Stuttgart, S. 1136–1151

Palmer, Jonathan (2002): Web site usability, design, and performance metrics. In: Information System Research, S. 151–167

Palmer, Jonathan / Lindemann, Markus (2003): Business models and market mechanism: evaluating efficiencies in consumer electronic markets. In: The DATA BASE for Advances in Information Systems, S. 24–38

Palombo, Patrick / Theobald, Axel (1999): Electronic Shopping – Das Versandhaus Quelle auf dem Weg in das Zeitalter der elektronischen Medien. In: Bliemel, Friedhelm / Fassott,

Georg / Theobald, Axel (Hrsg.): Electronic Commerce. Herausforderungen – Anwendungen – Perspektiven, Wiesbaden, S. 1159–1169

Pfohl, Hans-Christian / Freichel, Stephan (1990): Deregulierung des europäischen Straßengüterverkehrsmarktes. Auswirkungen auf die Logistikkette mit besonderer Berücksichtigung kleiner und mittlerer Logistikunternehmen in der Bundesrepublik Deutschland. Teil I: (1990) Ergebnisse einer schriftlichen Expertenbefragung mittels Delphi-Technik. Teil II: Ergebnisse einer Unternehmensbefragung. Arbeitspapiere zur Logistik. Nr. 10 und 11, Technische Universität Darmstadt

Picot, Arnold (1982): Transaktionskostenansatz in der Organisationstheorie: Stand der Diskussion und Aussagewert. In: Die Betriebswirtschaft, S. 267–284.

Picot, Arnold (1991): Ein neuer Ansatz zur Gestaltung der Leistungstiefe. In: ZfbF, S. 336–357

Plant, Robert / Willcocks, Leslie / Olson, Nancy (2003): Measuring e-business performance: Towards a revised balanced scorecard approach. In: Information Systems and eBusiness Management, S. 265–281

Preißner, Andreas (2001): Marketing im E-Business – Online und Offline – der richtige Marketing-Mix, München / Wien

Rangone, Andrea / Balocco, Raffaello (2000): A performance measurement system for planning and controlling a btoc e-commerce strategy. In: Electronic Markets, S. 130–143

Rangone, Andreas / Balloco, Raffaello / Bassani, Paolo / Andreoni, Conforti, Matteo (2002): A framework to support the formulation of internet strategy in traditional enterprises. In: International Journal of Business Performance Management, S. 248–278

Rehbach, Stefan (2003): Kundenwert und Unternehmenswert – Eine Analyse am Beispiel des E-Commerce, Wiesbaden

Reibstein, David (2002): What attracts customers to online stores, and what keeps them coming back? In: Journal of the Academy of Marketing Science, S. 465–473

Reichmann, Thomas (1997): Controlling mit Kennzahlen und Managementberichten: Grundlagen einer systemgestützten Controlling-Konzeption. 5. überarb. und erw. Aufl., München

Reichmann, Thomas (2001): Controlling mit Kennzahlen und Managementberichten: Grundlagen einer systemgestützten Controlling-Konzeption. 6. überarb. und erw. Aufl., München

Reindl, Martin / Oberniedermaier, Gerhard (2002): eLogistics – Logistiksysteme und -prozesse im Internetzeitalter, München

Rentmeister, Jahn / Klein, Stefan (2003): Geschäftsmodelle – ein Modebegriff auf der Waagschale. In: ZfB, S. 17–29

Rieg, Robert (2000): Controlling und E-Business. In: Controlling, S. 403–407

Rodermann, Marcus (1999): Strategisches Synergiemanagement, Wiesbaden

Rosenberg, Larry / Stern, Louis (1971): Conflict measurement in distribution channel. In: Journal of Marketing Research, S. 437–442

Rowley, Jennifer (2004): Just another channel? Marketing communications in e-business. In: Marketing Intelligence & Planning, S. 24–41

Rudolph, Thomas / Busch, Sebastian / Wagner, Tillmann (2002): Kaufbarrieren im Onlinehandel aus Kundensicht – Eine empirische Untersuchung der Kaufbarrieren bei Käufern und Nichtkäufern. In: Ahlert, Dieter / Olbrich, Rainer / Schröder, Hendrik (Hrsg.): Jahrbuch Handelsmanagement 2002, Frankfurt/Main, S. 143–160

Saeed, Khawaja / Hwang, Yujong, / Yi, Mun (2003a): Toward an integrative framework for online consumer research behavior: A meta-analysis approach. In: Journal of End User Computing, S. 1–26

Saeed, Khawaja / Hwang, Yujong, / Grover, Varun (2003b): Investigating the impact of web site value and advertising on firm performance in electronic commerce. In: International Journal of Electronic Commerce, S. 119–141

Saiz, Juan, Jose / Bas, Angel, Ortiz / Escoto, Raul / Poler, Franco, Dario (2002): Performance measurement for e-business enterprises. In: International Journal of Business Performance Management, S. 296–314

Schäffer, Utz / Weber, Jürgen (2001): Controlling von eBusiness. In: Kostenrechnungspraxis Sonderheft 2001, S. 5–11

Schäffer, Utz / Weber, Jürgen / Freise, Hans-Ulrich (2002): Kennzahlensysteme in eBusiness-Start-Ups im Spiegel einer empirischen Untersuchung. In: Controlling, S. 355–364

Schida, Roman / Busch, Volker / Diederichs, Marc (2000): Internet-Erfolge auf Basis von Data Warehouse-Konzepten planen, steuern und analysieren. In: Controlling. S. 251–258

Schierenbeck, Henner (2000): Grundzüge der Betriebswirtschaftslehre, 15. überarbeitete und erweiterte Auflage, München / Wien

Schmid, Beat (1999): Elektronische Märkte – Merkmale, Organisation und Potentiale. In: Hermanns, Arnold / Sauter, Michael (Hrsg.): Management-Handbuch Electronic Commerce: Grundlagen, Strategien, Praxisbeispiele, München, S. 31–48

Schnedlitz, Peter (2006): Der Supermarkt der Zukunft. In: Schnedlitz, Peter/ Buber, Renate / Reuterer, Thomas / Schuh, Arnold / Teller, Christoph (Hrsg.): Innovationen in Marketing und Handel, Wien, S. 47–91

Schnedlitz, Peter / Kotzab, Herbert / Cerha, Cordula (2000): Betriebstypenspezifische Einkaufsstättenwahl und Nahversorgungsproblematik – Ergebnisse empirischer Studien. In: Trommsdorff, Volker (Hrsg.): Handelsforschung 1999/2000 – Verhalten im Handel und gegenüber dem Handel, Jahrbuch der FfH – Institut für Markt- und Wirtschaftsforschung GmbH, S. 195–212

Schnedlitz, Peter / Kotzab, Herbert / Teller, Christoph (2004): Die Kunden als Erfüllungsgehilfen des stationären Einzelhandels bei der physischen Distribution von Waren. In: Trommsdorff, Volker (Hrsg.): Handelsforschung 2004 – Neue Erkenntnisse für Praxis und Wissenschaft des Handels, Jahrbuch der FfH – Institut für Markt- und Wirtschaftsforschung GmbH, Berlin, S. 87–103

Schnedlitz, Peter / Madlberger, Maria (2002): Multi-Channel-Retailing: Herausforderungen an die Logistik durch Hauszustellung. In: Ahlert, Dieter / Olbrich, Reiner / Schröder, Hendrik (Hrsg.): Jahrbuch Handelmanagement 2002: Electronic Retailing, Frankfurt/Main, S. 318–334

Schneider, Dirk (2002): Multi-Kanal-Management: Der Kunde im Netzwerk der Handelsunternehmung. In: Ahlert, Dieter / Becker, Jörg / Knackstedt, Ralf / Wunderlich, Maren (Hrsg.): CRM im Handel – Strategien – Konzepte – Erfahrungen, Berlin / Heidelberg / New York, S. 31–45

Schnell, Rainer / Hill, Paul / Esser, Elke (2005): Methoden der empirischen Sozialforschung. 7. völlig überarbeite und erweiterte Auflage, München / Wien

Schnettler, Albert (1961): Betriebsvergleich: Grundlagen und Praxis zwischenbetrieblicher Vergleiche. 3. völlig neu bearbeitete Auflage, Stuttgart

Schögel, Marcus / Sauer, Achim (2002): Multi-Channel–Marketing – Die Königsdisziplin im CRM. In: Thexis – Fachzeitschrift für Marketing, S. 26–32

Schögel, Marcus / Sauer, Achim / Schmidt, Inga (2004): Multichannel-Management – Vielfalt in der Distribution. In: Merx, Oliver / Bachem, Christian (Hrsg.): Multichannel-Marketing Handbuch, Berlin, S. 1–27

Schögel, Marcus / Schulten, Matthias (2006): Wertorientierte Kundensteuerung in Mehrkanalsystemen. In: Thexis, S. 37–42

Scholl, Michael (2002): Multi Channel Management: Gestaltung, Steuerung und Erfolg von Multi Channel Vertriebssystemen. Dissertation vorgelegt an der Universität Mannheim

Schonberg, Edith / Confino, Thomas / Hoch, Robert / Podlaseck, Mark / Sparagen, Susan (2000): Measuring success. In: Communications of the ACM, S. 53–57

Schramm-Klein, Hanna (2003a): Multi-Channel Retailing – Zwölf Grundsätze zur Gestaltung von Multi-Channel-Systemen. In: Science Factory, S. 10–14

Schramm-Klein, Hanna (2003b): Multi-Channel-Retailing: Eine verhaltenswissenschaftliche Analyse der Wirkung von Mehrkanalsystemen im Handel, Wiesbaden

Schreyögg, Georg (1984): Unternehmensstrategie: Grundfragen einer Theorie strategischer Unternehmensführung, Berlin

Schröder, Hendrik (2001a): Intransparenz und Kaufrisiken beim Electronic Shopping – Was E-Retailer über die Kunden im B2C-Bereich wissen sollten – Arbeitspapier des Lehrstuhls für Marketing und Handel der Universität Essen, Arbeitspapier Nr. 9, Essen

Schröder, Hendrik (2001b): Handelscontrolling – Anforderungen, konzeptionelle Grundlagen und Status Quo. In: Reinecke, Sven / Tomczak, Torsten / Geis, Gerold (Hrsg.): Handbuch Marketingcontrolling: Marketing als Treiber von Wachstum und Erfolg, Frankfurt/Main / Wien, S. 774–794

Schröder, Hendrik (2005): Multi-Channel Retailing: Marketing in Mehrkanalsystemen des Einzelhandels, Wiesbaden

Schröder, Hendrik / Großweischede, Markus (2002): Sortimentsgestaltung in Mehrkanal-Systemen des Einzelhandels. In: der markt, S. 81–97

Schröder, Hendrik / Schettgen, Gabriele (2002): Kundencontrolling im Bekleidungs-Einzelhandel – Eine empirische Analyse im stationären Einzelhandel und im Versandhandel. Arbeitspapier des Lehrstuhls für Marketing und Handel an der Universität Essen, Arbeitspapier Nr. 11, Essen

Schröder, Hendrik / Schettgen, Gabriele (2006): Multi-Channel-Retailing und kundenbezogene Erfolgsrechung. In: Thexis, S. 43–47

Schulz-Moll, Patricia / Walthelm, Elke (2003): Kundenbeziehungen mit Multikanalstrategien gezielter managen – Ein Beispiel aus dem Finanzdienstleistungsmarkt. In: Ahlert, Dieter / Hesse, Josef / Jullens, John / Smend, Percy (Hrsg.): Multikanalstrategien – Konzepte, Methoden, Erfahrungen, Wiesbaden, S. 111–131

Schwarz, Torsten (2004): Leitfaden eMail Marketing und Newsletter-Gestaltung – Erfolg im Online-Marketing: Neue Kunden gewinnen und binden, Mailingkosten sparen, Waghäusel

Schwarze, Jochen / Schwarze, Stephan (2002): Electronic Commerce – Grundlagen und praktische Umsetzungen, Berlin

Schwickert, Axel / Wendt, Peter (2000): Controlling-Kennzahlen für Web-Sites. Arbeitspapier des Lehrstuhls für allgemeine BWL und Wirtschaftsinformatik, Nr. 8, Mainz

Scott, Chadwick (2001): Communicating trust in e-commerce transactions. In: Management Communication Quartely, S. 653–658

Seeger, Thomas (1979): Die Delphi-Methode – Expertenbefragung zwischen Prognose und Gruppenmeinungsbildungsprozess. Überprüft am Beispiel von Delphi-Befragungen im Gegenstandsbereich der Information und Dokumentation, Freiburg

Seidenschwarz, Werner / Knust, Patrick (2000): Target Costing im E-Business. In: Controlling, S. 425–431

Shankar, Venkatesh / Smith, Amy / Rangaswamy, Arvind (2003): Customer satisfactioin and loyalty in online and offline environments. In: International Journal of Research in Marketing, S. 153–175

Siegwart, Hans (1998): Kennzahlen für die Unternehmensführung, 5. aktualisierte und erweiterte Auflage, Bern / Stuttgart / Wien

Silberberger, Holger (2002): Der Kunde von heute – eine multidimensionale Herausforderung. In: Direkt Marketing, S. 52–56

Silberer, Günter / Köcher, Martin-Matthias (2004): Fulfillment im E-Commerce – Organisation, Ziele, Erfahrungen: Ergebnisse einer empirischen Studie. In: der markt, S. 147–154

Skiera, Bernd / Spann, Martin (2000): Werbeerfolgskontrolle im Internet. In: Controlling, S. 417–423

Smend, Percy (2004): Multikanalsysteme in der Automobilindustrie. Dissertation an der Universität Mannheim, Mannheim

Staehle, Wolfgang (1967): Kennzahlen und Kennzahlensysteme – Ein Beitrag zur modernen Organisationstheorie. Dissertation an der Hohen Staatswirtschaftlichen Fakultät der Ludwig-Maximilian-Universität, München

Staehle, Wolfgang (1999): Management – eine verhaltenswissenschaftliche Perspektive, 8. Auflage, München

Statistik Austria (Hrsg., 2006): IKT-Einsatz in Haushalten – Ergebnisse der Europäischen Erhebung über den Einsatz von Informations- und Kommunikationstechnologien in Haushalten 2006, Wien

Statistik Austria (Hrsg., 2005): Ergebnisse der Europäischen Erhebung über E-Commerce 2004/05 und der Europäischen Erhebung über E-Commerce 2004/05 im Bereich Kredit- und Versicherungswesen, Wien

Steiner, Manfred / Schneider, Sebastian (2001): Bewertung von E-Business Strategien. In: Berndt, Ralph (Hrsg.): E-Business-Management, Berlin / Heidelberg / New York, S. 225–250

Steinfield, Charles / Bouwmann, Harry / Adelaar, Thomas (2002): The dynamics of click-and-mortar electronic commerce: opportunities and management strategies. In: International Journal of Electronic Commerce, S. 93–119

Steinmüller, Peter (2001): Die neue Schule des Controllers, Stuttgart

Stelter, Daniel / Strack, Rainer / Roos, Alexander (2000): Bewertung und wertorientierte Steuerung von E-Business Unternehmen. In: Controlling, S. 407–414

Stern, Louis W. / El-Ansary, Adel / Coughlan, Anne (1996): Marketing Channels, 5. Auflage, New Jersey

Sterne, Jim (2002): Web metrics: Proven methods for measuring web site success, New York

Straub, Detmar / Hoffman, Donna / Weber, Bruce / Steinfield, Charles (2002): Toward new metrics for net-enhanced organizations. In: Information Systems Research, S. 227–238

Straub, Detmar / Rai, Arun / Klein, Richard (2004): Measuring firm performance at the network level: A nomology of the business impact of digital supply networks. In: Journal of Management Information Systems, S. 83–114

Subramani, Mani / Walden, Eric (2001): The impact of e-commerce announcements on the market value of firms. In: Information System Research, S. 135–154

Szymanski, David / Hise, Richard (2000): e-Satisfaction: An initial examination. In: Journal of Retailing, S. 309–322

Tan, Yao-Hua / Thoen, Walter (2001): Toward a generic model of trust for electronic commerce. In: International Journal of Electronic Commerce, S. 61–74

Teltzrow, Maximilian / Berendt, Bettina / Günther, Oliver (2004): Ein Kennzahlensystem für einen Mehrkanalhändler, Multikonferenz Wirtschaftsinformatik, Essen

Teltzrow, Maximilian / Günther, Oliver (2004): Web Metrics für Retailers, Institut für Wirtschaftsinformatik, Humboldt Universität, Berlin

Theis, Hans-Joachim (2002): Kommunikationsstrategien im handelsbetrieblichen Online-Marketing. In: Möhlenbruch, Dirk / Hartmann, Michaela (Hrsg.): Der Handel im Informationszeitalter – Konzepte – Instrumente – Umsetzung, Wiesbaden, S. 333–352

Thome, Rainer / Schinzer, Heiko (2001): Electronic Commerce – Anwendungsbereiche und Potentiale der digitalen Geschäftsabwicklung, 2. Auflage, München

Torkzadeh, Gholamreza / Dhillon, Gurpreet (2002): Measuring factors that influence the success of internet commerce. In: Information System Research, S. 187–204

Trautwein, Andreas / Vorstius, Sven (2001): Web-Metrics – die Bedeutung von nicht-monetären Größen für die Bewertung von E-Business Unternehmen. In: Kostenrechnungspraxis Sonderheft 2001, S. 59–64

Travis, David (2002): E-Commerce usability: tools and techniques to perfect the on-line experience, London

Traylor, Mark (1986): Cannibalism in multibrand firms. In: The Journal of Consumer Marketing, S. 69–75

Tsay, Andy / Agrawal, Narendra (2004): Channel conflict and coordination in the e-commerce age. In: Production and Operations Management, S. 93–110

Vishwanath, Vijay / Mulvin, Gerry (2001): Multi-Channels: The real winners in the B2C internet wars. In: Business Strategy Review, S. 25–33

Vollmuth, Hilmar (1999): Unternehmenssteuerung mit Kennzahlen – Konzeptionen, Techniken und Instrumente für kleine und mittlere Unternehmen, München

Wade, Michael / Nevo, Saggi (2006): Development and validation of a perceptual instrument to measure e-commerce performance. In: International Journal of Electronic Commerce, S. 123–146

Wahby, Chehab (2001): E-Fulfilment: Die wirkliche Herausforderung beim E-Shopping. OC&C Strategy Consultants, Düsseldorf, Hamburg

Walker, AM / Selfe, J. (1996): The delphi method: a useful for allied health researcher. In: British Journal of Therapy and Rehabilitation, S. 677–680

Wall, Friederike (2002): Controlling im E-Business – Systematisierung und Überblick über Problembereiche und methodische Herausforderungen. In: Controlling, S. 381–388

Walser, Marina (2002): Multi Channel Commerce – Herausforderung für Vertrieb und Marketing. In: Direkt Marketing, S. 52–58

Webb, Kevin (2002): Managing channels of distribution in the age of electronic commerce. In: Industrial Marketing Management, S. 95–102

Weber, Jürgen / Schäffer, Utz (2001): On the way to active management of performance measures. In: International Journal of Business Performance Management, S. 47–65

Wechsler, Wolfgang (1978): Delphi-Methode: Gestaltung und Potential für betriebliche Prognoseprozesse, Schriftenreihe wirtschaftliche Forschung und Entwicklung, Band 18, München

Wegener, Michael (2005): Online-Marketing-Controlling. In: Zerres, Michael (Hrsg.): Handbuch Marketing-Controlling, S. 396–421

Weischedel, Birgit / Matear, Sheelagh / Deans, Kenneth (2005): The use of emetrics in strategic marketing decisions: a preliminary investigation. In: International Journal of Internet Marketing and Advertising, S. 109–125

Welker, Martin / Werner, Andreas / Scholz, Joachim (2005): Online-Research: Markt- und Sozialforschung im Internet, Heidelberg

Welling, Ray / White, Lesley (2006): Web site performance measurement: promise and reality. In: Managing Service Quality, S. 654–670

Wernerfelt, Birger (1984): A resource based view of the firm. In: Strategic Management Journal, S. 171–180

Wheeler, Bradley (2002): NEBIC: A dynamic capabilities theory for assessing Net-enablement. In: Information Systems Research, S. 125–146

Wilke, Alexandra (2005): Multi-Channel-Marketing – Grundlagen, Anforderungen, Strategien, Berlin

Wilke, Kai (2002): Controlling im E-Commerce – die Balanced Scorecard zur Steuerung des E-Commerce. In: Handel im Fokus – Mitteilungen des IfH IV/02, S. 274–294

Wirtz, Bernd (2001): Electronic Business, 2. Auflage, Wiesbaden

Wirtz, Bernd / Becker, Daniel (2002): Erfolgsrelevanz und Entwicklungsperspektiven von Geschäftsmodellvarianten im Electronic Business. In: WiST, S. 142–148

Wirtz, Bernd / Kleinecken, Andreas (2000): Geschäftsmodelltypologien im Internet. In: WiST, S. 628–635

Wirtz, Bernd / Krol, Bianca (2002): Integrierte Multi-Channel-Geschäftsmodelle: Erfolgspotenziale im Electronic Retailing. In: Ahlert, Dieter / Olbrich, Reiner / Schröder, Hendrik (Hrsg.): Jahrbuch Handelmanagement 2002: Electronic Retailing, Frankfurt/Main, S. 92–113

Wirtz, Bernd / Schilke, Oliver / Büttner, Tobias (2004): Channel-Management „Multi oder Mono?" – das ist nicht mehr die Frage. In: absatzwirtschaft, S. 46–49

Witt, Frank Jürgen (1992): Handelscontrolling, München

Wu, Jianan / Cook, Victor / Strong, Edward (2005): A two-stage model of the promotional performance of pure online firms. In: Information Systems Research, S. 334–351

Zeithaml, Valerie / Parasuraman, A. / Malhotra, Arvind (2002): Service quality delivery through web Sites: A critical review of extant knowledge. In: Academy of Marketing Science, S. 362–375

Zentes, Joachim / Schramm-Klein, Hanna (2002): Multi-Channel-Retailing – Perspektiven, Optionen, Befunde. In: WiSt, S. 450–460

Zentes, Joachim / Schramm-Klein, Hanna (2006): Status quo des Multi-Channel-Managements im deutschen Einzelhandel. In: Thexis, S. 6–10

Zettelmeyer, Florian (2001): Expanding to the internet: Pricing and Communication Strategies when firms compete on multiple channels. In: Journal of Marketing Research, S. 292–308

Zhu, Kevin (2004): The complementarity of information technology infrastructure and E-Commerce capability: A resource-based Assessment of their business value. In: Journal of Management Information Systems, S. 167–202

Zhu, Kevin / Kraemer, Kenneth (2002): E-commerce metrics for net-enhanced organizations: assessing the value of e-commerce to firm performance in the manufacturing sector. In: Information Systems Research, S. 275–291

Zhuang, Youlong / Lederer, Albert (2003): An instrument for measuring the business benefits of e-commerce retailing. In: International Journal of Electronic Commerce, S. 65–99

Zhuang, Youlong / Lederer, Albert (2006): A resource-based view of electronic commerce. In: Information & Management, S. 251–261

Zwass, Vladimir (2003): Electronic commerce and organizational Innovation: Aspects and opportunities. In: International Journal of Electronic Commerce, S. 7–37

Zwickert, Eckart (1976): Möglichkeiten und Grenzen der betriebswirtschaftlichen Planung mit Hilfe von Kennzahlen. In: ZfB, S. 225–244

Elektronische Quellen

Gatzke, Monika (2003): Multichannel: viel versprechend, aber kompliziert? [WWW], http://www.ecin.de/spotlight/2003/09/24/06243 [Stand 03.03.2007], (24.09.2003)

ecc-handel (2006):
www.ecc-handel.de/internet_im_handel_2006_-_status_quo_und.php?nrk=06-12

www.karstadt-quelle.com (2005): Karstadt-Quelle AG,
http://www.karstadtquelle.com/download/zwischenbericht_30_06_04_d.pdf

www.otto.com (2007): http://212.162.14.143/press_20060523+M52087573ab0.html